# Bienvenue dans le monde d

Pratiques et faciles à lire, les livres TO
SUR répondent à toutes vos questions. Que
vous souhaitiez réaliser un projet difficile,
commencer un nouveau passe-temps,
préparer un examen, réviser une matière un
peu oubliée, ou simplement en apprendre
davantage sur un sujet qui vous passionne,
la collection TOUT SUR est là pour vous.

Vous pouvez lire un livre TOUT SUR d'un
bout à l'autre, ou aller simplement chercher
les informations qui vous manquent. Nous
vous donnons littéralement tout ce qu'il faut
connaître. Avec en prime des détails amusants.

La collection TOUT SUR touche à des
domaines variés. Lorsque vous aurez lu un
livre de la collection, vous pourrez finalement
vous vanter de connaître TOUT SUR… !

Légendes, folklores et littérature
reliés aux vampires

La terminologie du vampire

Les vampires dans les films
et à la télévision

# TOUT
## SUR LES
## VAMPIRES

Chère lectrice,
Cher lecteur,

Comme nous pouvons tous trois le confirmer, il n'y a rien de mieux que de s'installer dans un canapé avachi par un soir de tempête pour regarder Christopher Lee transpercer de ses dents la jugulaire de sa conquête subjuguée, tout en mangeant du maïs soufflé. Quels que soient les efforts déployés pour le nier, le fait est que les vampires sont parmi les créatures les plus érotiques et les plus exotiques de la planète. Non seulement ils titillent notre sensualité intrinsèque, mais ils se nourrissent de nos peurs et du débat houleux et toujours ouvert quant à ce que nous ferions si nous pouvions vivre éternellement. Selon nous, si ce sujet ne vaut pas que l'on y morde à belles dents, nous ne savons pas ce qui en vaut la peine.

Si vous êtes amateur de vampires, vous apprécierez certainement l'histoire décadente de ces revenants de la tradition populaire et leur évolution étonnante, favorisée par la littérature et le cinéma. Notre étude nous a fait remonter jusqu'à l'aube de l'humanité, dirions-nous, à la recherche de légendes, de symbolisme sanglant, de «non-morts», de déités mythologiques et d'une crypte apparemment interminable, dégorgeant des comptes-rendus historiques sur les vampires, des œuvres littéraires et un corpus renversant de films. Nous avons appris ceci : le vampire n'est pas juste une autre créature jouant le rôle d'attraction le samedi après-midi. Que non! Le vampire est un amalgame de rêves et de cauchemars, de vie et de mort, d'émotions et de philosophie, rythmé par le potentiel brut d'un prédateur. En ce qui nous concerne, à l'instar de tout vampire qui se respecte, nous avons chassé, nous avons été obsédés, nous avons attaqué, et nous espérons marquer de façon durable.

Barb Karg, Arjean Spaite et Rick Sutherland

# TOUT
# SUR LES
# VAMPIRES

De Vlad l'Empaleur à Lestat le vampire —
les vampires dans la littérature,
les légendes et au cinéma

Barb Karb, Arjean Spaite et Rick Sutherland

Traduit de l'anglais
par Sylvie Fortier

A·D·A
éditions

*À Piper Maru. Notre vie. Notre amour. Notre lumière éternelle.*

*Et à Anne Rice. Pour son éloquence, son œuvre incroyable, et sa conviction qu'au sein des ténèbres et de la lumière de la vie, des ombres nous appellent et nous font signe afin de nous faire comprendre qu'il y a beaucoup à apprendre du surnaturel inconnu.*

Copyright © 2009 F+W Media, Inc.
Titre original anglais : The Everything Vampire Book
Copyright © 2009 Éditions AdA Inc. pour la traduction française
Cette publication est publiée en accord avec Adams Media, Avon, Massachusetts
Tous droits réservés. Aucune partie de ce livre ne peut être reproduite sous quelque forme que ce soit sans la permission écrite de l'éditeur, sauf dans le cas d'une critique littéraire.

Éditeur : François Doucet
Traduction : Sylvie Fortier
Révision linguistique : Féminin Pluriel
Correction d'épreuves : Nancy Coulombe, Carine Paradis
Montage de la couverture : Matthieu Fortin
Illustrations de l'intérieur : ©iStockphoto
Mise en pages : Sylvie Valois
ISBN : 978-2-89667-000-0
Première impression : 2009
Dépôt légal : 2009
Bibliothèque et Archives nationales du Québec
Bibliothèque Nationale du Canada

**Éditions AdA Inc.**
1385, boul. Lionel-Boulet
Varennes, Québec, Canada, J3X 1P7
Téléphone : 450-929-0296
Télécopieur : 450-929-0220
**www.ada-inc.com**
**info@ada-inc.com**

**Diffusion**
Canada :          Éditions AdA Inc.
France :          D.G. Diffusion
                  Z.I. des Bogues
                  31750 Escalquens — France
                  Téléphone : 05.61.00.09.99
Suisse :          Transat — 23.42.77.40
Belgique :        D.G. Diffusion — 05.61.00.09.99

**Imprimé au Canada**

SODEC

Participation de la SODEC.
Nous reconnaissons l'aide financière du gouvernement du Canada par l'entremise du Programme d'aide au développement de l'industrie de l'édition (PADIÉ) pour nos activités d'édition.
Gouvernement du Québec — Programme de crédit d'impôt pour l'édition de livres — Gestion SODEC.

**Catalogage avant publication de Bibliothèque et Archives nationales du Québec et Bibliothèque et Archives Canada**

Karg, Barbara

    Tout sur les vampires
    Traduction de : The everything vampire book.
    ISBN 978-2-89667-000-0
    1. Vampires - Histoire. I. Spaite, Arjean. II. Sutherland, Rick. III. Titre.

GR830.V3K3714 2009              398'.45                    C2009-941892-4

# Table des matières

**Les 10 domaines vampiriques que vous apprendrez à connaître  /  xii**

**Introduction  /  xiii**

## 1

### Maîtres de l'immortalité / 1

Les enfants de la nuit… en font-ils, une musique ! **2** • Oui, c'est moi le comte Dracula, et je vous souhaite la bienvenue dans ma maison **3** • Je ne bois jamais… de vin **3** • Le mal est un point de vue **4** • Mourir… ce doit être merveilleux **5** • Vous en savez trop pour vivre **5**

## 2

### Les vampires dans la tradition populaire / 7

Vivez longtemps et prospère **8** • Buveurs de sang européens **9** • Origines grecques **10** • Vampires slaves **13** • L'influence roumaine **16** • Vampires allemands **18** • Créatures du Royaume-Uni **20** • Vampires latino-américains **21** • Canines d'Extrême-Orient **23** • L'effet indien **24** • Tradition populaire vampirique en Amérique **25** • Vampires du monde **27** • Tant qu'il y aura des hommes **28**

## 3

### Attiser la flamme / 29

Premiers récits sur les non-morts **30** • *The Vampyre* **30** • *Varney the Vampyre* **32** • *Carmilla* **33** • Le sentier ténébreux de la gloire **37** • Le côté obscur **39** • Esquisse de Dracula **39** • Fondements de l'héritage vampirique **40**

## 4

### Cher journal… / 43

Vivre et mourir en Roumanie **44** • Abraham Van Helsing **44** • Jonathan Harker **46** • Mina Murray **47** • Lucy Westenra **48** • Docteur Jack Seward **49** • Quincey P. Morris **49** • Arthur Holmwood **50** • R. M. Renfield **50** • Émancipation de Dracula **51** • Mort et immortalité **52**

## 5

### Vlad l'Empaleur / 55

Le conte des deux Vlad **56** • Le vrai Dracula **56** • Histoires de dragons **58** • Les caprices du pouvoir **58** • Tromperie par décret **62** • Guerre vengeresse **67** • Hérétique ou héros ? **69**

**6**    **Sur la piste de Dracula / 71**

Inventions et faits diaboliques **72** • Vlad Dracula était-il *réellement* un vampire ? **73** • Dracula sur la sellette **75** • Il a fait *quoi*? **76** • Tour d'horizon **80** • Le *vrai* château de Dracula **81** • Mords-moi! **82**

**7**    **Vampires sans limites / 83**

Comment naissent les vampires **84** • Le facteur épouvante **86** • Proportion épidémique **86** • Car le sang est la vie **88** • Le pouvoir de l'hypnose **91** • Creuser sa tanière **93** • Ils savent s'y prendre **95**

**8**    **Caractéristiques des vampires / 97**

Crocs, cercueils et habitudes diaboliques **98** • Sortez vos morts! **101** • Pouvoirs surhumains **105** • Qu'y a-t-il dans un nom? **108** • Fringues assorties **109** • Instincts animaux **110** • Ne craignez pas le mal **112**

**9**    **Protection et destruction / 115**

Combattre un immortel **116** • Protection pratique **117** • Armes consacrées **119** • Miroir, gentil miroir… **123** • Comment on tue un vampire **124** • Surveillez vos arrières **130**

**10**    **Chasseurs de vampires / 131**

L'assassin par excellence **132** • Meurtriers de papier **134** • Tu me tues! **135** • Matériel du chasseur de vampires **138** • Comment on attrape un vampire **141** • Le vampire de Highgate **142** • Vampirologues réputés **144** • Le baiser de la mort **146**

**11**    **Chat échaudé craint l'eau froide / 147**

Les chroniques de William de Newburg **148** • Erzébet Bathóry **150** • Henry More **153** • Peter Plogojowitz **155** • Arnod Paole **157** • Le vampire de Croglin Grange **159** • Souvenirs incisifs **161**

**12**    **Crimes vampiriques / 163**

Premiers crimes vampiriques **164** • Revendiquer le titre **166** • Le vampire de Londres **167** • Le vampire de Hanovre **170** • Le vampire de Düsseldorf **173** • Vampires déchaînés **176**

## 13 Littérature vampirique / 177

Ombres et lumière **178** • Les vampires d'Anne Rice **178** • Fiction populaire **179** • Le vampire romantique **183** • Nosferatu paranormal **184** • Vampires drolatiques **186** • Les jeunes adultes et les non-morts **187** • Le phénomène Buffy **189** • Le cœur bat toujours **190** • Explosion surnaturelle **190**

## 14 Les débuts des vampires au cinéma / 193

Cinéma vampirique **194** • Silencieux, mais mortel **195** • *Nosferatu* : le fléau de Brême **196** • Dracula entre, côté jardin **199** • Hammer, le spécialiste de l'horreur **202** • La curée **206**

## 15 Buveurs de sang légendaires / 207

Je *feux* boire votre sang! **208** • Le temple de la renommée vampirique **214** • Et voici les mariées! **219** • Les premières vamps **219** • Nymphettes en folie assoiffées de sang **222** • Les vampires s'amusent **224** • Tant qu'il y aura des hommes **227**

## 16 Vampires au cinéma : du muet aux joyeuses années 1960 / 229

Vampires du grand écran **230** • L'époque du muet **231** • Les années 1930 : naissance de Dracula **235** • Les années 1940 : comédie de l'horreur **238** • Les années 1950 : chauve-souris de l'enfer **239** • Les années 1960 : renaissance du plus fort **242** • De la damnation à la décadence **246**

## 17 Vampires au cinéma : des années 1970 au nouveau millénaire / 249

Le vampire et le cinéma moderne **250** • Les années 1970 : amour, désir et ridicule **250** • Les années 1980 : paradis de l'horreur **256** • Les années 1990 : de la rage à la richesse **259** • Le nouveau millénaire, une révolution surnaturelle **264** • Du grand au petit écran **270**

## 18 Vampires du petit écran / 271

Premiers vampires au petit écran **272** • The Munsters **272** • Dark Shadows **273** • Vampires adaptés pour la télé **275** • Vampires des créneaux de pointe **278** • Nosferatu pour les enfants **282** • Crocs flamboyants **284**

**19** **Vampirisme contemporain / 285**
Catégories de vampires **286** • Le vampire exotique érotique **286** • Vampirise-moi
ça! **288** • C'est quoi, ton genre? **290** • Clavardage mordant **291** • Musique
pour les enfants de la nuit **292** • Jouer au vampire dans l'Internet **293** • Le côté
obscur des bandes dessinées **293** • Soif d'amour **294**

**20** **Alors, vous voulez devenir vampire? / 295**
Les inconvénients de l'immortalité **296** • Les contes de la crypte **298** •
Régime surnaturel **300** • Un choix de sang-froid **302** • Votre voisin est-il un
nosferatu? **305** • Bohémiens, vampires, et océans **307**

**Annexe / 309**
**Index / 311**

# Remerciements

Qu'on se le dise! Toute publication exigeant des recherches poussées et des études historiques fouillées n'est absolument pas une entreprise qui se réalise en solitaire. Lorsque le sujet exige en plus de disséquer une créature composée davantage de légende que de réalité, l'entreprise s'avère encore plus délicate. Voilà pourquoi nous aimerions remercier plusieurs personnes qui nous ont gracieusement aidés dans notre poursuite de ce sujet d'une noirceur incisive, avec une allégresse dont nous leur serons toujours reconnaissants.

Nous aimerions d'abord remercier la société Adams Media pour son soutien et son encouragement, et surtout Lisa Laing, éditrice sans pareille dont nous avons beaucoup admiré l'esprit et le professionnalisme exceptionnel durant toutes les années où nous avons travaillé ensemble, ainsi que Paula Munier, directrice de l'innovation, exemple parfait de la classe, que nous aimons plus encore que le cabernet et le chocolat. Nous aimerions aussi remercier Casey Ebert, chef de rédaction, Denise Wallace, conceptrice et maquettiste, et Jeffrey Litton, tireur d'épreuves, pour leur travail rapide et soigné sur *The Everything® Vampire Book*.

Mais surtout, nous devons énormément à nos amis et à nos familles. George et Trudi Karg, Chris, Glen, Ethan et Brady, Dale Sutherland, Kathy, Anne Terry, Jim Spaite, Dan, Matt et Adam Spaite, Jean Collins, ainsi que nos anges gardiens Rebecca Sutherland, Arnold Collins et Rosalia Fisch. Tout notre amour à Ellen et Jim, Jim V., la Scribe Tribe, Becca, J. R., Gorgeous Sue, Doc Bauman, Mary, Jamie, Michele et toute la bande, pour avoir pris si grand soin de nous et de nos enfants, à Richard Fox et sa bande de joyeux lurons, ainsi qu'à Blonde Bombshell. Un hourra particulier à Antje Harrod, pour son travail de recherche incroyable et minutieux. Du fond du cœur, ma chère, tu es la meilleure! Et de peur que nous les oublions, les lumières de nos vies, Sasha, Harley, Mog, Jinks, Maya, Scout, Bug, et surtout Jazz et Piper. Merci à tous. Nous vous adorons. Nous vous aimons de tout notre cœur. Merci à tous. Nous vous adorons. Nous vous aimons de tout notre cœur.

# LES 10 DOMAINES VAMPIRIQUES QUE VOUS APPRENDREZ À CONNAÎTRE

1. Évolution du vampire en littérature, de Bram Stoker à Stephenie Meyer, en passant par Anne Rice, et des ténébrions joyeusement célèbres ou tristement notoires conjurés par les écrivains.

2. Histoire terrifiante et tumultueuse de Vlad l'Empaleur et influence de ce tyran roumain de sinistre mémoire sur Bram Stoker dans la création du personnage de Dracula.

3. Création des vampires, tactiques de survie et caractéristiques des types traditionnels et avant-gardistes.

4. Méthode grâce à laquelle vous pourrez savoir si votre voisin est un *nosferatu*, et tout ce que vous devez peser avant de décider de devenir un vampire.

5. Histoire complète des vampires du grand écran, de l'époque du cinéma muet à aujourd'hui, et temple de la renommée cinématographique.

6. Célébrités vampiriques du petit écran : films pour la télé, bébé *nosferatu*, et tout ce qu'il faut savoir, des *Munsters* à *Buffy contre les vampires*.

7. Trousse complète des moyens pour se protéger du vampire incommodant et des secrets pour le détecter et le détruire.

8. Anecdotes historiques sur certains présumés vampires, épidémies vampiriques et criminels parmi les plus sanguinaires et les plus infâmes de l'Histoire.

9. Pratiques vampiriques contemporaines des individus qui croient aux vampires ou prétendent en faire partie.

10. Légendes et histoires sur la Transylvanie et histoire du véritable château de Dracula.

# Introduction

AU FIL DES SIÈCLES, on a documenté plusieurs incarnations vampiriques à travers le monde par la légende, le folklore, le compte rendu historique, l'œuvre de fiction et la littérature non romanesque, le cinéma et les récits que l'on prétendait de première main de rencontres et d'interactions avec des vampires. Ces incarnations vont de la *lamia* grecque à Christopher Lee, vedette des films des studios Hammer, en passant par Bram Stoker et le présumé vampire de Highgate, un cas notoire survenu à Londres, et même par une foule d'intrigants noceurs contemporains, amateurs d'hémoglobine, et d'individus adeptes de rituels fétichistes sanglants.

Depuis tout aussi longtemps, historiens, universitaires, auteurs, cinéastes et différents spécialistes de la question ont décrit et dépeint les vampires et les types de vampirisme de toutes sortes en caricatures, dont plusieurs sont devenues légendaires et certaines, du domaine de la comédie. Comme dans toute discussion sur les buveurs de sang, il existe un large éventail d'opinions et de comptes rendus qui, dans certains cas, ont fini par prendre vie au fil des décennies et des siècles. C'est une anomalie naturelle, comme tout ce qui concerne ce qu'on appelle le « paranormal ». Dans les limites de cet ouvrage, nous étudierons la gamme des vampires et du vampirisme, ainsi que leurs différentes incarnations, de la goule traditionnelle qui susurre « Je *feux* boire votre sang » au vampire romantique de salon, en passant par les « vrais » vampires et les pratiques contemporaines des cultes vampiriques. Nous avons inséré dans le texte un trio d'astuces en tout genre afin d'étoffer nos infâmes découvertes : *Folklore fantastique* couvre les faits, les légendes, la tradition populaire et la littérature sur les vampires ; *Cris et hurlements* souligne les efforts cinématographiques mettant les vampires en vedette ; et *Amuse-gueule mordant* traite de terminologie.

Dans l'ensemble, il est renversant de constater que le vampire est devenu un sujet de fiction et de romantisme, peut-être plus que n'importe quel autre personnage de légende. En cours de route, cependant, chercheurs, auteurs d'œuvres de fiction et d'ouvrages non romanesques, historiens, universitaires, scientifiques, «vampirologues» et folkloristes ont fouillé le sujet avec diligence et un aplomb tenace et minutieux, le plus admirable que l'on puisse investir lorsqu'on écrit sur un personnage aussi étoffé sur le plan de l'histoire, du mystère, du romantisme et de la violence. Cela dit, on se doit de souligner que pour la majorité des gens, les vampires et le vampirisme ne sont que des légendes. Cependant, les pratiques et l'existence des vampires étant réelles pour certains, on se doit aussi d'accueillir leur point de vue, comme celui des universitaires, des historiens et des experts. Néanmoins, comme dans le cas des êtres mystérieux et légendaires tels Sasquatch et le monstre du loch Ness, il reste que même si l'on n'a pas réussi à prouver l'inexistence d'une chose, la possibilité de son existence reste tout de même réelle. En ce qui concerne les vampires, il est cependant peu probable que la majorité des habitants de cette planète acceptent leur existence, à moins qu'un vrai vampire en chair et en os, reconnu par la science, ne soit invité à l'émission *Larry King Live*. Ainsi en va-t-il aujourd'hui de la nature humaine.

Quoi qu'il en soit, plusieurs facettes du vampire restent fascinantes, que l'on pense à ses origines traditionnelles, à la littérature, au cinéma et au folklore, aux aspects conceptuels complexes et intrigants de sa dimension psychologique, spirituelle, physique et affective, ou aux sujets touchant le vampirisme magnétique, astral et psychique, pour ne nommer que ceux-là. L'affirmation selon laquelle le vampire ou le vampirisme sont des sujets sans profondeur est entièrement erronée, puisqu'un kaléidoscope exceptionnel d'histoires, de traditions et de courants sociaux souterrains font entrer en jeu le sujet sous-jacent et apparemment inépuisable de la légende du vampire. Voilà ce que nous cherchons à exhumer et à vous présenter. Nous espérons vous initier de façon bien pensée à un monde qui est à la fois ombre et lumière, mais aussi d'un gris dominant où vous seul pourrez conclure à la présence de créatures de la nuit parmi nous. Elles observent et elles attendent. Peut-être même espèrent-elles que nous envisagions d'un œil neuf la raison d'être de leur chasse, leur style de vie et leurs tactiques de survie face au pire de l'adversité — que ce soit en réalité ou juste en imagination. Voilà qui sont les vampires, et c'est toujours ainsi qu'ils nous apparaîtront. Comme des êtres choquants. Séduisants. Terrifiants. Qui, parfois, nous font rire. Mais soyez averti : s'il y a un grain de vérité dans ce qu'on dit sur eux, c'est qu'ils font aussi *peur* que *mal*.

# Chapitre 1

# MAÎTRES DE L'IMMORTALITÉ

LE VAMPIRE EST L'UNE DES CRÉATURES LES PLUS CÉLÈBRES de toute l'histoire de l'horreur et il a connu une évolution dont peu ont bénéficié d'être modelés par la tradition populaire, les légendes, la littérature de fiction et le cinéma. Les vampires existent-ils, ou bien sont-ils seulement le fruit de notre imagination? Du crépuscule au chant du coq, la nuit leur appartient. Mais comme vous l'apprendrez, ils savent voir bien au-delà des capacités de leur vision surnaturelle et conservent un reste palpable d'humanité qui dément leur soif de sang. Commençons donc notre exploration du monde follement exotique et érotique des vampires.

# LES ENFANTS DE LA NUIT... EN FONT-ILS, UNE MUSIQUE!

Il est plus d'une heure du matin. Vous sortez brutalement du sommeil au milieu de la nuit. Dans le brouillard de ce que vous prenez pour un état onirique, vous essayez de replonger dans le sommeil, mais quelque chose ne va pas. Immobile, vos yeux font le tour de la pièce; l'obscurité est mêlée d'ombres créées par la lumière du réverbère devant la fenêtre. Tout semble normal. Vous écoutez attentivement. À part une voiture qui passe, les bruits sont bien ceux de votre chambre. Pourtant, vous avez l'impression que quelque chose cloche. Soudain, le poil de votre nuque se hérisse et vous frissonnez comme si vous aviez froid. Votre regard s'attarde sur le coin le plus éloigné de la chambre — le plus sombre aussi. Comme le brouillard qui se lève sur la lande, le manège de votre imagination s'empare de la situation. Y a-t-il quelqu'un ou quelque *chose* dans le coin? Vous ne discernez aucun mouvement. Rien ne bouge. Il n'y a que le bruit de plus en plus présent du tic-tac de votre réveil. À mesure que votre frayeur se dissipe, votre corps se détend et votre imagination commence à envisager le côté frivole de la situation.

Vous jetez un dernier regard au coin obscur, soulagé de savoir que tout va bien. Vous vous tournez de l'autre côté et vous fermez les yeux, enveloppé de chaleur, ouvert à la tentation des rêves agréables qui se profilent. Votre respiration adopte un rythme régulier et vous sombrez dans le sommeil. C'est seulement là qu'un mouvement se produit dans le coin sombre. Un bruissement ténu, puis une ombre sort de l'obscurité comme un murmure. Elle bouge avec une célérité inégalée, indiscernable à l'œil humain, et flotte maintenant, légère, au-dessus de vous. Seule sa forme enveloppée d'une cape signale son identité, outre l'éclair rapide de sa peau d'albâtre lorsque d'un doigt agile, elle écarte les cheveux qui projettent une ombre sur votre cou. Vous entendez une profonde inspiration, avant de sentir palpiter une veine dans votre cou.

Vous venez de vivre votre première rencontre avec un vampire.

## OUI, C'EST MOI LE COMTE DRACULA, ET JE VOUS SOUHAITE LA BIENVENUE DANS MA MAISON

Quand vous entendez le mot « vampire », la première image qui vous vient à l'esprit est probablement celle d'un bel homme de haute taille, aux cheveux sombres et aux yeux lumineux, vêtu d'un smoking noir impeccable, les épaules drapées d'une cape d'une élégance exquise. Cette image imprimée dans notre cerveau collectif par Bela Lugosi dans *Dracula*, le classique cinématographique de 1931, est la représentation parfaite du *vampire de salon* traditionnel, si trompeusement aristocratique qu'il s'intègre tout à fait à la bonne société. Or, tel que le conçoit le folklore, surtout en Europe, un *vampire* est par définition un cadavre réanimé, un *revenant* sorti de son cercueil pour cannibaliser le sang ou la chair des vivants à l'aide de ses canines pointues. Cette version folklorique de la créature vampirique n'a absolument *rien à voir* avec le vampire d'une élégance nonchalante de Christopher Lee, ni avec les monstres exquis et prodigues imaginés par Anne Rice. Non, ces cadavres hideux conviennent davantage à la *Nuit des morts-vivants* qu'à *Le Vampire de ces dames*. N'oubliez pas notre avertissement, car dès le chapitre 2, nous vous présenterons les premiers « vampires » ; nous remonterons les siècles afin de retrouver les légendes que se racontent les peuples partout sur la planète, à propos des vampires et des revenants vampiriques.

AMUSE-GUEULE MORDANT

Dans le corpus de la tradition populaire sur les vampires, les sources historiques emploient rarement le mot « vampire ». On désigne plutôt la plupart des créatures, vampiriques ou autres, sous le nom de revenants, soit un défunt revenu à la vie, par ailleurs appelé « non-mort ».

## JE NE BOIS JAMAIS... DE VIN

Pour bien comprendre les vampires, il faut étudier la triade essentielle que forment la tradition populaire, Bram Stoker et ses précurseurs, et le cinéma.

Ce sont ces trois éléments qui ont façonné les vampires tels que nous les connaissons aujourd'hui. La légende des vampires est en vérité immortelle, et comme vous l'apprendrez dans les pages qui suivent, l'histoire de ces hémoglobinomanes monstrueux n'a pas de fin. Les chapitres 3 et 4 seront consacrés à l'étude des premiers monstres de la littérature : Lord Ruthven, Sir Francis Varney, la séduisante Carmilla, et Dracula, père de tous les vampires. Publiée en 1897, l'œuvre maîtresse de Bram Stoker coula dans le bronze les caractéristiques du genre — profondeur, dépravation, séduction et courants sous-jacents, classiques et toujours présents, concernant la société, la politique, l'amour, la sexualité et la spiritualité. Dracula, Abraham Van Helsing et les autres personnages du roman sont sans doute la distribution littéraire la plus reprise de l'histoire.

Dans la même veine, nous étudierons en détail, aux chapitres 5 et 6, Vlad l'Empaleur, prince roumain de sinistre réputation. A-t-il vraiment servi d'inspiration pour le personnage du comte Dracula, ou certains éléments nous échappent-ils ? Et *où* diable est la Transylvanie ?

## LE MAL EST UN POINT DE VUE

Les peurs des êtres humains se fondent parfaitement au répertoire des vampires, comme la glace sur une toiture en fer-blanc brûlant. Jumelée aux pouvoirs des vampires, notre peur intrinsèque fait de nous des proies faciles, et comme nous le savons tous, à l'exception de quelques pratiques sans importance, les buveurs de sang n'ont pas grand-chose à craindre, à supposer qu'ils soient bien informés quant à leur création, leur histoire et leurs limites, et qu'ils aient bien étudié leur proie. Surtout, ne vous y trompez pas… à part quelques individus choisis pour pallier leur solitude, les vampires considèrent la majorité des êtres humains comme des proies, ou à tout le moins… comme des morceaux de choix terriblement tentants. Cela dit, vous aurez avantage à lire les chapitres 7 à 12 pour comprendre le symbolisme du vampirisme, apprendre à détecter ces empoisonnants ténébrions et à vous protéger d'eux, et pour suivre le parcours historique d'une douzaine d'assassins reconnus.

FOLKLORE
FANTASTIQUE

Aux yeux des communautés superstitieuses et des populations, surtout celles dont les comportements sociaux sont dictés par toutes sortes de vertus ou de traditions religieuses ou autres, les vampires sont souvent associés au démon, un concept qui, par bien des côtés, est dû au Dracula de Bram Stoker. Selon ce point de vue, le vampire est une créature qu'il faut abhorrer et détruire pour éviter que des populations entières perdent par sa faute leur esprit immortel.

## MOURIR... CE DOIT ÊTRE MERVEILLEUX

Comme nous l'avons déjà mentionné, le cinéma est un élément indispensable de la triade vampirique. Les vampires et le vampirisme en général ont été illustrés sur la pellicule d'une foule de manières qu'il nous faut reconnaître pour qu'une étude complète sur les vampires soit plus qu'un autre clou dans leur cercueil. Nous entrons donc, aux chapitres 14 et 15, dans le mausolée bondé du cinéma vampirique, en commençant par ses origines et ses influences, et en rendant hommage aux plus grands vampires de l'histoire du grand écran. Vous trouverez, dans les chapitres 16 et 17, une filmographie exhaustive qui vous fera certainement bouillir le sang dans les veines, tout comme notre étude des buveurs de sang du petit écran, au chapitre 18.

## VOUS EN SAVEZ TROP POUR VIVRE

Bien entendu, comme c'est le cas dans le folklore, la littérature et le cinéma, il existe plusieurs variantes du rituel traditionnel de morsure, tel que Stoker le décrit dans *Dracula*; mentionnons les épidémies vampiriques et les suceurs d'âmes extra-terrestres ou, inversement, la maîtrise de sa violence prédatrice par la créature surnaturelle qui vit un véritable amour romantique avec un être humain. Les vampires sont des créatures complexes, et le fait que la définition même du vampirisme ait été élargie pour accommoder des aspects plus profonds d'ambivalence physique, émotionnelle, spirituelle et psychique, est la preuve de leur évolution : vous le constate-rez, au chapitre 13, où nous soulignons l'apport des auteurs populaires à la fiction contemporaine, et au chapitre 19, où nous étudions les vampires de l'ère moderne.

**AMUSE-GUEULE MORDANT**

Bizarrement, les experts ne s'entendent pas quant au terme à employer pour désigner un groupe de vampires. Au cinéma, ainsi que dans la lit-térature de fiction et non romanesque, on les a diversement désignés sous le nom de « nichée, couvée ou bande ». La tradition populaire leur donne souvent le nom de *meute*, tandis que dans certains cas, ils sont aussi appelés un « clan », ou divisés en « lignées ».

L'existence ou la non-existence des vampires ne relève pas de vous. Comme tant d'autres chroniqueurs de l'histoire et du folklore, nous ne pou-vons faire plus qu'explorer le royaume des vampires et en sonder les profon-deurs — peu importe à quel point elles sont saines ou surnaturelles. Pour paraphraser Sir Anthony Hopkins, qui joue le rôle de l'aimable et excen-trique Van Helsing dans le *Dracula* de Francis Ford Coppola : « Nous sommes tous devenus des fous de Dieu… tous. » Avec cette réplique à l'esprit, il est temps pour nous de reprendre le rôle de Van Helsing et de vous dévoiler les secrets des créatures les plus séduisantes, exotiques, érotiques, hypnotiques et dangereuses de cette planète.

# Chapitre 2

# LES VAMPIRES DANS LA TRADITION POPULAIRE

AU COURS DES SIÈCLES, les vampires ont occupé le cœur des côtés sombres du folklore et de la mythologie de douzaines de cultures. L'engouement actuel pour les terreurs de la nuit, dispensées par les légendes, le cinéma contemporain et la littérature, démontre qu'il n'y a pas de désintérêt à l'horizon pour tout ce qui concerne la soif de sang. On peut attribuer cette fascination en partie à nos ferventes affirmations multiculturelles et multiconfessionnelles — sans trop de doute, mais en l'absence de preuves scientifiques — d'une vie après la mort. Si la vie se poursuit dans une dimension spirituelle, est-ce mettre si grandement sa foi à l'épreuve que d'admettre qu'il est fort possible que la vie après la mort continue aussi dans les tréfonds de notre monde?

## VIVEZ LONGTEMPS ET PROSPÈRE

Toute recherche sur les vampires ou le vampirisme à travers l'histoire mène inévitablement à ce que l'on considère comme la genèse du buveur de sang tel que nous le connaissons aujourd'hui, c'est-à-dire à *Dracula*, l'œuvre maîtresse de Bram Stoker, publiée en 1897 (voir chapitres 3 et 4). Bien que toute l'excitation suscitée par le roman soit méritée, tant en raison de sa forme que du génie qui caractérise l'évolution du genre, il faut mentionner l'existence d'un corpus beaucoup plus riche de légendes concernant ceux que l'on désigne communément sous le nom de «revenants» — ces individus revenus d'entre les morts. À l'instar des dieux mythologiques que les Grecs et les Égyptiens adoraient, de nombreuses légendes, superstitions et croyances entourent un sombre contingent de créatures vampiriques qui vivent dans les profondeurs de notre monde et jouent sur nos peurs viscérales. Mais, mis à part le récit de leurs terrifiantes escapades, c'est précisément *leur* héritage que l'humanité a suivi dans les faits en déterrant et en défigurant les cadavres pour se débarrasser de présumés vampires, qui les propulse sur le devant de la scène (voir chapitre 11). Comme, dans la plupart des cas, la tradition populaire désigne rarement les vampires sous ce nom, faut-il mettre l'évolution du vampire traditionnel sur le compte de ces gestes prometteurs, alimentés par les histoires sur les non-morts? Absolument.

**AMUSE-GUEULE MORDANT**

Dans les traditions populaires anciennes, on croyait que l' «incube» était un démon masculin censé abuser des femmes durant leur sommeil. Sous sa forme féminine, ce démon était appelé un «succube». Ces deux apparitions ont souvent été associées aux premières entités vampiriques européennes, comme l'*alp* allemand et le *lidéric* hongrois. Le Brésil a lui aussi sa forme d'incube, le *boto*, qui séduit les femmes et les mène à la rivière. Évidemment, il fournit une excuse pratique — et plausible — pour expliquer les grossesses non désirées.

Les récits de revenants vampiriques diffèrent beaucoup selon leur pays d'origine, l'incarnation subséquente de leurs protagonistes et le folkloriste ou historien qui raconte leurs exploits. Après tout, la caractéristique même du folklore est qu'il se fonde très peu sur la documentation écrite, mais plutôt sur la transmission orale séculaire d'un corpus de récits. La majorité des créatures aujourd'hui considérées comme des vampires ou de nature vampirique sont en général des humains ou des animaux hybrides, des bêtes apparemment zombies ou des démons de naissance. Cela dit, il est temps de plonger dans les origines du vampire du folklore en nous penchant sur certains des buveurs de sang parmi les plus populaires de la mythologie et de la tradition orale.

## BUVEURS DE SANG EUROPÉENS

Il n'y a aucun doute que les vampires que nous en sommes venus à vénérer dans nos divertissements et à craindre dans la réalité n'existeraient pas sans les horribles récits de ténébrions suceurs de vie qui ont circulé dans toute l'Europe. Même si en tant que peuple, notre indépendance face aux puissances mondiales et à leur influence a constitué la pierre angulaire de la naissance des États-Unis comme puissance internationale, notre héritage et notre histoire sont toujours inextricablement liés aux cultures européennes. Or, le vampire européen est l'ancêtre des mythologies vampiriques adoptées aujourd'hui et à l'origine de presque tous les films et toutes les explorations que la fiction a tentés au royaume des non-morts.

FOLKLORE
FANTASTIQUE

Bien qu'ils ne soient pas représentatifs du vampire classique, plusieurs religions anciennes associent certains de leurs dieux et déesses aux sacrifices sanglants et à l'ingestion de sang. Ainsi, dans la mythologie égyptienne, le dieu suprême Râ envoie la déesse Sekhmet sur Terre afin de punir l'humanité qui s'est moquée de lui. Ivre du sang des mortels, Sekhmet se lance dans un carnage frénétique et entreprend de massacrer tous les humains. Râ réussit à l'arrêter en la trompant avec de la bière qu'il a teinte en carmin ; l'effet de l'alcool finit par apaiser la rage de Sekhmet.

Contrairement aux vampires séduisants et fringants à l'élégance nonchalante et aux vamps sensuelles et rusées de la culture populaire, le buveur de
sang du folklore européen était invariablement d'une laideur repoussante et
d'une puanteur indescriptible ; c'était sans contredit la *dernière* créature sur
terre que vous auriez aimé voir mordre passionnément votre gorge au milieu
de la nuit. Bien que les légendes sur ces horrifiants ténébrions aient essaimé
sur presque tout le continent européen, c'est en Europe de l'Est qu'est née la
tradition populaire devenue mythologie contemporaine.

L'histoire des peuples d'Europe de l'Est est antérieure à celle de la Rome
antique ; ils ont survécu à des siècles des bouleversements politiques et
culturels. Par ailleurs, on a prouvé que l'amalgame du christianisme et des
religions traditionnelles a contribué à donner naissance à la légende des non-
morts, en partie en raison de la croyance en la vie après la mort. Les bons
étaient récompensés par l'accueil chaleureux des anges qui leur ouvraient
les bras, tandis que les pêcheurs et les mécontents étaient condamnés à être
pour toujours les esclaves du démon — et nulle part ailleurs, l'œuvre du
démon ne prédomine-t-elle autant que sur notre bonne vieille planète.

Une population en majorité illettrée et ignorante, accablée par des épisodes inexpliqués de peste et d'épidémies en tous genres, attribuait souvent la source de sa misère non aux caprices de la nature, mais à ceux qui
venaient de trépasser et qui avaient, d'une façon ou d'une autre, vécu une
existence impie ou étaient devenus la proie des démons (voir chapitre 7).
Plutôt que de passer à une vie de sainteté dans l'Au-delà, les moins vertueux
s'accrochaient à leur misérable existence et rampaient tout simplement hors
de leur tombe pour tourmenter les vivants.

## ORIGINES GRECQUES

Bien que pour la plupart, nous connaissons les dieux mythologiques de la
Grèce antique, on sait moins que selon la légende, ce sont ces mêmes déités
toutes-puissantes qui ont engendré les créatures devenues les ancêtres des
vampires dans le folklore de l'histoire européenne. Les démons vampires de
la Grèce antique sont nés dans le monde surnaturel et y sont restés durant
des siècles. Les amateurs de vampires ne seront pas étonnés d'apprendre

que c'est Zeus, le dieu suprême du panthéon grec, qui est responsable de la création de l'un des tout premiers démons suceurs de vie de l'histoire. Il l'a fait en ayant une aventure tout à fait terre-à-terre avec une autre femme que la sienne.

### La princesse Lamia

Les récits et légendes de la Grèce antique, y compris certaines allusions d'Aristophane et d'Aristote, racontent l'histoire de l'aventure illicite du tout-puissant Zeus avec Lamia, une princesse libyenne décrite comme la fille de Poséidon, le dieu des océans, ou de Bélus, le fils de Poséidon. Or, cette aventure céleste déchaîna la colère de Héra, la femme de Zeus. Jalouse, celle-ci se vengea de l'infortunée Lamia en enlevant et en tuant les enfants que la jeune femme démunie avait conçus avec le dieu et en la condamnant à l'exil.

Folle de chagrin, mais incapable de se défendre contre ces dieux puissants qui lui avaient causé tant de chagrin, Lamia se lança dans une campagne de vengeance contre l'humanité en volant les bébés des mortelles et en suçant leur vie. Dans ses incarnations légendaires subséquentes, la *lamia* est devenue une créature surnaturelle, au torse de femme et au corps de serpent. Ces créatures sont légion ; on les appelle les « *lamiai* ». Elles sucent le sang des enfants et sont capables de changer leur horrible apparence à volonté, pouvoir grâce auquel elles séduisent les jeunes hommes et les mènent à leur ruine ou à leur perte.

FOLKLORE
FANTASTIQUE

Quand on aborde le sujet des dieux, des démons et de la religion de la mythologie grecque, il convient de rappeler qu'aux yeux des anciens Grecs, ces « légendes » n'avaient rien à voir avec la fiction ou le fantasme. Nous avons pour nous la science, l'éducation et une bonne dose de scepticisme, mais les Grecs, comme les anciens Égyptiens, croyaient en l'existence de leurs dieux et de leurs plans surnaturels pour l'humanité, et leur conviction était au moins aussi grande que celle des croyants d'aujourd'hui pour la religion ou la déité de leur choix.

### Les *vrykolakas*

En Grèce, les plus anciens démons à tendances vampiriques sont directement associés au monde surnaturel des esprits engendrés par les dieux. Cependant, peu de temps après la conversion de la Grèce au christianisme, une superstition culturelle a pris naissance selon laquelle il arrivait fréquemment aux morts récents et aux démons de ne faire qu'un. Dans nos termes, les morts qui reviennent à la vie sont des revenants ; en Grèce, on les appelle les « *vrykolakas* ». Bien que le terme soit épelé et même écrit différemment selon les régions, les *vrikolakas* sont généralement considérés comme les ténébrions les plus maléfiques des non-morts. Ils reviennent à la vie pour tourmenter les vivants.

En fait, la croyance dans ces démons était tellement prévalente qu'au I[e] siècle de notre ère, l'Église grecque orthodoxe fut forcée de s'attaquer à la question afin de soulager les craintes de la populace et d'offrir des solutions aux méfaits qu'on attribuait aux non-morts en maraude. On ne sera pas surpris d'apprendre que l'Église affirma que les individus les plus susceptibles de revenir d'entre les morts avaient trépassé avant de recevoir les rites religieux indispensables. Cette catégorie incluait les enfants morts à la naissance ainsi que les individus excommuniés ou menant une vie de pécheur. Étrangement, les personnes nées un jour saint étaient particulièrement à risque — sans doute parce qu'on jugeait blasphématoire de concurrencer un saint le jour qui lui était consacré.

**AMUSE-GUEULE MORDANT**

○ Communément passé à l'usage en grec, le mot *vrykolakas* vient des peuples slaves du sud des Balkans. À l'origine, le mot a été inventé pour décrire les individus vêtus de toisons de loup ; au fil de son évolution, le mot a fini par désigner les démons présentant les caractéristiques du loup. Bien que l'interprétation grecque du *vrykolakas* soit de nature essentiellement vampirique, des variations du même terme sont employées par les Slaves pour décrire les *lycanthropes* ou *lycans*, tout aussi effrayants et connus comme les *loups-garous*.

La longue litanie des raisons derrière la création des *vrykolakas* était, de bien des manières, une admonestation sévère de la part de l'Église à l'intention de ses fidèles de s'en tenir au cadre prescrit de la dévotion religieuse ou d'en subir les terribles conséquences. L'Église appliqua une solution sensée pour régler la question des *vrykolakas* en faisant déterrer le cadavre des présumés fauteurs de troubles pour les réduire en cendres, une solution qui devait rassurer les populations nerveuses des siècles durant.

# VAMPIRES SLAVES

L'importance des premières allusions grecques à des créatures vampiriques est souvent minimisée, mais les Grecs nous ont donné la plupart des premiers comptes rendus écrits sur ces créatures démoniaques, dont certains remontent aussi loin que le I[e] siècle de notre ère. Comme dans le cas des *vrykolakas*, l'influence slave est essentielle à la naissance des légendes grecques sur les vampires. Même si les premiers Slaves ne sont pas réputés pour la richesse de leur histoire écrite, ils sont certainement devenus les diffuseurs d'une tradition orale qui fera son chemin jusqu'en Europe de l'Ouest, et finira dans nos pires cauchemars. Les peuples slaves ont participé à la création des pays slaves comme la Slovaquie, la République tchèque, le Bélarus, la Russie, l'Ukraine, la Bosnie, la Bulgarie, la Croatie, le Monténégro et la Serbie ; les légendes vampiriques devaient se multiplier à partir de là.

### L'*upir* et le *nelapsi*

Les pivots du folklore rural slovaque et tchèque sont l'*upir*, et son parallèle, le *nelapsi*, cadavres pourrissants de gens récemment décédés et revenus à la vie. On considère l'*upir* comme le plus problématique, car on prétend qu'il possède deux cœurs et deux âmes, et qu'il boit le sang de ses victimes qu'il étouffe généralement d'une étreinte fatale. Mais il y a pire : l'*upir* propage non seulement une maladie mortelle, mais il peut aussi tuer d'un seul regard de son mauvais œil. Selon un compte rendu remontant au début des années 1700, la population d'un village bohémien, sis dans ce qui est maintenant la République tchèque, enfonça un pieu dans un cadavre qu'on soupçonnait d'être un *upir*. L'hideuse créature se contenta de rire et remercia les villageois de lui avoir fourni un bâton pour repousser les chiens qui la harcelaient. Surpris, les villageois réglèrent très vite le dilemme que posait le vampire en le réduisant en cendres.

**FOLKLORE FANTASTIQUE**

L'*ustrel* est un ajout unique au folklore bulgare ; il s'agit de l'âme d'un enfant né un samedi et mort avant d'avoir été baptisé. On croit que sous la forme d'un esprit invisible, l'*ustrel* est capable de se frayer un chemin à mains nues hors de son cercueil pour sucer le sang du bétail. Il se cacherait derrière les cornes ou les pattes postérieures de sa proie. Le mythe de l'*ustrel* fournit une explication apparemment logique à la perte subite de moutons et de bétail pour cause indéterminée et contribue à nourrir la croyance répandue en une pléthore de créatures vampiriques.

## Le vampire bulgare

Les histoires de vampires comptent parmi les légendes les plus connues du folklore bulgare. Le *vampire* est un être humain décédé qui revient d'entre les morts et parvient à se maintenir dans le même état d'humain en parfaite santé que de son vivant. Ce rajeunissement est tellement convaincant que les *vampires* peuvent changer de lieu de résidence et vivre dans une région où personne ne les connaît. Ils auront une existence apparemment normale et anonyme le jour, et feront des ravages dans la population la nuit. Le mythe bulgare présente un aspect inhabituel, soit le point de vue de la religion orthodoxe selon laquelle le défunt passe les 40 jours qui suivent son décès en compagnie de son ange gardien et se rend en sa compagnie à des endroits qu'il a connus avant de passer dans la dimension spirituelle. Si les procédures appropriées ne sont pas suivies à la lettre au moment des obsèques, le défunt est incapable de trouver son chemin vers le paradis et reste sur Terre sous forme de vampire. Une vie de pécheur ou d'alcoolisme, et même un trépas soudain et violent, constituaient autant d'autres raisons pour expliquer une probable renaissance sous forme de vampire.

### Le *lampir* de Bosnie

En Bosnie, l'incarnation du vampire est le *lampir*, principalement accusé d'être un signe avant-coureur d'épidémie. Lorsqu'on ne comprend pas scientifiquement les causes des maladies contagieuses mortelles, ni leurs remèdes, on croit que la personne à blâmer est la première à tomber malade et à mourir. Porteur de maladies, le *lampir* sort de sa tombe sous la forme d'un cadavre hideux et pourrissant, afin d'infecter et d'accabler ses victimes qui finissent par succomber à la maladie. On rapporte qu'après la conquête de la Bosnie par l'Autriche, qui l'a ravie à l'Empire ottoman en 1878, il y avait dans la région une coutume répandue selon laquelle on exhumait les cadavres de ceux qu'on soupçonnait d'être des *lampirs* pour les brûler, pratique que le nouveau régime ne vit pas d'un très bon œil.

### L'*uppyr* russe

Comme c'est le cas de plusieurs légendes démoniaques circulant en Europe, le vampire russe, l'*uppyr*, est étroitement associé à tout comportement allant à l'encontre de la piété religieuse. Par conséquent, la personne considérée comme hérétique, qui s'écarte des enseignements de l'Église orthodoxe russe, est considérée comme une candidate de choix pour le vampirisme. Comme dans presque toutes les incarnations vampiriques de la tradition européenne, l'*uppyr* était un cadavre qui refusait de rester enterré et promenait ses restes réanimés et pourrissants. En 1078, soit un siècle environ après l'adoption du christianisme en Russie, un prêtre qui n'en faisait qu'à sa tête fit l'objet du premier compte rendu écrit de comportement vampirique. Ce document fournit la genèse des connotations religieuses qui devaient rester enracinées des siècles durant dans la tradition populaire sur les vampires. Fait intéressant à noter, les personnes qui pratiquaient la magie ou la sorcellerie — en elles-mêmes des activités très suspectes — pouvaient aussi se transformer en vampires. Les documents indiquaient clairement que toute activité entreprise hors des auspices de l'Église vaudrait immanquablement à l'individu qui s'y adonnait un destin horrible de vampire.

## L'INFLUENCE ROUMAINE

Bien que l'on puisse généralement accorder au folklore slave le mérite de la création initiale du vampire pour expliquer à peu près toutes les calamités naturelles susceptibles d'accabler une société d'Europe de l'Est au cours du premier millénaire, les Slaves ont beaucoup influencé les légendes des autres peuples voisins. Parmi ceux-ci, la Roumanie est incontestablement la plus connue, et elle est inextricablement associée à la tradition du vampirisme en Europe, surtout en raison du *Dracula* de Stoker et de la lumière que son roman a jetée sur les activités souvent horrifiantes du personnage historique ayant prétendument inspiré le personnage de Dracula, c'est-à-dire Vlad l'Empaleur, prince roumain (voir chapitres 5 et 6). Bien qu'au fil des siècles, la Roumanie ait été bordée par des régions slaves — aujourd'hui devenues la Bulgarie, la Servie et l'Ukraine —, elle tissa d'abord ses premiers liens politiques et sociaux avec la Hongrie, sa voisine occidentale. En dépit de cet amalgame de courants politiques et culturels, la Roumanie a historiquement maintenu son association avec l'ancien Empire romain — son nom est, de fait, l'homonyme de Rome.

**FOLKLORE FANTASTIQUE**

Le meilleur exemple du sens historique profondément enraciné et durable du folklore roumain est probablement la «grotte aux os», découverte par une équipe de spéléologues en 2002, dans les Carpates, au sud-ouest de la Roumanie. La datation au carbone a révélé que les restes humains découverts dans le réseau souterrain remontaient à plus de 40 000 ans, faisant ainsi de ces ossements les plus anciens jamais exhumés en Europe.

La région de l'Europe de l'Est aujourd'hui connue comme la Roumanie a été conquise par l'empereur romain Trajan en l'an 106 de notre ère ; elle est restée province romaine durant près de deux siècles sous le nom de «Dacie romaine». Coupées géographiquement de l'influence directe de Rome, les populations daces, mélange d'indigènes et de colons romains, ont cultivé une sensibilité intense et bien à elles. Après la chute de l'Empire romain au III<sup>e</sup> siècle, les Roumains ont survécu aux invasions des Goths, des Huns et des Turcs de l'Empire ottoman, ainsi qu'à la domination de l'Empire austro-hongrois. Malgré des siècles d'invasions culturelles et politiques, les Roumains se sont accrochés férocement à leur indépendance et à leur identité nationale. Ils ont aussi conservé leurs légendes sur les vampires.

**CRIS ET HURLEMENTS**

Dans *Dracula*, la superproduction de Francis Ford Coppola de 1992, *Dracula*, Gary Oldman joue le rôle du prince Vlad. Dans son incarnation de jeune homme, il rend hommage au folklore roumain la première fois qu'il rencontre Mina Murray (Winona Ryder) à Londres. Lors d'une projection au cinématographe, un loup blanc sème la panique dans la salle et s'échappe. L'animal est sur le point de s'en prendre à Mina lorsque Vlad l'arrête dans son élan en criant : « Strigoi ! »

## Le *strigoi*

En dépit des influences de la légende slave, la tradition populaire roumaine a conservé ses caractéristiques sur le plan pratique et terminologique. Dans la principauté roumaine de Transylvanie — berceau du légendaire Vlad Dracula —, le vampirisme avait en fait deux aspects : le *strigoi viu*, vampire vivant sans caractères distinctifs, et le *strigoi mort*, vampire mort dont on croit qu'il sortait de sa tombe et prenait la forme d'un animal pour hanter et tourmenter les vivants. Le terme *strigoi* (aussi épelé *strigoii*) vient du mot *striga*, sorcière, entité condamnée à devenir un vampire après sa mort. Dans la légende, l'association entre sorcières et vampires est claire : on croit que les *strigoi viu* et les *strigoi mort* se rassemblent la nuit pour comploter contre les vivants. Les *strigoi mort* sont les plus meurtriers des vampires roumains ; ils reviennent d'entre les morts pour boire le sang de leurs familles et du bétail, avant de s'en prendre à leurs voisins.

Comme c'est souvent le cas dans le folklore de l'Europe de l'Est, les pécheurs et les suicidés étaient de bons candidats pour une renaissance vampirique. On croyait aussi que la femme enceinte qui laissait un vampire la regarder donnait naissance à un vampire ; on trouve très peu d'information toutefois sur la manière dont ladite femme aurait pu déterminer qu'elle était bel et bien tombée sous le regard d'un vampire. En Roumanie, les principaux aspirants au titre étaient les enfants nés hors mariage, les enfants nés *coiffés* (la coiffe étant la membrane amniotique qui recouvre souvent la tête du bébé à la naissance) et les enfants morts avant le baptême. Selon d'autres légendes, le septième fils d'un septième fils, ou le septième enfant du même sexe, pouvait aussi naître vampire.

### La *shtriga* albanienne

Comme les légendes roumaines qui adoptent plusieurs caractéristiques du folklore slave, l'Albanie, pays du sud-est de l'Europe, a choisi le même type d'approche face aux non-morts. Comme c'est le cas du *strigoi* roumain, la *shtriga* albanienne partage plusieurs traits avec la sorcière. Le mot *shtriga* vient du latin *strix* ; il signifie chouette effraie et désigne une créature de la nuit, un démon volant. On croit que la *shtriga* est une sorcière qui se comporte normalement le jour, mais se transforme la nuit en insecte volant, mouche ou papillon de nuit ; elle attaque ses victimes dont elle boit le sang.

Selon la légende, une communauté peut identifier une *shtriga* en l'attirant dans l'église, avant d'attacher au chambranle des portes des croix faites d'os de porc. La communauté reconnaîtra la *shtriga* au fait qu'elle sera incapable de franchir l'obstacle que forment ces crucifix improvisés. On obtiendra une autre preuve accablante en suivant après le coucher du soleil celle qu'on soupçonne d'être une *shtriga*, jusqu'à ce qu'elle vomisse le sang de ses victimes. On pourra alors tremper une pièce de monnaie dans le sang régurgité, pour forger un charme efficace contre d'autres attaques.

# VAMPIRES ALLEMANDS

Les vampires d'Allemagne doivent leur héritage aux vampires slaves d'Europe de l'Est, surtout en raison des incursions slaves dans l'est de l'Allemagne au Xe siècle. L'incarnation vampirique la plus connue dans le nord de l'Allemagne est le *nachtzeherer*, le « dévoreur de nuit » qui revient d'entre les morts après avoir dévoré ses propres extrémités ainsi que ses vêtements. À ceux qui croisent son chemin, le *nachtzeherer* présente donc l'image hideuse des personnages de la *Nuit des morts vivants* avec leurs mains et leurs bras partiellement dévorés. Ces affreux vampires sont souvent accompagnés de cadavres féminins morts en couches qui les aident à attaquer leurs victimes et à les dévorer vivantes.

Bien qu'on croit que le *nachtzeherer* soit le cadavre réanimé d'un suicidé ou de la victime d'une mort subite inexplicable, on pense que les défunts récemment enterrés avec leur nom sur leurs vêtements forment la catégorie la plus rare de toutes. Dans le sud de l'Allemagne, l'équivalent du *nachtzeherer* est le *blutsauger*, ce qui se traduit par une expression limpide qui donne la chair de poule : « buveur de sang ».

FOLKLORE FANTASTIQUE

 Le *schrattl* est une variante de l'*alp* allemand. C'est un vampire cruel, le cadavre d'un individu sorti de sa tombe après avoir dévoré son linceul. Il attaque d'abord sa famille et le bétail avant de s'en prendre au reste de la communauté, précipitant souvent ses victimes dans la démence. Il ressemble aux vampires d'Europe de l'Est, car on le rend aussi responsable des épidémies (voir chapitre 7).

### L'*alp*

L'*alp* est l'une des créatures les plus insidieuses et les plus insaisissables du folklore allemand. Selon la région où il apparaît, il adopte plusieurs caractéristiques de la goule. Dans certaines régions, c'est un sorcier capable de se transformer en oiseau ou en chat pour commettre ses crimes. Ailleurs, c'est un prédateur sexuel de forme humaine qui s'en prend aux femmes et aux jeunes filles durant leur sommeil. On associe aussi étroitement ces créatures à la sorcellerie ; on les soupçonne d'être des chats ou des rats qui s'acquittent des tâches nocturnes que les sorcières leur ont confiées. L'*alp* possède le pouvoir de s'immiscer dans les pensées de ses victimes endormies et de leur inspirer d'horribles cauchemars qui se terminent souvent par des convulsions et des crises d'hystérie. On reconnaît l'attaque nocturne de l'*alp* à l'impression de pression formidable que l'on ressent à la poitrine en se réveillant en sursaut et à une vive sensation de suffocation. Ceux qui subissent l'attaque de revenants vampiriques décrivent souvent la même sensation. Pour détruire l'*alp*, on exhume le cadavre de l'individu qu'on croit revenu d'entre les morts et on le réduit en cendres lors d'une cérémonie. Si on soupçonne une sorcière d'être un *alp* malveillant, on la traque et on la «marque» d'une entaille rituelle au-dessus de l'œil droit afin de la priver de ses pouvoirs maléfiques.

### Les *femmes des bois*

Les *femmes des bois* sont généralement considérées comme les gardiennes de leurs habitats forestiers. Dans plusieurs légendes allemandes, ce sont des fées bienveillantes dont elles possèdent les qualités. On dit qu'elles sont élégamment vêtues de robes flottantes. Mais sur une note plus sanguinaire, elles sont parfaitement capables d'attaquer les chasseurs et les bûcherons qui s'aventurent trop loin en forêt et de leur arracher la gorge. En trouvant les cadavres ravagés de ceux qui avaient vagabondé en forêt à côté des sentiers qui s'enfonçaient dans la profondeur des bois, on concluait généralement qu'il s'agissait des victimes des *femmes des bois* irritées par cette intrusion.

## CRÉATURES DU ROYAUME-UNI

Bien que de nos jours au Royaume-Uni, les histoires vampiriques portent surtout sur les buveurs de sang européens, les îles Britanniques ont inventé leur propre mythologie morbide au XIe et au XIIe siècle. Ainsi, on croit que les *baobban sith* sont de séduisantes jeunes filles capables de se transformer en corneilles ou en corbeaux afin de se déplacer en toute liberté. Sous forme humaine, les *baobban sith* séduisent les voyageurs et les chasseurs et les persuadent de chanter et de danser avec elles. Ensuite, au cours des réjouissances, elles assassinent leurs victimes sans méfiance. On croit aussi que le *Rouge-Bonnet* écossais est un esprit maléfique qui hante les châteaux et les fortifications abandonnés et tente de tremper son chapeau dans le sang des vagabonds endormis afin de teindre son chapeau en rouge. Un monstre à la mode, à n'en point douter, mais pas très amical. Heureusement, les paroles et les objets religieux suffisent pour inciter le *Rouge-Bonnet* à traquer des victimes moins pieuses.

### La *hag* des Gallois

Dans le folklore gallois, la *hag* est un démon femelle qui peut prendre plusieurs formes, dont celle d'une jeune femme, d'une femme mûre et d'une horrible vieille femme. La vieille femme est la plus redoutée, car elle annonce la mort et la ruine imminentes. Elle apparaît généralement sous la forme d'une lavandière rinçant des vêtements ensanglantés dans une rivière. Ceux qui la rencontrent sont condamnés à un sort brutal.

### La *gwrach y rhibyn*

La *gwrach y rhybyn* est une autre vieille femme hideuse ; on la rencontre parfois aux carrefours où elle menace les voyageurs, ou on l'aperçoit brièvement près des étangs et des rivières. On dit que le cri de cette harpie annonce une mort imminente ; on dit aussi qu'elle s'en prend parfois aux enfants endormis ou aux personnes alitées et sans défense. Elle suce le sang de ses victimes et les affaiblit jusqu'à ce qu'elles meurent. La preuve de ses crimes se voit au sang séché qui lui macule la bouche. On croit que les individus en santé peuvent chasser la *gwrach y rhibyn* en usant de force brutale.

## VAMPIRES LATINO-AMÉRICAINS

À l'écart des traditions slaves, les pays qui forment aujourd'hui l'Amérique latine ont créé leurs propres légendes sur les vampires. Les civilisations aztèque et maya, qui ont régné sur la plus grande partie du territoire formant aujourd'hui le Mexique et l'Amérique centrale, ont dans leur histoire des déités assoiffées de sang qui précèdent l'arrivée des explorateurs espagnols et dont l'influence reste perceptible dans la tradition populaire actuelle, surtout en milieu rural. Selon le folklore maya, le *camazotz* est un hybride monstrueux, corps d'homme à tête de chauve-souris, qui doit peut-être ses origines aux chauves-souris vampires d'Amérique du Sud. Le *camazotz* personnifie la mort et le sacrifice. On craint beaucoup les grottes, car on croit qu'elles lui servent de tanière.

### Les *cihuateteo*

On croit que les divinités *cihuateteo* sont les âmes des femmes mortes en couches qui se sont donné le statut de guerrières. Bien que l'esprit de la *cihuateteo* insuffle de la force aux guerriers durant la bataille, leurs restes humains errent autrement sur terre, attaquant les enfants et propageant les maladies et la folie. On laisse souvent des offrandes de nourriture aux carrefours où ces créatures sont supposées se regrouper avant de lancer leurs assauts nocturnes contre les vivants. Le carrefour est souvent présent dans la légende vampirique, c'est le lieu où l'on peut détruire un vampire.

AMUSE-GUEULE MORDANT

Le *chupacabra*, « suceur de chèvres » en espagnol, fait partie des créatures vampiriques récemment entrées dans la légende moderne. Depuis le début des années 1990, on a attribué à l'insaisissable *chupacabra* des attaques sanglantes sur du bétail à Porto Rico, au Mexique, au Texas et aussi loin au nord que dans le Maine. Les quelques présumés *chupacabras* abattus par des propriétaires de ranch méfiants étaient en fin de compte des coyotes malades, émaciés et galeux.

### La *tlahuelpuchi*

Dans presque toute l'Amérique latine, on emploi souvent le terme *bruja*, sorcière, pour décrire la féroce *tlahuelpuchi*, une sorcière buveuse de sang capable de se transformer en une foule d'animaux afin de pouvoir vagabonder à sa guise. Elle est particulièrement maléfique ; elle suce le sang et la vie des bébés innocents et ses pouvoirs hypnotiques sont capables de pousser les adultes au suicide. On peut laisser de l'ail, des oignons et du métal dans les berceaux ou autour de ceux-ci afin de protéger les bébés de cette monstrueuse sorcière-vampire. Encore aujourd'hui, les décès infantiles inexpliqués sont souvent attribués à la *tlahuelpuchi*, surtout dans les régions reculées du Mexique. Les malheureux parents de l'enfant sont méprisés et blâmés pour avoir manqué de vigilance et négligé de protéger leur enfant.

# CANINES D'EXTRÊME-ORIENT

Bien que les vampires que nous ayons finis par aimer et mépriser dans la culture, le cinéma et la littérature occidentale soient invariablement d'ascendance européenne, le pouvoir, la peur et la fascination qu'exerce la crainte des vampires ne connaissent pas de frontières. En Chine, le *jiang shi*, aussi épelé *chiang shih*, est parfois appelé le « revenant sautant » ; c'est le cadavre réanimé d'une victime de noyade, de pendaison, de suicide ou d'étouffement. On croit les *jiang shi* particulièrement cruels, car ils démembrent et décapitent leurs victimes. L'ail, répulsif universel pour les vampires, est une protection efficace contre ces créatures dangereuses, comme le sel et la limaille de métal. Curieusement, le bruit du tonnerre tue ces monstres de façon naturelle.

## Le *kappa*

Le *kappa* est japonais ; c'est une créature qui donne froid dans le dos avec son allure de singe glabre aux gros yeux ronds et aux doigts et orteils palmés. Le *kappa* se cache dans les cours d'eau et les étangs ; il a la détestable habitude d'en jaillir pour sucer le sang de ses victimes par l'intestin. En Malaisie, deux de ces vampires monstrueux peuvent jaillir du corps de la femme qui meurt après avoir accouché d'un bébé mort-né. La mère devient une *lang-suyar* et le pauvre nouveau-né revit sous la forme d'un *pontianak*. Jaloux, les deux non-morts cherchent alors à se venger des vivants en témoignant d'une habitude fort troublante : ils éventrent leurs victimes pour boire leur sang.

## La *penanggala*

La tradition populaire indonésienne compte une autre créature perturbante, la *penanggala*, souvent décrite comme une sage-femme ayant fait un pacte avec le diable. Bien qu'elle se comporte normalement durant le jour, elle se transforme en une créature épouvantable à la tombée de la nuit, une tête décapitée au bout de laquelle traînent des viscères. Dotée du pouvoir de voler, la hideuse apparition traque les femmes sur le point d'accoucher. Elle se perche sur le toit de la maison de sa victime pour hurler durant l'accouchement et tente de laper le sang de la mère et du nouveau-né à l'aide d'une longue langue mince qu'elle glisse entre les poutres du toit.

## L'EFFET INDIEN

Aux yeux de plusieurs chercheurs, l'Inde pourrait bien représenter la source originale d'une certaine mystique des vampires. Au fil des millénaires, la culture et la religion indiennes ont créé un panthéon formidable de déités, de démons, de légendes et de superstitions; or, plusieurs anciennes entités indiennes semblables aux vampires restent vivantes et actives dans la tradition populaire actuelle. Il est possible que les contes sur ces entités démoniaques de légende, souvent assoiffées de sang, aient fait leur chemin jusqu'au cœur du mythe européen en même temps que les caravanes, les conquêtes et l'immigration, avant de se métisser et d'évoluer avec les traditions populaires régionales, il y a plusieurs siècles de cela.

### Les *rakshasas* et les *hatu-dhana*

Dans l'ancien hindouisme, l'univers était divisé en dimensions existentielles; les démons et les esprits maléfiques vivaient sous terre. De là sont nés les épouvantables *rakshasas*, ogres humanoïdes à longs crocs qui vivent dans les cimetières qu'ils quittent la nuit pour assassiner de façon sordide les nouveaux-nés et les femmes enceintes. Les *hatu-dhana*, aussi épelé « *yatu-dhana* », sont inférieurs aux *rakshasas* dans l'échelle de l'évolution; on croit que ce sont des goules qui se nourrissent des restes humains laissés par les *rakshasas*.

FOLKLORE
FANTASTIQUE

Dans la tradition indienne, la déesse Kali est intimement liée au sang. Une légende très connue décrit son combat contre Raktabija, dieu démoniaque dont chaque goutte de sang répandu donnait naissance à un clone. Selon la légende, le champ de bataille grouillant bientôt de clones, Kali finit par éliminer le démon en buvant son sang jusqu'à la dernière goutte (voir chapitre 7).

### *Bhutas* et *vetalas*

La tradition indienne compte encore bien des déités démoniaques avec les caractéristiques horrifiantes du vampire. Les *bhutas* sont les esprits des aliénés, des handicapés physiques et des individus morts subitement ou dans un accident. Le *bhuta* vit dans les ruines et les sites de crémation ; il est capable d'entrer dans le corps de ses victimes pour se nourrir de cadavres et même de vivants. On le rend responsable des sécheresses, des récoltes déficitaires, de la maladie et de la folie — soit de presque toutes les calamités, à bien y penser.

Le *vetala* (ou *betail*) est une autre créature démoniaque qui s'empare de ses victimes vivantes. Comme bien des traqueurs nocturnes indiens, il adore tuer les enfants, provoquer des fausses couches et pousser les gens à la démence. L'éventail et le nombre de déités et d'esprits démoniaques du panthéon indien et de leurs innombrables incarnations régionales suffiraient à remplir plusieurs volumes. À n'en pas douter, c'est ce qui a poussé plusieurs centaines de milliers d'innocents à verrouiller leur porte, à fermer leurs volets et à laisser longuement brûler les chandelles dans la nuit indienne.

## TRADITION POPULAIRE VAMPIRIQUE EN AMÉRIQUE

Même si les États-Unis n'ont jamais été considérés comme une serre chaude pour ce qui est de la frayeur et de l'engouement que suscitent les vampires, le concept du vampirisme a bel et bien fait son chemin jusqu'en Amérique et levé sa tête sanglante en Nouvelle-Angleterre dès la guerre d'indépendance, au milieu des années 1700. À la lumière de notre sensibilité moderne, le point commun de la plupart des affaires de vampires survenues dans le pays à ses débuts est apparemment un lien établi entre la tuberculose (d'abord appelée « consommation ») et les présomptions de méfaits vampiriques.

### Casser sa pipe

Une des premières légendes américaines porte sur la famille d'un fermier prospère du Rhode Island. « Snuffy » (Chiqueur) Stukeley avait quatorze enfants. Peu après la maladie et le décès de l'aînée, Sarah, plusieurs des enfants de Snuffy tombèrent malades à leur tour. Ils se plaignaient de cauchemars où Sarah revenait leur écraser la poitrine. Comme ils succombaient successivement et qu'un autre enfant venait de tomber malade, les voisins de Snuffy lui suggérèrent d'exhumer le cadavre de Sarah pour voir s'il ne livrerait pas quelque indice quant à cette mystérieuse contagion apparente. On raconte que le cœur de la pauvre fille contenait du sang frais — preuve certaine de vampirisme. On le lui arracha rapidement et on le réduisit en cendres. Selon le récit, un seul autre enfant décéda. Les autres recouvrèrent la santé, ce qui confirma le diagnostic sordide de vampirisme.

## Pas de pitié

Au cours des siècles qui ont suivi, la légende des Stukeley a incontestablement influencé les actions de plusieurs familles pareillement affligées en Nouvelle-Angleterre. Le dernier des «vampires» était un autre résident du Rhode Island, Mercy Brown, mort en 1892. Au début des années 1880, la mère de Mercy et sa sœur Olive tombèrent malades et moururent. Des années plus tard, Edwin, le frère de Mercy, se mit apparemment à souffrir de la même maladie qu'elles. L'état du jeune homme s'étant subitement détérioré après la mort de Mercy, la communauté supposa que ce dernier était à l'origine de la recrudescence des souffrances d'Edwin. On exhuma donc les corps de madame Brown, d'Olive et de Mercy; seuls des trois cadavres, les organes de Mercy étaient toujours horriblement intacts.

Mercy n'était visiblement pas au courant que sa mère et sa sœur étaient mortes et décomposées depuis longtemps. On déposa donc son cœur et son foie sur un rocher et on les réduisit en cendres, avant de les donner à Edwin comme remède, sur le conseil d'un médecin. L'histoire connut une fin malheureuse et décevante : Edwin mourut peu de temps après et toute la sordide affaire se transforma en cirque médiatique. Le seul avantage au sort ignominieux de Mercy Brown fut qu'il enfonça le dernier clou du cercueil de la chasse aux sorcières, vampires du début de l'aventure américaine.

# VAMPIRES DU MONDE

L'incroyable variété de créatures vampiriques qui hantent notre monde et les différentes interprétations que l'on donne de chaque créature suffiraient à alimenter la série *Croyez-le ou non* durant des siècles. Voici la liste de quelques revenants folkloriques aussi dignes de mention que les précédents :

✞ **Afrit :** pour les Arabes, c'est un esprit vampire qui sort en volute de fumée du cadavre d'un individu assassiné pour venger sa mort. Un pieu enfoncé dans le sol où la victime est morte est considéré comme suffisant pour empêcher sa transformation en *afrit*.

✞ **Ekimmu :** dans la civilisation babylonienne, il s'agit de l'esprit d'un individu décédé qui n'a pas bénéficié des rites funéraires indispensables. On le rend responsable des accidents et des malchances qui surviennent dans les maisons.

✞ **Loogaroo :** dans le folklore des Caraïbes, le *loogaroo* est une vieille femme ayant conclu un pacte avec le diable. Elle quitte son corps à la nuit tombée et se transforme en une sphère de lumière bleue, afin de nourrir le diable avec le sang d'autres créatures. Une fois le diable rassasié, elle est autorisée à rejoindre sa forme humaine, mais elle devra répéter le processus la nuit suivante.

✞ **Obayifo :** dans la tradition populaire d'Afrique de l'Ouest, l'*obayifo* ressemble à une sorcière. Elle conserve sa forme humaine le jour et part en chasse à la nuit tombée. L'*obayifo* suce le sang des enfants qu'elle rend malades et dont elle provoque la mort. On la rend aussi responsable des mauvaises récoltes et de la mort du bétail.

✞ **Phi :** en Thaïlande, les *phi* regroupent une variété incroyable d'esprits démoniaques, semblables à des fantômes, des elfes et des gobelins. Tous les foyers ont leurs résidents spirituels désignés (ou *phi*). Ils deviennent malveillants si leur présence n'est pas reconnue et respectée de façon cérémonieuse.

## TANT QU'IL Y AURA DES HOMMES

L'étude de la légende et du folklore vampiriques est essentielle si l'on veut comprendre comment sont nés les vampires et le vampirisme sous ces formes essentiellement différentes. Qu'ils fassent l'objet de superstitions, d'études scientifiques ou psychologiques, ou qu'ils servent de boucs émissaires, les vampires sont encore redoutés partout dans le monde, que ce soit dans notre imagination ou dans la réalité. Pour répondre à cet appel surnaturel, nous devons d'abord étudier la littérature vampirique à ses débuts, ainsi que l'homme dont les personnages hauts en couleurs ont transformé à jamais le vampire tel que nous le connaissons : Bram Stoker.

# Chapitre 3

# ATTISER LA FLAMME

DANS BIEN DES CAS, la légende du vampirisme puise aux sources des revenants de la tradition populaire. C'est sans conteste grâce à cette histoire féconde que les écrivains ont eu à l'époque l'inspiration nécessaire pour créer des buveurs de sang fascinants, capables de capturer l'imagination d'un public enchanté et fervent. Dans ce chapitre, nous explorerons les plus célèbres parmi ces premiers récits, ainsi que les auteurs qui ont contribué à créer le vampire tel que nous le connaissons. Comme pour toutes les espèces, il y a beaucoup à apprendre de l'évolution du vampire, évolution qui a d'ailleurs été servie par plusieurs créateurs qui se sont aventurés très loin dans les méandres obscurs de la psyché humaine.

## Premiers récits sur les non-morts

Parmi les grands auteurs des classiques de la fiction, Bram Stoker est probablement le créateur le moins bien connu de l'un des récits les plus célèbres de l'histoire. L'horrifiante description que Stoker donne du vampire par excellence dans son chef-d'œuvre *Dracula*, un roman de conception novatrice, a fait revivre le monde des non-morts. Par ailleurs, le concept de l'éternelle bataille entre le bien et le mal a évolué et essaimé pour rejaillir à la source des créations littéraires et cinématographiques qui nous laissent souffle coupé, épuisés et pantois. Vous serez peut-être très étonné d'apprendre qu'en dépit de la célébrité incontestée de son histoire et de ses personnages, Stoker n'a pas été le premier à connaître le succès avec son roman. En effet, *The Vampyre*, de John Polidori, *Varney the Vampyre*, roman à quatre sous de Malcolm Rymer, et l'érotique *Carmilla*, de Joseph Sheridan Le Fanu ont précédé la création de *Dracula*. Par contre, l'essentiel pour le genre est qu'avec chaque tome, chaque scénario, chaque saga et chaque superstition, une autre dimension s'est ajoutée à la créature dotée du pouvoir unique de nous terrifier, tout en répondant à notre nature érotique, spirituelle, philosophique et métaphorique.

## *The Vampyre*

L'histoire de la littérature contient une anecdote célèbre, communément rattachée à la mise en chantier de *Frankenstein*, le chef-d'œuvre de Mary Shelley, bien qu'il convienne de souligner que la majorité des gens ne saisiront probablement pas son importance pour le monde de la littérature vampirique. En mai 1816, un quatuor était rassemblé sur les rives du lac Genève, en Suisse. Immobilisés par le mauvais temps en route pour l'Italie, le poète anglais Lord Byron, son compagnon de voyage et médecin personnel John Polidori, le poète Percy Bysshe Shelley, et sa future épouse, Mary Wollstonecraft Godwin étaient descendus à la villa Diodati. D'après ce qu'on raconte, peut-être en guise de défi ou simplement pour se divertir, les quatre amis convinrent d'écrire chacun de leur côté une histoire de fantômes qu'ils partageraient ensuite. Nous devons ajouter que d'entrée de jeu, Polidori ne connaissait pas très bien Sa Seigneurie; son infatuation initiale devait finalement se transformer en mépris en raison de la cruauté alléguée de Byron. Suite à ce défi, Byron écrivit un récit incomplet sur un vampire ; Polidori, une histoire sur une « femme à tête de mort », et la jeune Mary, âgée de 18 ans, jeta les bases de *Frankenstein*, qui allait devenir avec *Dracula* l'un des plus célèbres romans d'horreur de tous les temps.

## La plus belle forme de flatterie

En 1819, Polidori publia *The Vampyre* dans *The New Monthly Magazine* de Londres. Pour écrire sa nouvelle, il s'était servi des grandes lignes de l'histoire racontée par Byron à la villa Diodati. Le récit porte sur Lord Ruthven, un sinistre buveur de sang qui ressemble beaucoup à Lord Byron, ce qui n'a rien de fortuit. En lui-même, ce fait donna naissance à ce qu'on devait appeler les « vampires byroniques », c'est-à-dire des individus possédant les caractéristiques des personnages de l'œuvre de Byron ou l'apparence physique de Sa Seigneurie. Certains érudits avancent que c'est en partie par vengeance que Polidori se servit de l'idée originale de Byron. Pour empoisonner davantage la situation, *Le Vampire* fut d'abord publié sous le nom de Byron, le poids de sa réputation ayant rapidement commandé plusieurs versions de l'histoire en langues étrangères ainsi que de moult productions théâtrales. Évidemment, Polidori lutta pour s'attribuer le mérite de la rédaction de la nouvelle, et une violente controverse, apparemment éternelle, s'ensuivit et fait d'ailleurs encore rage de nos jours. Byron nia finalement être l'auteur de la nouvelle et Polidori en fut déclaré l'auteur, après avoir admis que l'idée originale était de Sa Seigneurie. Tragiquement, il ne tira pas grand-chose de son triomphe, car il mourut en 1821, apparemment en se suicidant.

## C'est d'un byronique !

Outre le fait qu'elle mérite le titre de première œuvre de fiction sur les vampires, l'élément le plus significatif de cette nouvelle est le personnage de Lord Ruthven. En tant que précurseur de Dracula, il introduit les manifestations sinistres du vampirisme et démontre les talents prédateurs d'une créature tout à fait contraire au vampire typique du folklore, car c'est un bel aristocrate maître de lui, un être maléfique dont la soif de manipulation n'a de rivale que sa soif d'assassinat. Ruthven est un monstre — un monstre de salon charmant dont le côté irrésistible et impitoyable a été canalisé depuis vers la littérature et le cinéma. Le protagoniste du *Vampire* se nomme Aubrey ; jeune homme riche et innocent, il s'éprend de l'aristocratique Lord Ruthven dont il apprend lentement à connaître et à accepter la nature démoniaque et maléfique. Il est malheureusement trop tard pour qu'Aubrey sauve sa sœur d'un mariage forcé avec Ruthven qui la tue ensuite. Les traits soi-disant byroniques de Ruthven, la pâleur de sa peau, sa soif de sang, son érotisme, son arrogance et ses manipulations surnaturelles, ont immédiatement été imités dans la littérature du genre et ont probablement inspiré James Malcolm Rymer, Sheridan Le Fanu et Bram Stoker.

**FOLKLORE FANTASTIQUE**

*Frankenstein* (ou *le Prométhée moderne*) a été publié anonymement en 1818. C'est seulement à partir de 1831 que le nom de Mary Shelley est apparu sur la couverture de l'édition révisée et augmentée. On raconte que *Frankenstein* a été conçu à la suite d'un rêve. Intensément métaphorique, le roman puise largement dans les pratiques scientifiques, philosophiques et sociopolitiques de l'époque. Shelley n'a jamais vraiment baptisé son cadavre réanimé « Frankenstein » ; au début, elle l'appelait plutôt « la créature », entre autres choses. Néanmoins, les érudits affirment que la jeune femme connaissait ce nom, car elle avait visité le véritable château Frankenstein, en Allemagne.

## VARNEY THE VAMPYRE

Bien que dans la littérature, beaucoup de représentations de vampires aient été tirées du personnage de Lord Ruthven, ce n'est qu'au milieu des années 1840 que le public a fait connaissance avec un autre type dont l'apparence et la férocité rappellent les monstrueux revenants de la tradition populaire. Sir Francis Varney est l'antihéros de *Varney the Vampyre* (ou *Feast of Blood*), un roman à quatre sous devenu roman tout court, initialement attribué à Thomas Preskett Prest, mais que le consensus actuel attribue aujourd'hui à James Malcolm Rymer. Créature hideuse, Sir Francis Varney (présenté de façon ambiguë comme le cadavre réanimé de Marmaduke Bannerworth, qui s'est suicidé en 1640) est l'image même de la cruauté et de la banalité. Son cadavre traque les jeunes filles dans une épopée décousue de 109 chapitres, d'abord publiés sous forme de feuilleton, puis rassemblés dans un roman de 220 chapitres totalisant plus de 860 pages.

L'une des victimes de Varney le décrit de façon théâtrale : «Il avait une grande forme maigre aux vêtements vieillots et fanés… des yeux lustrés aux reflets métalliques… la bouche à moitié ouverte découvrant des dents semblables à des défenses! C'était… oui, c'était… le vampire!»

Varney représente une autre étape dans l'évolution de la littérature vampirique; contrairement à Lord Ruthven, il puise dans les côtés sombres du folklore tout en retenant les caractéristiques traditionnelles généralement devenues synonymes du vampire de salon. En fin de compte, outre la prestation de l'illustrateur anonyme qui a brillamment donné vie au feuilleton, la scène la plus spectaculaire de *Varney* est celle où il trouve la mort. Mais ce ne sont pas les chasseurs de vampires qui l'achèvent : assez dramatiquement, Varney se tue en sautant dans le cratère du Vésuve, en Italie.

Par définition, le terme *réanimation* fait référence au retour à la vie ou à la conscience. Communément employée à toutes les sauces dans le domaine de l'horreur, de Frankenstein aux morts-vivants, en passant par les *doppelgängers* et les lapins tueurs, la réanimation vient renforcer le folklore sur les revenants, puisque la majorité des présumés vampires sont des cadavres réanimés.

## *CARMILLA*

En 1872, un autre pli de la cape qui devait envelopper les débuts de la littérature et du cinéma sur les vampires fut révélé sous la forme de *Carmilla*, une nouvelle de l'Irlandais Joseph Sheridan Le Fanu, publiée dans le cadre de son roman *Les créatures du miroir.* Ce que Le Fanu (souvent appelé J. Sheridan ou simplement Sheridan Le Fanu) a déterré de la crypte n'est pas moins essentiel que les contributions de Polidori — certains diront même plus : il a non seulement mis le vampire érotique à l'avant-scène, mais il a aussi créé un personnage féminin pour tenir le rôle antagoniste du buveur de sang. Objet d'un fervent débat entre les spécialistes de la littérature du genre, *Carmilla* a aussi consolidé et, dans certains cas, établi plusieurs caractéristiques vampiriques employées dans les œuvres de fiction et dans des douzaines de films. Pour n'en nommer que quelques-uns, citons parmi les plus connus : *Vampyr*, de Theodor Dreyer, tourné en 1932 ; *Et mourir de plaisir*, de Roger Vadim ; le trio des studios Hammer Films tourné en 1970 et 1971, *Lust for a Vampire*, *The Vampire Lovers* et *Twins of Evil*, ainsi que *Terror in the Crypt*, tourné en 1974 (voir chapitres 16 et 17.) Pour comprendre le génie de Le Fanu, il faut plonger dans son récit érotique et troublant.

## Une chance de rêver

L'héroïne et narratrice de *Carmilla* a pour prénom Laura ; elle vit en compagnie de son vieux père et de leurs domestiques dans un château de Styrie, en Autriche, près du village déserté de Karnstein. La première fois qu'elle rencontre le démon, elle a six ans. Durant la nuit, une jolie jeune femme apparaît à son chevet. Elle calme la fillette et l'invite à se rendormir, mais Laura est ensuite réveillée par « *la sensation de deux aiguilles qui s'enfonçaient profondément dans [sa] gorge.* » En l'absence de marques, la fillette croit que la visiteuse est une apparition. Plus tard, Laura, âgée de 19 ans, qui souhaitait rencontrer la nièce et pupille du général Spielsdorf, mademoiselle Bertha Rheinfeldt, apprend qu'elle est décédée. Immédiatement après avoir appris cette nouvelle, Laura et son père sont témoins d'un étrange accident de calèche dans lequel une femme et sa fille sont impliquées. Appelée dans une autre ville par une situation de vie ou de mort, la mère laisse sa fille aux bons soins du père de Laura. Or, en se voyant pour la première fois, Laura et la jeune fille constatent qu'elles se connaissent ; la jeune femme, qui est celle des « rêves » de Laura, clame que Laura vient des siens. Elle s'appelle Carmilla.

## Le chat sort du sac

Selon la description de Laura, Carmilla est d'une beauté remarquable, mince et gracieuse. Elle a un air languide, le teint vermeil, de grands yeux et une chevelure sombre et lustrée. Bien que la mère de Carmilla les ait assurés — assez bizarrement — qu'elle est tout à fait saine d'esprit, la jeune femme refuse de parler de sa famille ou de l'endroit d'où elle vient, et ne révèle absolument rien de son histoire personnelle ou de ses plans d'avenir. Tout ce qu'on sait, c'est qu'elle est de sang noble et qu'elle descend d'une très vieille famille. À partir de là, le récit s'assombrit, surtout lorsque Laura se rend compte qu'un portrait de famille récemment arrivé, peint un siècle plus tôt en 1698 et qui est celui de la comtesse Mircalla Karnstein, représente Carmilla *trait pour trait*. Cependant, Laura est de plus en plus malade. Ses nuits sont tourmentées par « *un animal noir comme la suie, semblable à un chat monstrueux* » et par « *une très vive douleur, comme si deux aiguilles, à quelques centimètres l'une de l'autre, s'enfonçaient profondément dans [sa] gorge* ». Après l'avoir mordu, l'animal se transforme en femme.

Bien entendu, au cours d'une rencontre fortuite avec le général Spielsdorf, on apprend que sa nièce Bertha est tombée malade lors du séjour d'une visiteuse prénommée Mircalla, laissée à la charge du général tandis que sa mère s'absentait pour une affaire urgente. Bertha a décrit au général les mêmes rencontres que vit Laura. Sur la foi de l'outrageant diagnostic de vampirisme avancé par un médecin, le général s'est caché dans la penderie de sa fille et a fait le guet jusqu'à ce qu'il voit une créature noire s'attaquer au cou de Bertha, puis se transformer en Mircalla. Il se rue alors sur elle, armé d'une épée, mais elle s'échappe, et il jure de la retrouver et de la détruire.

FOLKLORE
FANTASTIQUE

Nul doute que Sheridan Le Fanu a étudié les vampires du folklore avant d'écrire *Carmilla*. Lorsque le général Spielsdorf demande à un bûcheron croisé à la chapelle pourquoi le village de Karnstein est déserté, l'homme répond : « *Parce qu'il était hanté par des revenants, monsieur. Plusieurs ont été suivis jusque dans leurs tombes, reconnus coupables de vampirisme, et exterminés selon la coutume établie : c'est-à-dire qu'on les a décapités, transpercés d'un pieu, et brûlés. Mais ils avaient eu le temps de tuer un grand nombre de villageois.* » Comme vous le verrez, c'est une situation typique des récits portant sur la méthode à employer pour annihiler vampires et autres revenants.

Dans les ruines de la chapelle de Karnstein, Spielsdorf et Laura rencontrent Carmilla que le général identifie comme étant Mircalla. Il remarque que dans sa traîtrise, elle a créé une anagramme de son prénom pour former celui de Carmilla. Le lendemain, après avoir obtenu l'autorisation des autorités, on ouvre la tombe de la comtesse Mircalla Karnstein. Comme le folklore le rapporte fréquemment, la comtesse est parfaitement préservée, elle ne dégage aucune odeur et son corps flotte dans 17 centimètres de sang. Elle hurle lorsqu'on lui enfonce un pieu dans le cœur. Ensuite, on la décapite et on la brûle avant de répandre ses cendres dans la rivière.

## Pouvoir féminin

On perçoit clairement dans *Carmilla* l'influence des récits folkloriques sur l'auteur, en particulier le fait de transpercer le vampire d'un pieu, de le décapiter et de le brûler, ainsi que la condition du monstre dans sa tombe et sa transformation en chat. Laura aborde même le sujet : «*Vous avez sans doute entendu parler de la terrible superstition qui règne en Moravie, en Silésie, en Serbie, en Pologne, [en Russie] et même en Styrie : à savoir, la superstition du vampire.*» Démoniaque et séductrice, Carmilla a tous les attributs du vampire traditionnel, mais elle apporte un élément distinctif en qualité de vampire lesbien, un précédent qui reviendra souvent par la suite dans les histoires de femme vampire. Carmilla présente beaucoup d'autres caractéristiques vampiriques. Comme Lord Ruthven et Sir Francis Varney, elle est revigorée par la Lune, elle a des crocs, elle est capable de se transformer et elle s'accommode d'un sommeil «tranquille», avec une tendance présumée au somnambulisme.

Carmilla Karnstein est l'un des vampires les plus influents de toute l'histoire de la littérature et du cinéma, et l'on ne saurait minimiser sa présence. Simplement dit, Carmilla est la mère de toutes les femmes vampires. Le portrait passionné que Le Fanu peint de la relation tendue entre Laura et Carmilla brûle de sous-entendus sexuels, incontestablement choquants pour la morale victorienne. Dans le cinquième chapitre, Laura dit : «*Carmilla, je suis sûre que tu as été amoureuse, je suis sûre que tu as une affaire de cœur, en ce moment même.*» Ce à quoi Carmilla répond : «*Je n'ai jamais aimé, je n'aimerai jamais personne, si ce n'est toi […].*»

Sheridan Le Fanu mourut en 1873, après avoir écrit quatorze romans en plus de *Carmilla*, assurément son récit le plus connu. En rédigeant sa troublante nouvelle, Le Fanu contribua énormément à l'évolution du vampire, à l'instar de Polidori, de Rymer et d'une poignée d'autres écrivains de l'époque. Mais il fallut attendre qu'un autre Irlandais soumette un roman, à l'origine intitulé *The Undead*, pour que le personnage du vampire de salon adopte sa forme définitive, en tant que créature incontournable des cryptes vampiriques.

## LE SENTIER TÉNÉBREUX DE LA GLOIRE

Le plus ironique dans l'effort phénoménalement réussi de Bram Stoker, soit la création de son inoubliable personnage immortel, est qu'il ne pressentit jamais l'impact que *Dracula* aurait sur des millions de lecteurs et de cinéphiles fascinés. Durant presque toute sa vie adulte, Stoker fut un homme relativement anonyme. Il côtoyait régulièrement des gens célèbres ou presque célèbres, mais c'est seulement après sa mort qu'il a été acclamé comme le créateur génial de l'un des personnages les plus célèbres de la planète.

### Apprendre à marcher

Né le 8 novembre 1847, à Dublin, en Irlande, Bram Stoker a eu un départ chancelant. Troisième de sept enfants, il est maladif et souffre d'une foule de maladies infantiles qui le tiennent au lit jusqu'à l'âge de sept ans, moment où il guérit tout à fait, apparemment par miracle. Bien que l'on n'en sache guère plus sur ses premières années, Stoker semble avoir été un étudiant brillant. Entré au Trinity College de Dublin à l'âge de 17 ans, il termine ses études en sciences avec mention. Il complète ensuite une maîtrise en mathématiques. Durant ses années d'université, il se joint à des groupes littéraires, philosophiques et dramatiques, un préambule à sa fascination pour le théâtre et la littérature.

### Le sens du théâtre

Le premier choix de carrière de Bram consistait à suivre les traces de son père et à devenir fonctionnaire, pour occuper un emploi de commis subalterne au château de Dublin. Cependant, il accepte vite un poste non rémunéré de critique de théâtre pour le journal local. En 1876, après une critique élogieuse où il a encensé le comédien Henry Irving alors en tournée à Dublin avec sa troupe de théâtre, Irving invite Stoker à dîner. Une longue et durable amitié naît de cette première rencontre, et la vie de Stoker commence à changer définitivement. Deux ans plus tard, en 1878, Irving reprend le théâtre Lyceum à Londres et invite Stoker à se joindre à lui comme régisseur.

### Une folle proposition

Avant de se voir proposer cette affaire par Henry Irving, Stoker avait rencontré Florence Balcombe, une belle femme comptant maints admirateurs à Dublin, et s'était mis à la courtiser. Un autre Irlandais, un nommé Oscar Wilde, était aussi tombé éperdument amoureux de Florence. À l'âge de 24 ans et tout juste diplômé d'Oxford, Wilde n'avait pas encore atteint la célébrité qui deviendrait la sienne comme dramaturge, poète et auteur. À la consternation de Wilde, la jeune femme accepta la demande en mariage de Stoker. Le cœur brisé d'avoir perdu le premier amour de sa vie, Wilde écrivit à Florence pour lui annoncer qu'il quittait l'Irlande à jamais. Bram Stoker épousa Florence Balcombe en 1878 et le couple déménagea à Londres où Stoker accepta l'offre de Henry Irving.

### Oh Henry!

À la fin des années 1800, après avoir renoncé à une première carrière de commis de magasin et été l'apprenti de différentes troupes de tournée durant 10 ans, Henry Irving était devenu l'un des plus grands comédiens du théâtre classique britannique. En 1871, il entra au Lyceum de Londres et transforma progressivement l'établissement qui périclitait en une entreprise extrêmement prospère, offrant une série de brillants spectacles qui firent de lui l'acteur le plus respecté de son époque. Après la mort du régisseur, Irving reprit son poste avant de reprendre la gouvernance du théâtre en 1878. C'est cette année-là qu'il invita Stoker à devenir son nouveau régisseur.

FOLKLORE
FANTASTIQUE

Henry Irving était un acteur unique parmi ceux qui foulaient les plan-ches des théâtres britanniques ; il était tellement respecté qu'il a reçu des diplômes honorifiques des universités de Cambridge, Dublin et Glasgow. En 1895, Irving a réussi un autre exploit inédit en devenant le premier acteur britannique à être fait chevalier par la Couronne, en hommage à son immense contribution artistique.

## LE CÔTÉ OBSCUR

Maintenant déménagé à Londres avec sa nouvelle femme et une nouvelle carrière, Stoker se lance avec enthousiasme dans le théâtre. En même temps, il commence à investir davantage dans sa carrière d'écrivain en publiant le roman *The Snakes' Pass*. Lorsqu'il était commis, Stoker s'était fait la main à l'écriture en rédigeant des textes aux titres aussi ennuyeux que *Duties of Clerks of Petty Session in Ireland* * et en signant un recueil de contes pour enfants intitulé *Under the Sunset*, publié en 1881. Les thèmes macabres de ses contes étaient fréquemment critiqués et jugés trop effrayants pour les enfants. Par contre, le ton du livre illustrait déjà l'intérêt de Stoker pour les sujets hors de ce monde et les frontières de la mortalité. Stoker commence donc la rédaction de *Dracula* la même année qu'il publie son premier roman, mais cette fois, il mettra sept ans avant de présenter son manuscrit.

## ESQUISSE DE DRACULA

Au siècle dernier, beaucoup d'écrits et de discussions ont débattu de la source d'inspiration à l'origine du personnage du comte Dracula et de son horrifiante propension à boire le sang d'un nombre maximal d'êtres d'humains. Il est indubitable que Bram Stoker a donné à son scélérat le nom du prince Vlad Dracula de Valachie (voir chapitres 5 et 6) ; toutefois, on croit généralement que les caractéristiques physiques de son personnage lui ont été inspirées par nul autre que son associé Henry Irving. La stature du grand

---

* N.d.T. « Fonctions des commis des juges de paix en Irlande. »

acteur, son élégance et les traits de son visage se retrouvent dans la description du hideux personnage du comte, et il est probable que le tempérament fougueux d'Irving ait fourni plus que sa part d'inspiration à la nature austère de Dracula. Tout aussi intéressante est la galerie de personnages aspirés dans l'engrenage des machinations de Dracula, qui finiront par réussir à infliger à cette figure emblématique du mal la fin horrible qu'elle mérite. À n'en pas douter, ces personnages, que nous vous présenterons au prochain chapitre, ont été parmi les plus imités de toute l'histoire du cinéma.

FOLKLORE FANTASTIQUE

Par une coïncidence plus qu'étrange, la maison de la famille de Bram Stoker s'élevait à côté du domaine familial du jeune Hamilton Deane. Deane finit par travailler comme figurant pour la compagnie de Sir Irving, Sir Henry Irving's Vacation Company, une troupe de théâtre qui fit le tour de l'Europe et de l'Amérique après la fermeture du Lyceum en 1899. En 1924, Deane joua un rôle crucial dans la réécriture du roman de Stoker pour le théâtre, une initiative qui remporta un franc succès. Deane réécrivit même le rôle de Van Helsing à sa mesure (voir chapitre 14).

## FONDEMENTS DE L'HÉRITAGE VAMPIRIQUE

Comme nous l'avons vu, les intérêts que Stoker révèle dans son œuvre pour le côté surréaliste de la mortalité ont agi comme précurseurs de la création de *Dracula* et de sa galerie de personnages, devenus aussi immortels que le ténébrion lui-même. Bien que la majorité des spéculations soient fondées sur les notes de l'auteur et les différentes rumeurs et études qui ont émaillé les décennies, il est impossible de savoir qui a servi d'inspiration à Bram Stoker pour la création de ses personnages. On sait toutefois qu'il portait un grand intérêt aux vampires tant des comptes rendus historiques que de la fiction, puisque sa créature ne fut pas le premier vampire à devenir un personnage de fiction, comme nous l'avons vu en étudiant les œuvres de John Polidori, James Malcolm Rymer et Sheridan Le Fanu.

Par contre, Stoker peut revendiquer le fait que sa créature est finalement devenue synonyme du mot «vampire» : en effet, son portrait a fait résonner une corde sensible de la conscience collective de la société britannique victorienne et par la suite du monde entier. Foisonnant de drame, de romantisme, d'horreur très crue, de phénomènes surnaturels, et ponctué en filigrane de commentaires sur la répression sexuelle, les politiques de l'aristocratie saignant à blanc les classes inférieures et l'ultime combat religieux entre le bien et le mal, *Dracula* est une œuvre unique, le roman le plus populaire et le plus recréé de l'histoire. Dans le prochain chapitre, nous étudierons de plus près les personnages légendaires de Stoker, et la ténacité et la verve qui ont donné à chacun une personnalité immortelle.

# Chapitre 4

# CHER JOURNAL...

P EU DE ROMANS PRÉSENTENT UNE GALERIE DE PERSONNAGES dont le souvenir s'est gravé de façon si permanente dans nos esprits. *L'Attrape-cœurs*, *Ne tirez pas sur l'oiseau moqueur*, *La couleur pourpre*, *Autant en emporte le vent* et l'œuvre de William Shakespeare ne sont que quelques-unes des œuvres de fiction dont on retient les personnages, les caractéristiques, les émotions, les émois et tout ce qui touche leur évolution. Le *Dracula* de Bram Stoker fait partie de cette brochette privilégiée. Ses personnages ont été si souvent imités dans la tradition vampirique qu'on ne manque pas de s'étonner lorsqu'ils sont absents de la distribution. D'ailleurs, voici maintenant l'inoubliable distribution de ce grand roman.

# VIVRE ET MOURIR EN ROUMANIE

L'un des aspects les plus originaux du roman de Stoker, exception faite de la prétention surnaturelle de son immortel scélérat, est la forme que l'auteur a choisie pour narrer son histoire. Stoker fait appel à un procédé littéraire et présente des extraits des journaux de bord et des journaux intimes de ses principaux personnages (exception faite de Dracula), entrecoupés de bribes d'information essentielle — lettres, articles de journaux, enregistrements phonographiques et autres. Le concept donne au roman l'avantage précieux de présenter à la première personne des comptes rendus fictifs du drame et de l'horreur qui frappent de la Transylvanie jusqu'au Londres de l'époque victorienne. Nous vous présentons ci-dessous la description des principaux personnages du roman, qui ont tous atteint l'immortalité au fil des décennies, puisqu'ils ont été adaptés ou employés tels quels, au cinéma et dans la littérature sur les vampires. Il est peu probable que Stoker ait rêvé d'une telle longévité pour ses créations, mais il est certain qu'il serait renversé d'apprendre que ses personnages ont tous résisté à l'épreuve du temps. Nous commençons donc à l'origine de leur création, telle que Bram Stoker l'a conçue.

**CRIS ET HURLEMENTS**

En 1931, l'acteur Edward Van Sloan nous a donné le premier portrait cinématographique de Van Helsing dans *Dracula,* et de nouveau en 1936 dans *Dracula's Daughter.* Dès lors, le roi des chasseurs de vampires a acquis la même stature que Peter Cushing, qui avait aussi joué Van Helsing dans plusieurs films, et donné une nouvelle intelligence et de nouvelles capacités physiques à son personnage (voir chapitre 15). En 1992, Sir Anthony Hopkins offrit en une interprétation mémorable dans la version de Coppola (voir chapitres 15 et 17), tout comme Hugh Jackman, en 2004, dans *Van Helsing* (voir chapitre 17).

# ABRAHAM VAN HELSING

Outre Dracula, Abraham Van Helsing est considéré en ordre d'importance comme le deuxième personnage du roman. Présenté selon les différentes interprétations comme un médecin ou un professeur, Van Helsing est le protagoniste de *Dracula*, l'antagoniste. Van Helsing fait son entrée dans l'histoire au neuvième chapitre, alors que le docteur Seward, son ami et ancien élève, est désarmé devant la détérioration de l'état de santé de Lucy Westenra. Professeur hollandais établi à Amsterdam, Van Helsing est, comme Seward l'écrit, un *« grand spécialiste des maladies de ce genre »*.

Le docteur décrit son ami comme un métaphysicien et un philosophe à l'esprit ouvert, qualités dont Stoker a doté son protagoniste sans doute pour lui laisser une extrême latitude dans ses rencontres avec le surnaturel. Lorsqu'il arrive en Angleterre, l'histoire de Dracula commence à se révéler et le rythme s'accélère, tandis que le bon docteur se transforme en chasseur de vampire, coulant ainsi dans le bronze le concept selon lequel pour chaque vampire en maraude, il existe un individu qui le traquera avec détermination et sans relâche, et qui emploiera tous les moyens nécessaires pour l'exterminer (voir chapitre 10).

Les opinions divergent quant à l'origine du prénom de Van Helsing. La plus évidente est que Stoker a employé le prénom Abraham pour rendre hommage au sien, un des diminutifs d'Abraham étant Bram. Selon d'autres points de vue, le prénom rend hommage à son père, lui aussi prénommé Abraham, ou à un ami, Arminius Vambery, historien, auteur et érudit hongrois renommé. On suppose que Vambery a fait la connaissance de Stoker en 1890 après une représentation théâtrale et que c'est lui qui lui a raconté l'histoire de Vlad Dracula de Roumanie (voir chapitres 5, 6 et 10).

FOLKLORE
FANTASTIQUE

Historien renommé, Arminius Vambery s'intéressait surtout à l'Empire ottoman. Il a vécu longtemps à Constantinople, au milieu des années 1800, où il a enseigné à des étudiants islamiques et appris à parler une douzaine de dialectes turcs. Comme Occidental, il était constamment en danger, mais il était tellement doué pour se faire passer pour un autochtone qu'il a réussi à voyager à travers presque tout le Moyen-Orient. Le récit de ses expériences là où Vlad Dracula avait fait la guerre aurait facilement pu exposer Stoker aux légendes de l'homme censé lui avoir inspiré le roman *Dracula* (voir chapitre 5).

# JONATHAN HARKER

Parmi les principaux héros du roman, le jeune et beau notaire Jonathan Harker est probablement la plus belle illustration du «parfait» gentleman anglais. Il se retrouve dans une situation qui dépasse son imagination et se voit littéralement forcé de lutter à mort pour sauver son amour et sa fiancée, Mina Murray. En fait, le roman s'ouvre sur Harker, en route vers le château de Dracula. Dès la première scène, le jeune homme est mis à l'épreuve; en effet, il part pour le château la veille de la nuit de Walpurgis durant laquelle *«tous les génies malins de la terre, de l'air et des eaux mènent une bacchanale»*, lui apprend le propriétaire de l'hôtel, avant de l'obliger à accepter un chapelet orné d'un crucifix pour sa protection. La table est mise pour l'horreur inimaginable que Harker devra affronter une fois prisonnier du ténébrion et confronté à des émotions extatiques et des phénomènes surnaturels, aux épouses de Dracula, à l'humiliation, à sa propre survie, à sa fuite et à son retour à Londres.

De bien des manières, Harker représente l'homme moyen dont le système de croyances et la moralité conformistes sont éprouvés au point où il frôle la folie. Harker cède à une certaine forme de vengeance personnelle en s'avançant le premier et en offrant ses services à Van Helsing pour détruire Dracula. En fait, au moment de la confrontation finale au château, c'est lui qui tranche la gorge du monstre avant que Quincey P. Morris ne le poignarde avec son couteau Bowie. L'intérêt que présente Harker est que dans plusieurs films de vampires, c'est le premier personnage à être soit mis de l'avant, soit supprimé. Ainsi, c'est Harker qui se rend au château de Dracula dans le roman de Stoker, le *Nosferatu* de 1922 et le *Dracula* de 1992, mais dans la version de 1931, principalement basée sur la pièce de théâtre de Hamilton Deane et John Balderston, c'est Renfield qui fait le voyage et devient le serviteur de Dracula.

Ailleurs, le scénario fait plus ou moins appel à Jonathan Harker et aux autres personnages. Dans *Le cauchemar de Dracula*, tourné en 1958 par Hammer Films et qui a fait école, Christopher Lee joue le rôle du vampire; Harker se rend au château, mais pas en tant que libraire, comme il le prétend. En fait, il est de mèche avec Van Helsing (Peter Cushing) et arrive au château dans l'intention de tuer le monstre. Incapable d'accomplir sa tâche, il devient lui-même un vampire et Van Helsing le neutralise rapidement à l'aide d'un pieu. Le reste du film tourne autour de Arthur Holmwood, son épouse Mina, et sa sœur Lucy. Le docteur Seward n'est qu'un personnage secondaire, alors que Renfield et Quincey Morris sont absents.

# MINA MURRAY

Au dire de tous, le personnage de Wilhemina « Mina » Murray représente tout ce qu'il y a de bon et de moral dans la société victorienne et résiste à l'héritage du mal qui imprègne *Dracula*. Au bout du compte, c'est cette institutrice adjointe aussi pure et vertueuse dans sa façon de penser que dans son comportement qui devient l'objet de l'obsession de Dracula et avec qui il partage son sang dans une tentative pour en faire sa femme. Le lien hypnotique entre Mina et le vampire est à la fois très fort et invisible, sauf aux yeux de Van Helsing. Ce dernier se sert du lien télépathique que la jeune femme entretient avec Dracula pour traquer le monstre dans ses déplacements et mettre en branle le plan de sa destruction. Dracula dévoile clairement ses intentions lorsqu'il attaque verbalement Mina une dernière fois, dans une envolée chargée d'érotisme :

« Ainsi, vous aussi, vous voulez déjouer mes plans, vous vous faites la complice de ces hommes qui cherchent à m'anéantir ! (...) Car tandis qu'ils s'ingéniaient à me faire échec — à moi qui ai commandé à des peuples entiers et combattu à leur tête pendant des siècles et des siècles avant que vos complices ne soient nés —, je ne cessais de déjouer leurs plans. Et vous, leur alliée très chère, très précieuse, vous êtes maintenant avec moi, chair de ma chair, sang de mon sang, celle qui va combler tous mes désirs et qui, ensuite, sera à jamais ma compagne et ma bienfaitrice. »

Plusieurs érudits concluent que le personnage de Mina a été conçu pour s'opposer à celui de Lucy Westenra, son amie d'enfance. Mina est une âme pure aux moyens modestes qui, en toute justice, n'a aucune intention de succomber au mal. En fait, bien qu'elle fasse partie des non-morts après avoir échangé du sang avec Dracula, elle réussit à survivre et donne plus tard naissance à un fils que Jonathan et elle prénommeront Quincey. L'enfant naîtra sept ans après la mort de son homonyme américain, le jour même de l'anniversaire de sa mort.

**Folklore Fantastique**

Il est possible que l'attrait de Bram Stoker pour le nom de Vlad Dracula soit né d'une incompréhension de la part de l'auteur. En effet, pour écrire son roman, Stoker s'est servi de ses notes ; or, il avait glané à la bibliothèque un renseignement erroné dans un livre intitulé *An Account of the Principalities of Wallachia and Moldavia*, de William Wilkinson. Dans ses notes, Stoker mentionne ceci : « En valaque, Dracula signifie démon. » Description parfaite du vampire suprême, mais absolument fausse sur le plan linguistique. Dracula signifie « fils du dragon ».

## LUCY WESTENRA

Lucy Westenra est l'un des principaux personnages dans la première partie du roman. Par bien des côtés, elle représente l'antithèse de Mina Murray. Riche héritière, elle est ravie d'être l'objet de l'affection d'un trio de prétendants qui lui demandent tous sa main le même jour : Seward, Quincey Morris, et Arthur Holmwood, par la suite connu sous le nom de Lord Godalming et qui deviendra son fiancé. Lucy habite Whitby ; c'est là que Mina la rejoint et où elle est témoin du somnambulisme de Lucy et de la mystérieuse maladie qui l'accable ensuite. Faisant métaphoriquement contrepoids à Mina, Lucy représente la « mauvaise » fille, car elle se tourne vers les forces des ténèbres et se transforme en vampire après avoir été mordue par Dracula. Après sa mort, alors que tous, à part Van Helsing, nient qu'elle soit devenue vampire, le journal *Westminster Gazette* rapporte que plusieurs enfants du voisinage ont disparu et qu'à leur retour, ils ont affirmé qu'ils étaient en compagnie de la *« dame-en-sang »*. Or, chacun a été *« légèrement mordu à la gorge »*.

Les chasses nocturnes de Lucy — en particulier celle des petits enfants — ajoutent un rebondissement inattendu à la nature prédatrice de son personnage. D'abord, elle cherche un mari ; ensuite, elle cherche des victimes. Lucy plonge dans le mal alors que Mina le combat en luttant contre Dracula et ce qu'il représente. Mina finit par vivre heureuse pour toujours, alors que Lucy finit le cœur transpercé d'un pieu, décapitée et la bouche remplie d'ail. Qu'il soit intentionnel ou non, le traitement des deux femmes par l'auteur reflète les courants cachés des maux de l'aristocratie. La fortune de Lucy et celle d'Arthur ne réussissent pas à sauver l'adorable Lucy, mais Mina, dont les moyens sont fort modestes, survit.

## DOCTEUR JACK SEWARD

Même si Lucy a rejeté sa demande en mariage, le très affable docteur Seward la soigne sans relâche quand elle tombe malade. Lucy le décrit comme un beau médecin de 29 ans, intelligent, nanti et de bonne famille. Il dirige son propre asile psychiatrique et a la charge de nul autre que Renfield, le fou zoophage. C'est Seward qui introduit Van Helsing dans cette foire aux horreurs et dans les faits, le bon docteur est souvent mis en vedette au cinéma où d'ordinaire il survit. Au moment de l'affrontement final, c'est Seward qui tient les bohémiens en respect, tandis que Harker et Quincey éliminent le comte Dracula. Tout au long du roman, les réflexions du docteur en font un personnage attachant, ce qui explique peut-être pourquoi il fait souvent partie de la distribution des films de Dracula. Par contre, il est généralement dépeint comme un homme plus âgé, et Lucy est présentée comme sa fille plutôt que comme l'élue de son cœur.

## QUINCEY P. MORRIS

Si vous voulez impressionner vos amis avec une anecdote, lors d'un cocktail, demandez-leur quel personnage donne le coup de grâce au ténébrion dans le roman de Stoker. Ils risquent fort de répondre Van Helsing, Harker, ou même Mina. En vérité, c'est Quincey P. Morris qui expédie Dracula en enfer en plongeant son couteau Bowie dans le cœur du prince des vampires, à la suite de quoi *« le corps tout entier se réduisit en poussière et disparut »*. Il est triste de constater que le personnage de Morris a été tout simplement éliminé de la plupart des films de vampires, et même de la pièce que Hamilton et Balderston ont adaptée pour le théâtre. Ami très proche d'Arthur Holmwood et du docteur Seward, Morris est le seul Américain du roman. C'est un robuste Texan, un grand voyageur et l'un des plus ardents prétendants de Lucy. Même lorsque Lucy choisit Arthur, à leur grand dam, Quincey et le docteur Seward continuent de traquer le vampire. Il est impossible d'expliquer pourquoi le personnage de Quincey a été si souvent occulté des interprétations qui ont suivi le roman. De certains côtés, Stoker en fait la caricature même de l'Américain; il emploie l'argot, l'humour et les adages américains à maintes reprises pour alléger l'intensité de l'horreur à venir. Heureusement, la version réalisée en 1992 par Frank Ford Coppola lui donne la place qui lui revient et le personnage joué par Bill Campbell est fidèle au roman.

## ARTHUR HOLMWOOD

L'honorable Arthur Holmwood est le plus aristocratique des prétendants de Lucy Westenra. En fait, dans le cours des événements, il devient Lord Godalming à la mort de son père. Comme il sait que Lucy est destinée à devenir sa femme, Holmwood est après Harker le plus motivé à tuer Dracula pour se venger. En fait, Holmwood est le dernier à croire que sa bien-aimée Lucy est devenue un vampire. Au bout du compte, c'est pourtant lui qui devra lui enfoncer un pieu dans le cœur afin qu'elle repose en paix. Comme Quincey Morris, le personnage de Holmwood a souvent été éliminé des versions cinématographiques et théâtrales. Il ne fait partie des principaux personnages que dans la version de 1958, *Le cauchemar de Dracula*, et dans celle de 1992, *Dracula*.

## R. M. RENFIELD

Dans beaucoup de films tirés du roman de Stoker, R. M. Renfield est littéralement le fou du village, ce qui fait de lui l'un des personnages les plus intrigants de tous. Initialement, le docteur Seward le décrit comme un homme de 59 ans, *« tempérament sanguin; grande force physique; excitation; périodes d'abattement, conduisant à des idées fixes qu' [il] ne [s'] explique pas encore ».* Par la suite, Seward note : *« Ce malade homicide est d'une espèce toute particulière ».* Il ajoute qu'il devra le classer dans une catégorie qui n'existe pas encore — maniaque « zoophage », car il se nourrit uniquement d'êtres vivants, araignées, mouches et petits oiseaux. Ce qui ressort de façon évidente, c'est qu'à l'arrivée de Dracula à Londres, Renfield devient encore plus désireux d'aider « le maître ». Il accepte d'agir comme intermédiaire et les chasseurs qui traquent Dracula réussissent à en apprendre davantage sur le monstre, mais cela permet finalement à ce dernier d'avoir accès à l'asile. Renfield est important parce qu'il trace un parallèle évident entre sa soif mortelle de meurtre et le désir immortel d'assassinat qui tenaille Dracula.

**CRIS ET HURLEMENTS**

Le dernier roman de Bram Stoker, *Le Repaire du ver blanc*, fut publié en 1911, un an seulement avant la mort de l'auteur. Même si c'est l'une des œuvres les moins connues de l'auteur, Ken Russell en a fait un film en 1988, dans lequel Hugh Grant tenait le rôle principal. La version de Russell est une interprétation délibérément kitsch de la dernière histoire d'horreur de Stoker, dans laquelle une psychotique nourrit de chair humaine une gigantesque créature qui ressemble à un serpent. À sa sortie, le film fut un échec, mais il a acquis le statut de film culte avec les ans.

## ÉMANCIPATION DE DRACULA

*Dracula* parut en 1897 ; les critiques furent partagés, certains déclarant que le sujet était trop répugnant pour le grand public. Du vivant de Stoker, *Dracula* ne se vendit jamais beaucoup, et rien ne prouve que l'auteur le jugea remarquable. Pour un roman qui allait se classer parmi les plus populaires, les débuts de *Dracula* ont été de bien mauvais augure. Ce désintérêt allait durer plus de 20 ans.

La situation de Florence Stoker changea du tout au tout une fois qu'elle eut vendu les droits d'adaptation cinématographique de *Dracula* à la société

Universal Studios pour la version tournée en 1931. On estime que la femme de l'auteur reçut environ 40 000 dollars, ce qui peut sembler bien maigre par rapport à aujourd'hui, mais la vérité est que Florence Stoker a eu de la chance. En 1897, Bram Stoker fit une demande pour protéger son droit d'auteur aux États-Unis, mais négligea d'envoyer les deux exemplaires exigés par la loi au bureau des droits d'auteurs américain, le U. S. Copyright Office. Techniquement, *Dracula* relève donc du domaine public en Amérique depuis sa parution originale, et l'autorisation de Florence Stoker n'était pas vraiment nécessaire.

FOLKLORE FANTASTIQUE

Peu de temps après la publication de *Dracula*, le Lyceum connut des problèmes financiers ; les goûts en matière de divertissements avaient changé à Londres et la santé de Sir Irving était chancelante. En 1899, six ans avant sa mort en 1905, Henry Irving céda son théâtre à un consortium d'hommes d'affaires. Stoker continua d'écrire des romans et réussit à s'assurer des gains modestes grâce à la vente de ses livres, mais de son vivant, *Dracula* ne fut jamais un vendeur important.

## MORT ET IMMORTALITÉ

En 1905, après une crise cardiaque et l'apparition d'une maladie rénale chronique, la santé de Stoker déclina. Florence à ses côtés, il publia son dernier roman, *Le Repaire du ver blanc*, en 1911, un an avant de mourir. Florence devint là détentrice des droits d'auteur de l'œuvre de son mari et continua de recevoir une très modeste rente grâce aux redevances. Ce n'est que lorsque le cinéaste allemand Friedrich Murnau décida d'adapter *Dracula* sans autorisation pour en faire *Nosferatu*, en 1922, que le roman de Stoker devint le centre d'attention. La poursuite que Florence Stoker intenta aux créateurs de *Nosferatu* suscita un intérêt intense de la part du public qui voulait savoir à quoi rimait cet embrouillamini juridique (voir chapitre 14). En moins de 10 ans, *Dracula* allait devenir l'étalon or qui servirait désormais de mesure à la fiction vampirique. Depuis sa publication originale, le livre n'a jamais épuisé. Il est tragique que Bram Stoker n'ait jamais su que son chef-d'œuvre d'immortalité surréaliste deviendrait lui aussi immortel.

Nous devons maintenant explorer le sujet de maints débats passionnés, soit la légende de l'homme qui a incarné le « véritable » Dracula selon plusieurs ou, selon ce que les spécialistes admettent le plus communément, l'histoire de deux hommes ayant réellement existé, qui ont accompli des exploits dont Stoker s'est apparemment inspiré pour créer son monstre légendaire. Ces deux personnages historiques sont le prince Vlad Dracul et Vlad l'Empaleur, son sinistre rejeton. D'où proviennent ces légendes? Comment Stoker en est-il arrivé à façonner son ténébrion d'après deux chefs roumains légendaires dont les exploits leur ont valu l'immortalité dans les annales de l'histoire européenne? Et surtout, quelle est la *véritable* histoire de ces deux sinistres personnages?

# Chapitre 5

# VLAD L'EMPALEUR

PARMI LES INFLUENCES EXERCÉES PAR L'HUMANITÉ sur le concept moderne du vampirisme, aucun personnage historique n'a joué un rôle plus significatif, ni plus contesté, que le prince roumain Vlad Dracula. Il a été l'un des plus menaçants, des plus mal perçus et des plus incompris des chefs d'Europe de l'Est, ayant marqué l'histoire des non-morts d'une empreinte indélébile. L'approche géniale et novatrice de Bram Stoker pour mettre en scène les horreurs du vampirisme dans *Dracula* a transformé les concepts des Occidentaux quant à cette légendaire créature de la nuit et fait entrer les non-morts dans les bibliothèques et les salons de l'Angleterre victorienne. Au centre de cette approche, le cœur réanimé d'un monstre de légende.

# LE CONTE DES DEUX VLAD

La vie et les aventures de Vlad Dracula se lisent comme un roman d'amour gothique compliqué. Il y a des changements de personnages, des individus jouant des rôles politiques opposés, mais qui portent des noms similaires prêtant à confusion, et des retournements de situation qui auraient donné la migraine à Shakespeare. Si ce n'était que Bram Stoker s'est approprié le nom de Dracula, il y aurait dans cette histoire peu d'éléments qui feraient sens dans le cadre d'une étude de l'histoire de l'Occident ou pour le lecteur moyen. Néanmoins, ces antécédents font intrinsèquement partie de la légende moderne de Dracula et enrichissent l'expertise des amateurs de vampires. Cela étant dit, nous allons plonger dans la terreur et la tyrannie de deux hommes appelés « Vlad ».

# LE VRAI DRACULA

Au siècle dernier, la question de savoir si l'horrible histoire anecdotique de Vlad Dracula, prince roumain du XV<sup>e</sup> siècle, a dominé la création du personnage du comte Dracula par Bram Stoker a suscité une foule de livres et de films, en plus d'attirer l'attention de douzaines d'érudits de la littérature et de l'histoire. À n'en pas douter, plusieurs auteurs et chercheurs prolifiques ont laborieusement tenté de forger une relation intrinsèque entre la vie de Vlad Dracula et le personnage de Stoker, horrifiante représentation de la créature primale assoiffée de sang du folklore moderne. On considère souvent que les parallèles entre Dracula le vampire et Vlad Dracula de Roumanie sont indéniables. Quoi qu'il en soit, une chose est certaine : vous auriez eu la peur de votre vie si vous aviez croisé le chemin de l'un ou l'autre de ces êtres impitoyables dans une incarnation antérieure, réelle ou inventée.

### Naissance d'un tyran

Vlad Dracula est né à l'une des époques les plus agitées de la lutte pour la domination de l'Europe de l'Est, qui a opposé l'Empire hongrois à l'Empire ottoman au XIV<sup>e</sup> et au XV<sup>e</sup> siècle. Les régions de l'actuelle Roumanie comprenant les principautés de Valachie et de Transylvanie étaient alors au cœur du conflit et les princes devaient souvent jouer une partie d'échecs de diplomatie politique et d'intrigue militaire afin d'apaiser les doctrines conflictuelles et de maintenir leur pouvoir régional. Durant une grande partie de sa vie, Vlad Dracula allait servir de pion dans les manœuvres désespérées et souvent fourbes des chefs des deux partis.

AMUSE-GUEULE MORDANT

> Bien que de nos jours *Vlad Țepeș*, ou *Vlad l'Empaleur*, désigne le plus souvent Vlad Dracula, rien ne prouve que le prince ait employé ni même reconnu le sobriquet. Vlad Dracula étant le troisième de sa lignée à porter ce prénom, on le désigne parfois techniquement, et correctement, sous le nom de Vlad III. Comme c'est le fils de Vlad Dracul, son nom Vlad Dracula signifie « Vlad, fils du Dragon. » Certains documents encore existants, rédigés de son vivant, portent sa sinistre signature, reconnaissable au premier coup d'œil : *Dracula*.

## Prince de Valachie

L'homme qui allait devenir inextricablement lié au personnage le plus inquiétant du monde des vampires descend de Basarab le Grand qui régna sur la Valachie au XIV<sup>e</sup> siècle et obtint de la Hongrie l'indépendance de son royaume au milieu du XIV<sup>e</sup> siècle. Basarab fonda une lignée qui devint la dynastie de Basarab au sein de laquelle les voïvodes de Valachie furent par la suite choisis. Au cours des décennies qui suivirent, les descendants de Basarab durent alternativement coopérer avec l'autorité chrétienne de Hongrie et négocier périodiquement la souveraineté de leur royaume à l'Empire ottoman en pleine expansion. Essentiellement, les voïvodes étaient prisonniers d'une métaphore géographique, pris entre le marteau du Saint-Empire romain germanique et l'enclume des forces de l'Empire ottoman, dans une lutte pour le contrôle de la région qui devait durer des générations.

# HISTOIRES DE DRAGONS

Un élément prête à confusion dans la dynastie de Basarab : la similitude des noms de ses descendants, Vlad Dracul et son fils Vlad Dracula. Le père de Vlad Dracul, Mircea cel Bătrân, ou Mircea l'Ancien, était révéré dans toute la Valachie pour sa volonté inflexible de chasser les Ottomans de son royaume. Après sa mort, Vlad père prit le pouvoir comme chef militaire sous l'égide de l'Empire hongrois ; on l'expédia dans la ville transylvanienne de Sighişoara, avec ordre de repousser les incursions répétées des Turcs, tandis que son demi-frère, Alexandru I<sup>er</sup> Aldea, assumait la gouvernance de la Valachie.

C'est durant cette affectation, en 1431, que Vlad fut convoqué en Hongrie par Sigismond, alors empereur du Saint-Empire, pour être initié dans l'ordre du Dragon. Cet ordre était une société loyaliste militaire et religieuse formée pour défendre le Saint-Empire romain germanique contre la menace de la conquête turque. Le fait de recevoir ce grand honneur allait devenir un tournant pour Vlad ; il ajouta le mot valache signifiant « dragon » à son prénom et devint ainsi Vlad Dracul, ce qui se traduit par Vlad le Dragon. Par droit d'aînesse, le fils illégitime de Vlad Dracul, né alors qu'il était en garnison à Sighişoara, en 1431 environ, fut connu sous le nom de « Vlad, fils du dragon », ce qui ne pouvait mieux tomber pour Bram Stoker et des millions d'amateurs de vampires, car cela se traduit par Vlad Dracula.

# LES CAPRICES DU POUVOIR

Beaucoup plus influente que la petite principauté de Valachie, la Hongrie exerçait en Europe de l'Est un pouvoir immense qui devait durer des décennies. Le Saint-Empire fut dirigé durant 50 ans par Sigismond, souverain fort rusé. Son règne culmina en 1433 avec son élection au poste d'Empereur du Saint-Empire, titre qui comportait le pouvoir politique et spirituel du pape dont l'autorité sur le monde chrétien était incommensurable. La vie de Sigismond étant une succession de mystères et d'intrigues, il s'empara du pouvoir grâce à une série de tromperies habiles et de manœuvres politiques. Membre de la royauté polonaise, ses premières manigances lui avaient coûté la chance de monter sur le trône de Pologne. Grâce à son mariage, il obtint un poste de pouvoir en Hongrie et se fit déclarer roi en 1387, bien que la majorité de la noblesse hongroise l'ait défié.

Même si le principal ennemi de la chrétienté européenne était à l'époque l'Empire ottoman avec ses visées expansionnistes, Sigismond était également menacé par les familles nobles de la Hongrie et des principautés environnantes qui remettaient en cause son droit de monter sur le trône. C'est sur cet arrière-plan de querelles intestines et de menace d'invasion turque que Sigismond créa l'ordre qui allait acquérir une vie propre et le statut de légende dans les annales de l'histoire des vampires.

## L'ordre du Dragon

L'influence de l'ordre du Dragon sur Vlad Dracul et son fils Vlad Dracula, et son impact sur le concept du roman de Stoker, est incalculable, mais il est presque certain que sans la structure aristocratique qui prévalait en Europe de l'Est, notre vision de Dracula en particulier et notre mythologie des vampires en général seraient très différentes de ce qu'elles sont. Pour Vlad Dracul, l'ordre du Dragon était une marque honorifique, le symbole de ses efforts extraordinaires pour reprendre le contrôle sur ses terres. En 1308, Sigismond de Hongrie conçut cet ordre d'abord pour un groupe choisi d'initiés des régions inféodées à l'Empire hongrois. L'ordre du Dragon était un honneur que Sigismond octroyait en récompense à ses vassaux les plus loyaux et les plus fidèles ; c'était un titre très respecté et très convoité. Le concept de l'ordre présentait aussi de multiples avantages politiques et militaires pour Sigismond. En effet, la Hongrie étant un état féodal, le pouvoir de l'empereur était inextricablement lié au soutien des propriétaires terriens relativement peu informés et des chefs militaires des régions impériales les plus éloignées. La décision de Sigismond de créer l'ordre du Dragon était parfaitement égoïste ; dans les faits, il fit jurer à ses initiés une loyauté indéfectible et une confiance absolue dans *son* règne. En retour, les initiés étaient tenus de le défendre contre tout ce qui menacerait sa souveraineté.

## Ascension et rancune

En 1436, la mort du demi-frère de Vlad Dracul ouvrit le chemin du trône de Valachie à l'aîné, Mircea II. L'année suivante, le décès de

Sigismond fournit à Dracul la marge de manœuvre politique nécessaire pour négocier un traité de paix avec l'Empire ottoman. À peine cinq ans plus tard, le nouveau régime hongrois lança une campagne désespérée pour chasser les Turcs d'Europe. Le général hongrois János Hunyadi exigea de Dracul qu'il remplisse ses obligations sacrées envers l'ordre du Dragon et se joigne aux combattants. Vlad Dracul déclina — peut-être sagement — l'invitation. Par la suite, il envoya son fils Mircea II en croisade pour la forme, accompagné d'un contingent de soldats valaques, afin d'apaiser l'Église de Rome.

**AMUSE-GUEULE MORDANT**

Le système sociopolitique dominant en Europe médiévale à l'époque de Vlad Dracula était le *féodalisme*. Selon la loi féodale, les propriétaires terriens étaient invariablement considérés comme des nobles placés sous la tutelle de la Couronne qu'ils s'étaient solennellement engagés à soutenir militairement. Bien que le terme ne fasse pas allusion aux querelles qui opposaient les puissances antagonistes, nul doute que les conflits entre nobles du royaume étaient fréquents et qu'ils se soldaient souvent par un bain de sang.

Durant les deux années qui suivirent, la croisade fut une succession de victoires décisives et d'échecs retentissants. L'armée des chrétiens fut finalement mise en déroute par les Ottomans à Varna, dans l'est de la Bulgarie, en 1444. Pour le général Hunyadi, la perte de cette bataille marqua la fin de la campagne, mais n'éteignit pas pour autant sa haine virulente des Turcs. Bien que le général ait échappé au carnage, la table était mise pour que l'animosité s'installe entre Hunyadi et la famille Dracul, ce qui eut un impact durable sur Vlad Dracula, alors adolescent. Le jeune garçon entra dans l'adolescence au milieu de conflits qu'il était pour l'heure incapable de maîtriser. Après la bataille de Varna, les luttes internes pour le pouvoir qui secouaient l'Empire ottoman obligèrent le sultan Murad à négocier un traité de paix avec la Hongrie, une entente chancelante qui dégénéra en combats dans les années subséquentes.

### Intrigants infidèles

Les archives historiques prouvent que Vlad Dracul confia le royaume de Valachie à son fils aîné, Mircea II, en 1442, avant de se rendre à la cour du sultan ottoman. Dracul voulait négocier un traité séparé de façon à conserver la régence. Durant son absence, le chef hongrois János Hunyadi attaqua la Valachie et chassa Mircea du trône. Il le remplaça par Basarab II, régent qu'il avait choisi. Appuyé par la force militaire ottomane, Vlad Dracul répliqua et regagna son trône dans l'année. Suite à des négociations diplomatiques, la principauté valaque s'engagea à payer un tribut annuel aux Turcs, mais Vlad Dracul fut aussi forcé de laisser ses jeunes fils Vlad Dracula et Radu en otage. Le sultan Murad s'assurait ainsi de la loyauté de la Valachie. Laissés aux mains du souverain ottoman, les deux garçons servaient une double fonction : d'une part, ils cimentaient à court terme l'alliance avec Vlad Dracul ; d'autre part, comme ils étaient de sang royal, ils pourraient être modelés et transformés en souverains fantoches de la Valachie pour le compte de l'Empire ottoman.

FOLKLORE FANTASTIQUE

Avec *Cassandra Palmer*, une série de romans fantastiques sur les vampires, la populaire auteure Karen Chance a brossé un nouveau portrait d'un personnage historique en transformant Mircea II en séduisant et horrifiant antihéros. Le plus intéressant est que Mircea joue le rôle de l'instigateur des crimes vampiriques, plutôt que son petit frère Vlad Dracula.

Durant toute la captivité de Vlad Dracula et de Radu, Vlad Dracul poursuivit ses jeux politiques avec les Turcs ottomans et l'Empire hongrois. Entre-temps, le jeune Vlad Dracula apprenait des Turcs l'art militaire et le sens politique du pouvoir illimité, tout en cultivant un ressentiment croissant devant ce qu'il percevait comme la trahison de son père et une haine tenace envers ses geôliers. Comme il le prouverait par la suite, Vlad Dracula profita pleinement de son éducation, mais non pour devenir un vassal de ses maîtres ottomans ; il se servit de ses connaissances pour assouvir sa vengeance dans le sang. L'expérience de son cadet Radu fut très différente. On estime que l'enfant avait environ huit ans lorsqu'il fut envoyé à la cour ottomane. Si jeune, il était beaucoup plus facile à impressionner. Radu, qui serait connu sous le nom de « Radu l'Élégant », était très beau garçon et devint vite populaire à la cour du sultan Murad. Durant ses années chez les Turcs, il se convertit volontiers à l'islam et laissa rapidement tomber la mascarade de l'otage diplomatique. En fait, il devint essentiellement et exactement ce que Murad avait l'intention d'en faire : un laquais de l'Empire ottoman.

## TROMPERIE PAR DÉCRET

L'écheveau de feintes que Vlad Dracul tissa dans ses rapports avec la Hongrie et les Turcs se rompit en 1445 lorsque son fils, Mircea II, attaqua la cité turque fortifiée de Giurgiu, érigée stratégiquement sur les rives du Danube, dans le sud de la Valachie. En accord avec l'idée téméraire qu'il se faisait de la diplomatie, Dracul s'imagina qu'il pourrait se servir de l'attaque de Mircea pour se faire bien voir du Saint-Empire, tout en affirmant aux Turcs que son fils s'était rebellé et avait échappé à son contrôle. Malheureusement, sa duplicité se retourna contre lui et il fut forcé de remettre Giurgiu aux Turcs et de réaffirmer la validité des traités conclus avec l'Empire ottoman pour éviter une confrontation majeure. Le résultat fut un succès diplomatique pour l'Empire ottoman et un désastre tactique pour l'Empire hongrois.

### Chute de Vlad Dracul

János Hunyadi, ennemi juré des Turcs, fut élu régent de Hongrie en 1446, ce qui lui donna le droit de mener des campagnes militaires selon son gré. L'Empire hongrois vivait alors une période troublée : les Turcs menaçaient au sud et à l'est, les Allemands à l'ouest, et des rivalités politiques divisaient la noblesse hongroise. En dépit de ces bouleversements, Hunyadi se lança dans un assaut punitif sur la Valachie en 1447. Il écrasa l'armée de Vlad Dracul et de Mircea II, avant de forcer Dracul à prendre la fuite. L'histoire roumaine raconte que Mircea fut capturé près de la capitale Târgovişte (parfois épelé Tirgovişte) par des *boyards*, des membres de la noblesse valaque qui avaient encouragé les tendances pro-hongroises et s'étaient lassés des revirements de Dracul qui marchandait sa loyauté aux Turcs et aux chrétiens. Les boyards aveuglèrent Mircea en lui enfonçant un fer chauffé au rouge dans les orbites avant de l'enterrer vivant. Vlad Dracul fut traqué, repris et tué près de la ville romaine de Bălteni. Le trône de Valachie étant vacant, Hunyadi y fit monter celui qu'il avait personnellement choisi comme régent de Valachie, Vladislav II, jugé d'une loyauté inébranlable à l'égard de l'autorité hongroise.

En 1448, appuyées par Vladislav, les troupes de Hunyadi tentèrent de forcer le blocus turc érigé en un point stratégique et vital du Danube, près du Kosovo. La bataille qui s'ensuivit fut un désastre pour les armées chrétiennes et se solda par la fuite de Vladislav et de Hunyadi. En rentrant au bercail, Hunyadi fut fait prisonnier par le chef serbe George Branković qui n'avait aucune sympathie pour l'autorité de Hunyadi et dont la principauté hongroise de Serbie avait été éloignée du pouvoir impérial. Hunyadi fut forcé de négocier sa liberté en consentant au mariage de son fils, Matthias Corvin, avec Elizabeth Cilli, la belle-fille de Branković, une union purement politique.

Le terme *boyard* désigne l'aristocratie terrienne d'Europe de l'Est. Les boyards étaient considérés comme nobles de naissance et constituaient la classe dirigeante dans la plupart des pays et des principautés. Selon la coutume, ils élisaient leurs monarques parmi quelques familles régnantes, les *clans*. Les boyards gouvernaient leurs terres de façon relativement autonome, mais devaient se montrer loyaux envers leur chef et faire fi de leurs conflits et de leurs luttes de pouvoir intestines pour défendre le royaume.

### Exil en Moldavie

L'emprisonnement de János Hunyadi et la rossée militaire de Vladislav offrirent à Vlad Dracula l'opportunité de s'emparer enfin de ce qu'il considérait comme son droit de primogéniture : la couronne de Valachie. Il monta sur le trône avec l'aide des Turcs, mais son règne exceptionnellement court ne dura que 30 jours. Soutenu par les seigneurs de la guerre féodaux des environs, Vladislav reprit la Valachie et chassa Dracula qui, frustré, fut forcé de retourner dans le giron relativement protégé des Turcs. Dès lors, et plus tard avec son oncle Bogdan en Moldavie, Dracula complota pour regagner le pouvoir. Durant ces huit années, une relation étonnante se tissa entre Dracula et le cerveau derrière le renversement et la mort de son père, János Hunyadi. Lorsque Bogdan fut assassiné par un rival en 1451, Dracula fut de nouveau forcé de prendre la fuite — cette fois en Hongrie, dans l'antre de Hunyadi.

### Le chemin du pouvoir

L'inhabituelle combinaison de la ruse de Vlad Dracula et de l'habileté politique de Hunyadi se révéla bientôt avantageuse pour les deux hommes. Après des années de captivité, d'éducation et d'endoctrinement raté chez les Turcs, Dracula connaissait parfaitement la mentalité et le fonctionnement de l'Empire ottoman, ce qui faisait de lui une ressource précieuse pour Hunyadi. Nul doute que la haine que Dracula vouait aux Turcs joua aussi dans leur entente : Dracula devient l'un des conseillers en qui Hunyadi avait le plus confiance. Des tensions naquirent entre Hunyadi et Vladislav II de Valachie, ce qui était avantageux pour Dracula. Les Ottomans menaçant encore une fois la ville qui devait devenir Belgrade, en Serbie, Hunyadi fut forcé de partir à sa défense. Il confia des troupes à Dracula pour qu'il protège les frontières de la Valachie. La bataille de Belgrade eut lieu au début de 1456 ; ce fut une victoire convaincante pour Hunyadi et ses troupes, mais trois semaines seulement après la volte-face et la fuite des troupes ottomanes, Hunyadi mourut, non sur le champ de bataille, mais de la peste. Avec la déroute des Turcs et la mouvance du pouvoir hongrois suivant le décès de Hunyadi, la porte de la Valachie s'ouvrit devant Vlad Dracula.

### Tromper les masses...

Dracula envahit la Valachie l'année où Hunyadi mourut ; par la suite, il triompha des forces défensives de Vladislav. On dit qu'il envoya lui-même

Vladislav *ad patres* en combat singulier et qu'il lui trancha la tête pour mettre un terme à son règne une fois pour toutes. Le principal objectif de Dracula en s'emparant du trône était de miner la puissance des boyards dont il n'avait que faire et qui avaient par ailleurs joué un rôle essentiel dans la mort de son père et de son frère. Lors du festival de Pâques de 1457, il invita les boyards de Târgovişte à se rassembler pour une grande fête. Il questionna chaque noble, demandant à savoir combien de princes de Valachie chacun avait connus. D'après le ménestrel allemand Michel Beheim, à qui l'on doit le poème *Histoire d'un fou sanguinaire appelé Dracula de Wallachie*, les boyards les plus âgés répondirent qu'il y avait eu au moins 30 princes — certains disaient 20. Quant au plus jeune, il en comptait sept. La réponse de Dracula fut marquante :

« Comment expliquer que vous ayez eu tant de princes dans votre pays ? La faute en incombe uniquement à vos intrigues honteuses. »

La légende prétend qu'il ordonna alors qu'on s'empare de 500 boyards et qu'on les empale. Bien que le nombre soit sans doute exagéré, on sait avec certitude que les boyards les plus âgés furent exécutés, et en assez grand nombre pour que Dracula acquière sa réputation et le surnom permanent de *Vlad Ţepeş*, ce qui se traduit de façon très limpide par « Vlad l'Empaleur ».

AMUSE-GUEULE MORDANT

En matière de condamnation à mort, l'empalement était une forme de torture et d'exécution particulièrement cruelle qui devint la marque de commerce de Vlad Dracula. On enfonçait un pieu effilé dans le corps du condamné, souvent à l'aide de cordes et de chevaux, avant d'enfoncer le pieu à la verticale dans le sol, le corps restant suspendu. Bien que le choc causé par un abus aussi horrifiant ait suffi à tuer le supplicié sur le coup, les laquais de Dracula eurent grand soin de perfectionner leur « art » de manière à prolonger l'agonie des condamnés le plus longtemps possible — parfois, durant des jours.

**CRIS ET HURLEMENTS**

Dans un revirement assez intéressant dans l'emploi d'un personnage historique au grand écran, le nom du souverain Matthias Corvin a été en partie réquisitionné pour les films de vampires *Underworld* et *Underworld : Evolution.* Le protagoniste, Michael Corvin (Scott Speedman) est doté d'une immunité génétique contre un fléau dont on ignore tout. Alexandre Corvin (Derek Jacobi), ancêtre de Michael au XV$^e$ siècle, a acquis cette immunité après l'annihilation de son village. Dans le film, on le décrit comme un seigneur de guerre hongrois devenu le premier véritable immortel.

Vlad Dracula remplaça les boyards dont il s'était débarrassé par des hommes de son choix issus des castes inférieures, afin de s'assurer leur loyauté, une décision intelligente et efficace. Pour ces boyards récemment ennoblis, toute tentative visant à remplacer leur nouveau monarque par un autre inciterait certainement la noblesse établie à leur arracher les pouvoirs qu'ils avaient acquis de façon discutable. La méfiance pathologique de Vlad Dracula à l'endroit des boyards de Valachie était justifiée et il employa tous les moyens à sa disposition pour tenir leur meute en respect. Il modifia l'organisation de la cour royale afin d'éliminer les boyards plus âgés et plus hostiles, et les remplaça par des boyards fidèles à sa cause. Les boyards établis entretenaient des liens économiques avec des marchands transylvaniens d'origine allemande. Dracula fit subir un revers financier à l'aristocratie en décrétant des sanctions commerciales contre les marchands et organisa régulièrement des raids dans les principales communautés marchandes.

Le maintien de la loi et de l'ordre en Valachie devint la priorité de son règne et indépendamment de leur gravité, presque tous les crimes furent dès lors punis de mort par empalement. Dracula ne faisait preuve d'aucune mansuétude envers les mécréants. Une légende célèbre sur son intolérance illustre sa mentalité intransigeante. On raconte qu'il fit placer une coupe en or très ornée au bord d'un ruisseau, près de Târgoviște, afin que les voyageurs puissent se désaltérer à leur guise. Durant tout son règne, la coupe servit sa fonction, mais ne fut jamais dérobée, car personne n'osait affronter la rage qui s'ensuivrait inévitablement.

# GUERRE VENGERESSE

La pression pour maintenir la paix civile en Valachie était égale à la menace continuelle représentée par l'Empire ottoman. La noblesse hongroise avait élu Matthias Corvin à la tête du pays en 1458, et l'un des principaux objectifs du nouveau roi était d'entrer en guerre contre les Turcs. La haine que Dracula vouait à ses anciens geôliers était sans fond ; après avoir entendu parler des intentions de Corvin, il rassembla une armée d'environ 20 000 hommes et traversa le Danube en direction de la mer Noire. Il attaqua et pilla les villes l'une après l'autre dans une campagne de terreur qui devait durer des mois. En représailles, le sultan Mehmed II, qui avait succédé à Murad, rassembla une immense armée estimée à plus de 100 000 hommes pour écraser les chrétiens. Complètement dépassé en nombre, Dracula se replia sur Târgoviște en employant la tactique de la « terre brûlée », c'est-à-dire en détruisant et en brûlant derrière lui villes, villages et sources d'approvisionnement en nourriture, et en empoisonnant les puits d'eau potable — même ceux de son peuple.

## Peur et dégoût en Transylvanie

Les Turcs à ses trousses, Dracula se replia sur Târgoviște, mais ce que l'ennemi découvrit aux abords de la ville cimenta la réputation de cruauté vengeresse du prince valaque. Selon l'historien grec Laonicus Chalcondyle, Mehmed et ses troupes virent devant eux un champ de 800 mètres sur trois kilomètres environ, couvert de rangs de prisonniers turcs empalés. Il y avait plus de 20 000 victimes, y compris des femmes et des enfants embrochés ensemble. Le sultan fut stupéfait et son armée horrifiée en découvrant le hideux carnage. Mehmed s'écria qu'il ne pourrait *jamais* conquérir les terres d'un homme capable de faire une telle chose.

Alors que Dracula était virtuellement à leur portée, les Turcs rebroussèrent chemin. Cependant, ils n'en avaient pas fini avec l'homme qui avait conçu un spectacle aussi choquant. Mehmed riposta en laissant le commandement d'une partie de son armée au frère de Vlad, Radu III l'Élégant. Avec l'aide des boyards séditieux et de leurs troupes, Radu traqua son frère jusqu'à son château fortifié, près du village de Poenari (voir chapitre 6). Son château en état de siège, obligé de fuir, Vlad réussit à passer en Transylvanie où il fut fait prisonnier non par les Turcs, mais à sa grande surprise, par son ancien allié Matthias Corvin. Devant la prise de contrôle de la Valachie par Radu, il semble que Corvin ait choisi la voie de la simplicité politique immédiate et laissé la situation en l'état. Dracula fut dépouillé de ses pouvoirs et retenu captif durant deux ans.

FOLKLORE
FANTASTIQUE

Certains historiens et psychologues prétendent que l'intérêt de Vlad Dracula pour l'empalement comme forme de torture et d'exécution est en partie imputable à son frère cadet, Radu III l'Élégant, qui a fait l'objet d'avances homosexuelles à la cour ottomane. La vérité sur la question restera un mystère, mais il est fort probable que Sigmund Freud aurait approuvé cette théorie.

### Renaissance et mort subite

Durant l'incarcération de Vlad, Radu mourut de la syphilis, et Basarab le Vieux, un autre vassal de l'Empire ottoman, s'empara du trône de Valachie. Entre-temps, Dracula avait regagné la confiance de Matthias, et après sa conversion au catholicisme, il fut encouragé à prendre femme dans la famille impériale. Par la suite, en 1475, il reçut le commandement d'un contingent de troupes et s'empressa de déclarer encore une fois la guerre aux Turcs. Son intention était évidemment de reprendre la couronne de Valachie. L'année suivante, il chassa Basarab du trône et regagna la position dont il avait cherché à s'emparer pendant tant d'années. Il était au pouvoir depuis seulement un mois lorsqu'il fut assiégé par une nouvelle armée turque, sous les ordres de Basarab détrôné. Dracula fut finalement tué en décembre 1476. Les récits diffèrent quant aux circonstances de sa mort, mais il est probable qu'il fut tué au combat près de Bucarest. Cependant, on sait qu'il fut décapité et que sa tête fut envoyée dans un pot de miel au sultan à Istanbul. Ironiquement, Mehmed exposa la tête de Dracula sur un pieu, comme trophée pour marquer la fin de cette longue et amère lutte pour le pouvoir.

# HÉRÉTIQUE OU HÉROS ?

Le monstrueux statut légendaire de Vlad Dracula change selon le narrateur de son histoire. Dans le folklore roumain, Dracula est un patriote et un héros. Ayant lutté pour protéger son pays des invasions turques, il y a laissé la vie. Son traitement sévère et implacable des criminels et ses cruelles condamnations à mort sont même replacés dans le contexte historique de l'époque : l'homme essayait de corriger le système intrinsèquement corrompu des boyards au pouvoir. Du côté de l'Allemagne, Dracula a été diffamé tant dans le folklore que dans la littérature ; on en a fait un monstre aux proportions inimaginables. Il est probable que la plupart des atrocités dont on l'accuse ont été soit très exagérées, soit inventées à des fins de propagande. L'une des anecdotes les plus citées à propos des horreurs qu'il perpétra rapporte qu'il fit empaler plus de 500 marchands allemands lors d'un raid en Transylvanie. L'autre version de la même histoire, un compte rendu de l'époque, porte le nombre de victimes à 41. Quoi qu'il en soit, en dépit du large écart entre les chiffres, le moins gonflé des deux brosse tout de même un portrait horrifiant.

On possède peu de documents historiques authentiques et exacts sur la vie de Vlad Dracula, mais il est incontestable qu'il était assoiffé de pouvoir et de vengeance sauvage et déterminé à détruire jusqu'au dernier de ses ennemis. Ni l'histoire ni la fiction n'auraient pu fournir de meilleur candidat que Vlad Dracula pour modeler le célèbre personnage de Bram Stoker et la légende qui en a découlé. Dans le prochain chapitre, nous étudierons en détail les faits et la fiction entourant le chef valaque de sinistre mémoire et son vrai château.

# Chapitre 6

# SUR LA PISTE
# DE DRACULA

DANS LES CHAPITRES PRÉCÉDENTS, nous avons étudié la remarquable histoire de Vlad l'Empaleur, le légendaire auteur Bram Stoker et les personnages qui constituent la distribution de l'un des plus célèbres romans de l'histoire. Il est maintenant temps de regarder de plus près les faits et la fiction sur Dracula et les terres lointaines où il serait né. Durant tout le siècle, ces deux sujets ont fait l'objet de débats passionnés. Vlad Dracula était-il un héros ou un criminel? Était-il vraiment un vampire? Et où se trouve exactement son château légendaire?

## INVENTIONS ET FAITS DIABOLIQUES

Imaginez un peu votre sentiment si vous aviez conscience que l'idée la plus largement répandue dans le monde civilisé à propos de votre pays est que son résident le plus illustre était aussi le plus vil vampire de l'histoire. Ce que la plupart d'entre nous ignorons, c'est qu'aux yeux des Roumains, Vlad Dracula a laissé un héritage généralement considéré comme un sujet d'orgueil national et de patriotisme. Bien qu'il ait été un chef cruel et intransigeant, Dracula a déversé la plus grande partie de sa fureur sur les ennemis de sa principauté, ainsi que sur les nobles les plus riches et les plus influents de Valachie. Ce prince fort peu conforme n'avait que dédain et mépris pour l'influence et la richesse des vieilles familles ; par ailleurs, il méprisait la tradition de corruption ancrée dans le commerce et l'exercice du pouvoir qui saignait à blanc son pays bien-aimé.

FOLKLORE
FANTASTIQUE

Durant son règne relativement bref qui ne dura que sept ans, Vlad Dracula brisa la puissance des marchands allemands et abolit leurs privilèges économiques en Transylvanie. En effet, le quasi-monopole qu'ils exerçaient sur le commerce et les marchandises provenant des pays plus industrialisés d'Europe de l'Ouest était florissant, surtout parce que la Transylvanie était un vassal de l'Empire hongrois beaucoup plus accommodant que la Valachie.

Vlad Dracula poursuivait aussi un autre objectif : éliminer toute forme de criminalité. En effet, il détestait la corruption qu'elle qu'en soit la forme et peu importe qui la perpétrait, que ce soit des voleurs à la tire et à la petite semaine, ou les riches aristocrates valaques, héritiers du pouvoir politique et économique national. Dracula condamnait tous les malfaiteurs à la même sentence : il appliquait systématiquement le supplice du pal. Parmi les légendes qui l'ont suivies au fil des siècles, plusieurs concluent que ses efforts étaient craints, respectés et efficaces. Pendant son court règne, la criminalité diminua davantage en Valachie que dans toutes les autres principautés d'Europe de l'Est.

Il faut aussi souligner que si Vlad Dracula était un seigneur cruel et despotique, il était semblable en cela à beaucoup de chefs de l'époque médiévale, qui abusaient de leur pouvoir comme c'était la tradition, de façon à exercer une autorité absolue. Certaines légendes prétendent que Vlad Dracula n'avait pas beaucoup de respect pour la vie des gens, sauf ceux qui soutenaient avec loyauté son désir d'assumer le pouvoir en autocrate. À sa décharge, on ajoutera néanmoins qu'il avait des opinions politiques et idéalistes très claires sur la façon de gouverner son pays, pris sous les feux croisés des puissances opposées qui menaçaient ses frontières. Les mesures extrêmes qu'il appliqua pour dominer la Valachie ont fait de lui un personnage horrifiant et une cible parfaite à titre d'instigateur d'une litanie d'atrocités légendaires.

## VLAD DRACULA ÉTAIT-IL *RÉELLEMENT* UN VAMPIRE ?

Grâce à la magie de la littérature et du cinéma de fiction, le monde occidental associe inévitablement Vlad Dracula, son lien avec la Transylvanie et son héritage, au *Dracula* de Stoker et au vampirisme de fiction. Depuis la parution du roman en 1897 à ce jour, les Roumains ont dégagé autant de sens — et ont été tout aussi offensés — que les Américains le feraient et le seraient s'ils découvraient que, selon les légendes étrangères, George Washington est Sasquatch, et qu'ils se retrouvaient submergés par des hordes de touristes armés d'appareils photos exigeant de partir à la recherche de la tanière de la bête hirsute du mont Rushmore.

En dépit des cruautés qu'on lui prête, il faut dire qu'aucune preuve n'associe la vie ou la mort de Vlad Dracula au vampirisme, pas plus qu'on en trouve l'insinuation dans l'histoire ou le folklore roumains. Les Ottomans eux-mêmes, qui haïssaient passionnément Vlad, n'ont jamais prétendu que « l'Empaleur » faisait partie des non-morts. Ils le méprisaient et le détestaient assez de son vivant ; après sa décapitation, ils ont été plus que soulagés d'avoir sa tête en trophée, car ils mettaient ainsi un terme à sa haine viscérale et à son acharnement à contrer leurs efforts pour orienter le destin et la prospérité de sa Valachie natale.

## Un nom accusateur

Voici une anomalie historique intéressante concernant les appellations du chef valaque : les Roumains détestent le nom « Dracula », surtout en raison de l'association qui existe entre ce nom et le vampire du roman de Stoker. Ils préfèrent le nom *Vlad Țepeș,* et même la traduction de ce nom, Vlad l'Empaleur, en dépit du fait que c'est probablement l'Empire ottoman, historiquement leur ennemi juré, qui lui a décerné ce titre. Pour les Roumains, la transformation par Bram Stoker de Vlad Dracula en vampire vicieux est aussi offensante que les récits diffamatoires que les Turcs et les Allemands ont fait circuler sur leur héros national, il y a des centaines d'années. À leurs yeux, c'est un rappel des légendes qui ont vilipendé le champion bien-aimé de l'indépendance de la Valachie, et ultimement de la Roumanie.

Certains historiens suggèrent que le chef valaque Vlad Dracula, mieux connu sous le nom de Vlad l'Empaleur ou *Vlad Țepeș* (Tse-pesh) en roumain, aurait en fait reçu son sobriquet des Turcs. Ces derniers l'avaient surnommé ainsi à cause des tortures qu'il infligeait à ses ennemis, en les empalant sur des pieux plantés dans le sol. Les Turcs avaient donné à leur ennemi juré le nom de *Kasiklu Bey,* le « prince empaleur ».

## Le pouvoir du pion

Il est certain que la Valachie et la Transylvanie étaient traitées comme des états fantoches ; ces principautés n'étaient que de simples pions dans le combat pour la suprématie qui opposait les empires ottoman et chrétien. Même si la superficie et la population de la Valachie ne représentaient qu'une fraction de celles des puissances hongroise et ottomane, Vlad Dracula réussit à rassembler une armée de plusieurs milliers d'hommes. La plupart étaient des paysans sans entraînement qui croyaient de toute évidence à la souveraineté de leur pays. Plus d'une fois, les forces relativement modestes de la Valachie affrontèrent la puissance incroyable de deux des plus puissants empires d'Europe. Elles y gagnèrent la réputation d'adversaires férocement indépendants et têtus. Face à des forces incroyablement supérieures en nombre, Vlad Dracula acquit un respect bien mérité dans l'histoire de l'Europe de l'Est, en raison de ses exploits et de sa conviction. Quand on pense à la puissance des forces supérieures qui s'opposaient à «l'Empaleur», on s'étonne que la Valachie et la Transylvanie n'aient pas été englouties.

D'un point de vue militaire, Vlad Dracula était novateur; en effet, il lança une guerre psychologique qui étouffa dans l'œuf les visées du sultan Mehmed II, désireux de renverser le régime valaque. En appliquant une mesure extrême — l'empalement de milliers de prisonniers turcs —, il prouva au sultan qu'il avait affaire à un homme, mais aussi à un peuple, qui refusait les compromis, quel que soit le conflit ou l'adversaire. Ses tactiques ont non seulement brisé la volonté de conquête ottomane, mais aussi poussé le reste de l'Europe à s'élever contre les visées expansionnistes grandissantes des Turcs. Bien que Dracula ait été tué à la fin de la campagne menée contre lui, la gigantesque armée de la principale force d'invasion de l'Empire ottoman n'a pas occupé la Valachie, et les Turcs ont définitivement abandonné l'idée d'annexer la principauté.

## DRACULA SUR LA SELLETTE

En 1972, le lien entre Vlad Dracula et le vampire de Bram Stoker a été renforcé par la publication de l'ouvrage de Raymond McNally et Radu Florescu, deux professeurs d'histoire fort respectés du Boston College, au Massachusetts. Pour les amateurs de Dracula, *À la recherche de Dracula : l'histoire, la légende, le mythe* constitue un classique depuis plus de 35 ans et continue d'influencer les perceptions des érudits comme des dilettantes. Depuis la parution de leur livre, les auteurs ont révisé leurs premières conclusions et nuancé ce qui apparaissait au début comme la preuve concluante que Stoker s'était inspiré des légendes sur Vlad Dracula pour créer son vampire. À n'en pas douter, ce tandem d'investigateurs de l'histoire a changé la perception du public quant à l'héritage et à la création de Dracula, en plus de pousser Vlad Dracula sous les feux de l'intérêt et de la curiosité du public.

FOLKLORE
FANTASTIQUE

C'est à la bibliothèque de Whitby, en Angleterre, que Bram Stoker consulta l'ouvrage *An Account of the Principalities of Wallachia and Moldavia* d'où il tira le nom de Dracula. Situé sur le fleuve Esk, près de la mer du Nord, ce petit village de pêcheurs devint une destination vacances favorite de Stoker durant les années où il écrivit son célèbre roman. On pense que les ruines de l'ancienne abbaye de pierre avec ses façades gigantesques et la cathédrale St. Mary, dont les ruines se dressent de toute leur masse au-dessus de la ville, ont inspiré à Stoker ses descriptions architecturales si détaillées.

### Le germe de la controverse

McNally et Florescu n'étaient évidemment pas les premiers chercheurs à établir un lien entre les deux Dracula. Le premier universitaire à le faire fut probablement Bacil F. Kirtley, professeur à l'université de Virginie Occidentale, en 1956. Anthropologue réputé, folkloriste et historien, Kirtley publia un essai magistral sur l'une des premières chroniques portant sur Vlad Dracula, retrouvée au monastère de Kirill-Belozersk (aujourd'hui Kirillo-Belozersk), au nord de la Russie. Daté de 1490, l'essai est une copie de la chronique originale, rédigée en 1496 par les moines russes orthodoxes, 10 ans seulement après la mort de Vlad Dracula. On sait que ce document historique a été copié et largement diffusé dans les monastères de l'est de l'Europe avant de faire son chemin jusqu'en Allemagne. Il semble être à la source de plusieurs légendes horrifiantes — souvent présentées comme des faits — qui ont poursuivi Vlad Dracula au fil des siècles. En plus des études de Kirtley réalisées en 1956, Florescu et McNally se sont en partie inspirés des travaux du premier biographe de Stoker, Harry Ludlum, qui a fait le même lien dans son ouvrage paru en 1962 et depuis longtemps épuisé : *A Biography of Dracula : The Life Story of Bram Stoker.*

## IL A FAIT *QUOI*?

Quelle que soit l'époque, les chefs et hommes politiques légendaires ont tous été à l'origine d'une foule d'anecdotes scandaleuses destinées à asseoir leur réputation ou à la salir. Vlad Dracula ne fait pas exception à la règle. Les chroniques russes de 1486 sur les nombreux exploits et atrocités commis par Vlad Dracula sont un exemple des « faits » attribués au chef valaque. Au mieux, on considère d'ordinaire ces légendes comme de grossières exagérations d'événements factuels, au pire comme des inventions pures et simples. Quoi qu'il en soit, elles font intrinsèquement partie de l'histoire de Vlad Dracula, ne serait-ce que parce qu'elles décrivent la peur intense et le respect réticent qu'il inspirait à ses ennemis. Fascinants dans leur forme anecdotique même, ces faits prétendument véridiques ont été révisés et considérablement embellis au fil des siècles.

✝ Les ambassadeurs turcs envoyés pour négocier avec Dracula refusèrent de retirer leur fez en sa présence, prétendant que cela ne faisait pas partie de leurs coutumes. En réponse, Dracula leur fit clouer leur turban sur la tête.

✝ On dit que Dracula convoqua les pauvres, les vieillards et les malades de son royaume à une fête qu'il fit donner dans une grande salle. Après leur avoir demandé s'ils voulaient la liberté de tout souci matériel, il fit incendier le bâtiment où ils se trouvaient.

✝ Deux moines hongrois se rendirent à la cour de Dracula pour mendier des aumônes. Dracula montra séparément aux religieux un certain nombre de criminels empalés sur des pieux. Lorsqu'il leur demanda s'il avait bien fait de les faire exécuter, le premier répondit par la négative. Le second déclara qu'un monarque avait reçu l'onction de Dieu pour punir les méchants et récompenser les justes. Dracula fit empaler le premier et donna au second 50 ducats d'or.

✝ Un marchand se fit voler 160 ducats d'or dans son chariot et fit appel à la justice de Dracula. Le prince dit au marchand qu'il retrouverait l'argent qu'on lui avait volé en une seule nuit. Le lendemain, le voleur fut capturé et Dracula remit au marchand l'argent qui lui appartenait, avec un ducat de plus. Le marchand compta la somme et rendit le ducat de trop. Dracula lui dit que s'il n'avait pas fait preuve d'une telle honnêteté, il aurait été empalé avec le voleur.

✝ Un paysan assistant à une fête donnée par Dracula eut l'audace de se boucher le nez devant la puanteur dégagée par les cadavres dans les cours. Dracula le fit empaler de manière à ce qu'il soit *au-dessus* de ces odeurs nauséabondes.

✝ Après que le roi Matthias de Hongrie eut capturé et emprisonné Dracula, ce dernier tua le temps en capturant des souris qu'il empalait sur des bâtonnets, et des oiseaux auxquels il arrachait les plumes.

## Origines objectives

De tous les érudits partis en quête des origines du *Dracula* de Bram Stoker, nul n'a approché le sujet avec autant de zèle théorique et intellectuel que la professeure Elizabeth Miller de l'université de Terre-Neuve, au Canada. Dans ses recherches pour identifier l'inspiration de l'auteur, Miller s'est fiée aux notes qu'il avait prises pour son roman, les jugeant seule preuve fiable et factuelle de son approche pour la création du vampire le plus célèbre de la planète. En résumé, Miller conclut qu'il ne fait aucun doute que Stoker a tiré le nom de Dracula de l'ouvrage de William Wilkerson, *An Account of the Principalities of Wallachia and Moldavia.* Les notes de l'auteur mentionnent le livre emprunté à la bibliothèque de Whitby, au nord de l'Angleterre, dont il a recopié une note de bas de page (erronée) selon laquelle « dracula » est le mot valaque pour « diable ». Autrement, il n'y a aucune preuve que Stoker connaissait les noms « Vlad Țepeș » ou Vlad l'Empaleur, ni les nombreuses légendes attribuées à Vlad Dracula plusieurs siècles auparavant.

Comme Miller le souligne dans son ouvrage, on avance souvent l'argument qu'avec sa description de Renfield le fou, dont l'obsession consiste à prendre la vie des mouches, des araignées et des oiseaux, Stoker a adapté une légende sur Vlad Dracula. L'histoire relate une anecdote invraisemblable selon laquelle le prince valaque tua le temps en torturant et en empalant des oiseaux et des souris lors de son emprisonnement en Hongrie, aux mains de Matthias Corvin en 1462. Au mieux, cette association relève de la conjecture la plus fantaisiste, en particulier parce que Renfield n'empalait pas ses petites victimes : il les mangeait vivantes.

### Hommage hongrois

Au dix-huitième chapitre du roman, le commentaire de Van Helsing sur Dracula et un collègue du nom d'Arminius est un autre argument avancé par plusieurs chercheurs. Van Helsing fait ce commentaire après que le groupe d'hommes a décidé d'éliminer Dracula. On lui prête donc beaucoup d'attention lorsqu'il raconte l'histoire du monstre :

> « Ainsi donc, en ce qui concerne le comte Dracula, quand nous trouverons la demeure de cet homme, nous pourrons le forcer à rester dans son cercueil où nous le détruirons. Mais il est rusé, ne l'oublions pas, et très intelligent aussi. J'ai demandé à mon ami Arminius, de l'université de Budapest, de me communiquer l'histoire de sa vie, et il m'a mis au courant de tout ce qu'il connaissait. Ce doit être ce même voïvode Dracula qui fonda sa renommée en traversant le grand fleuve et en allant battre le Turc à la frontière même de la Turquie. S'il en est ainsi, il ne s'agit pas d'un homme ordinaire, car à l'époque, et pendant les siècles qui suivirent, on parla de lui comme du fils le plus habile et le plus audacieux, mais aussi le plus courageux du « pays par-delà la forêt ». »

Certains érudits soutiennent que ce commentaire de Van Helsing est un tribut aux suggestions d'Arminius Vambery, érudit respecté, linguiste et historien de la Hongrie et de l'Empire ottoman, que Bram Stoker rencontra en société (voir chapitre 4). Il est certain que l'« Arminius » de Stoker est un hommage au vrai Vambery, doté du nom et des antécédents parfaits pour devenir un personnage de fiction, mais la pierre d'achoppement de cette théorie est que dans ses notes, Stoker ne mentionne ni Vambery, ni *Vlad Țepeș* ou « l'Empaleur », noms sous lesquels l'historien l'aurait vraisemblablement connu.

AMUSE-GUEULE MORDANT

Dans la documentation sur Vlad Dracula, on emploie souvent le terme *voïvode* pour décrire sa position de chef de la Valachie. À l'origine, le mot s'appliquait aux chefs des forces militaires des pays slaves, il est graduellement passé à l'usage dans la plus grande partie de l'Europe de l'Est pour désigner les dirigeants et les princes des principautés.

### Infamie involontaire

La vie brutale et les exploits audacieux de Vlad Dracula de Valachie sont certainement dignes des douzaines de manuscrits qui lui ont été consacrés au fil des ans ; ils ont servi de tremplin à d'innombrables récits d'épouvante littéraire et cinématographique dans le monde horrible des vampires. En dépit de ce que Vlad Dracula a récemment contribué à la légende vampirique aux termes des études minutieuses qui lui ont été consacrées, la seule influence qu'il a eue sur le vampire de Bram Stoker a probablement été son nom : Dracula — fortuit, mais idéal et inoubliable pour la créature nocturne la plus terrifiante qui soit.

## TOUR D'HORIZON

En choisissant la Transylvanie comme lieu de naissance pour sa créature vampirique, Bram Stoker a réussi un amalgame intemporel de réalité géographique et de fantaisie littéraire. Le nom de la principauté, Transylvanie, est à la fois si inquiétant et si intensément poétique qu'il aurait été inconcevable qu'un romancier, quel qu'il soit, imagine un lieu aussi intemporel. On pourra arguer que, aussi célèbre que soit le personnage de Dracula, son pays d'origine a acquis la même reconnaissance internationale et permanente, et évoque à coup sûr une mystique qui donne froid dans le dos. Le romancier décrit avec une précision parfaite la campagne transylvanienne, ses forêts denses et surréalistes, ses tourbières sinistres voilées de brume et ses chaînes de montagnes éthérées qui s'étirent à l'infini ou se dressent soudain, menaçantes, pour entraîner le voyageur imprudent dans leurs abysses insondables.

FOLKLORE FANTASTIQUE

En dépit de sa connaissance apparente du paysage et de l'aura mystérieuse qui colore le pays de son ténébrion, on sait que Bram Stoker n'a jamais mis les pieds en Transylvanie, ni ailleurs dans la région des Balkans. Il a puisé presque toute son information sur la Transylvanie dans les guides de voyage et les ouvrages de géographie qu'il a dénichés dans les bibliothèques londoniennes et au British Museum.

### C'est *où*, la Transylvanie ?

La principauté de Transylvanie se trouve au centre de l'actuelle Roumanie. La Valachie s'étend le long de ses frontières sud, traversées par les Carpates. Du côté ouest, bordée par les Carpates, la Moldavie actuelle, que les Turcs ont souvent sillonnée pour mener leurs raids militaires. Le père de Vlad Dracula, Vlad Dracul, était posté à la frontière est. Il était chargé de protéger les ressources économiques vitales de la Transylvanie des incursions turques. Au XIIe siècle, l'Empire hongrois invita des marchands saxons allemands à coloniser cette région peu peuplée, autant pour pratiquer leur négoce que pour aider à la défense de la suprématie impériale. Les Allemands prospérèrent en Transylvanie et imposèrent un monopole commercial sur les échanges entre les Carpates jusqu'en Valachie, une supériorité économique que le jeune Vlad Dracula méprisait et qui attisait sa fureur nationaliste.

### Les Carpates et le col de Borgo

Les descriptions de Stoker auraient été peu marquantes s'il n'avait inclus les sommets inhospitaliers des Carpates aux frontières de la Transylvanie. Traversant le centre et l'est de l'Europe sur près de 1000 kilomètres, les Carpates forment la plus grande chaîne de montagnes d'Europe. Heureusement pour le ton angoissant du roman, elle abrite la plus importante population d'ours, de lynx et, bien entendu, de loups de tous les habitats sauvages d'Europe. La mystique de *Dracula* est rehaussée de façon exponentielle par la mention récurrente du col de Borgo, lieu où Jonathan Harker aperçoit les flammes bleues menaçantes et les loups hurlants, et que les poursuivants de Dracula franchissent pour lui infliger sa mort affreuse. Historiquement, le col de Borgo, connu en Roumanie sous le nom de col de Tihuta, a longtemps servi à relier la Transylvanie à la route orientale qui franchit les Carpates et mène jusqu'en Moldavie et de là, à la mer Noire.

## LE *VRAI* CHÂTEAU DE DRACULA

La popularité internationale de Dracula et l'association du personnage fictif au personnage historique de Vlad Dracula ont inévitablement mené le public à vouloir visiter le pays légendaire du plus grand ténébrion de la planète et surtout, son château d'épouvante. Bien entendu, le château fictif de Dracula près du col de Borgo n'est justement qu'une fiction sortie de l'imagination de Stoker. Situé au centre de la Valachie, le château Poenari sur l'Argeş est reconnu comme étant le principal bastion fortifié et occupé par Vlad Dracula au XVe siècle (voir chapitre 5).

Érigé dans une région éloignée et presque inaccessible au sommet d'un formidable contrefort, le château Poenari n'est plus que ruines. Il serait plus exact de décrire le « château » comme une petite forteresse, car il n'est pas assez grand pour accueillir une garnison de plus de 100 soldats. On sait que Vlad Dracula s'est échappé de Poenari pour fuir l'envahisseur turc, mais le château a surtout été employé comme avant-poste militaire et n'a jamais été conçu pour servir de résidence. La capitale valaque de Târgovişte était le centre historique de la monarchie de Vlad Dracula ; pendant un court instant à la fin de son règne déjà fort bref, Dracula résida à la cour de Bucarest.

FOLKLORE
FANTASTIQUE

L'industrie du tourisme roumain a développé une industrie artisanale florissante en faisant passer le château de Bran, sis dans la collectivité de Bran en Roumanie, pour le château de Dracula. Il est facile d'accès et ouvert aux visiteurs. De plus, il a sa place dans l'histoire roumaine, car il a récemment servi de résidence d'été à la reine Marie, bien-aimée souveraine de Roumanie. La rumeur veut qu'il soit actuellement à vendre.

## MORDS-MOI !

Maintenant que nous avons étudié la riche histoire de Dracula, tant réelle qu'imaginaire, il est temps de s'attaquer aux bases du vampirisme et des vampires — leur création, le symbolisme du sang, leur quête pour s'en procurer, sans oublier cette petite habitude coquine qu'ils ont de nous hypnotiser, entre autres choses, pour nous plier à leurs moindres désirs.

# Chapitre 7

# VAMPIRES
# SANS LIMITES

L E MONDE MERVEILLEUX DES VAMPIRES contient un petit nombre de faits cachés au sein d'un vaste amalgame de folklore, de récits historiques, de fiction et de cinéma. Pour comprendre l'essence de cette créature infernale, il faut étudier ses éléments constitutifs : sa soif de sang et comment elle l'acquiert, les outils — telles la peur et l'hypnose — que le monstre emploie pour se créer un milieu de vie qui garantira sa sécurité, et comment il s'assure une servitude loyale pour faciliter son intégration sociale.

# COMMENT NAISSENT LES VAMPIRES

Comment crée-t-on un vampire ? La réponse la plus évidente est qu'on devient un non-mort en étant mordu par un vampire. N'est-ce pas ? Bien que ce soit vrai dans la majorité des cas, la création d'un vampire est infiniment plus complexe ; la transformation comprend la manifestation de nombreuses variantes en fonction du type de vampire et selon que le monstre est une bête légendaire, mythologique, littéraire ou cinématographique. Ainsi, certains suceurs extraterrestres vampirisent l'énergie des humains par un contact bouche-à-bouche plutôt que par une morsure. Il faut souligner que le terme « vampire » n'était pas employé dans la tradition populaire, il ne serait apparu pour la première fois qu'à la fin du XVIIe siècle dans certains documents anglais. Auteure renommée, Katherine Ramsland affirme que l'explication selon laquelle les vampires sont des « cadavres réanimés » est apparue en 1810, dans *Travels of Three English Gentlemen from Venice to Hamburg, Being the Grand Tour of Germany in the Year 1734*.

Le folklore regorge d'indications de toutes sortes concernant les moyens à utiliser pour devenir un vampire. Au chapitre 2, nous avons mentionné comme candidats potentiels au statut de non-mort, outre les enfants nés hors mariage, les individus qui ont mené des vies immorales ou criminelles, les suicidés, les femmes qui ont permis à des vampires de les regarder, et même le septième fils d'un septième fils. Ce n'est que la pointe de l'iceberg. Selon la culture, ses superstitions et ses croyances, le bébé qui naît avec des dents ou les individus qui, comme les sorcières, possèdent un troisième téton, peuvent aussi devenir des vampires. Les individus qui n'ont pas été baptisés et ceux qui sont nés les jours saints sont aussi à risque, tout comme ceux qui pratiquent la magie noire ou meurent de mort violente.

## Pas de ponction, pas d'onction

S'il se trouve que vous êtes l'objet de l'obsession d'un vampire de salon classique, il y a de grandes chances pour que vous soyez destiné(e) à devenir sa femme ou son compagnon, plutôt que son plat du jour. Dans ce cas, le vampire deviendra techniquement votre *créateur*, ou votre *parent*. La quantité de sang qu'il peut tirer d'une victime fait partie des choses qu'un vampire doit apprendre à maîtriser. Saignée à petits coups, la victime supporte d'être mordue un certain temps avant de mourir. Si le vampire le choisit, elle pourra aussi entrer dans le monde des non-morts. Pour le vampire, la consommation de sang est affaire de maîtrise de soi, puisque l'acte déclenche d'ordinaire une excitation sexuelle et une frénésie qui, si elle n'est pas soigneusement maîtrisée, tue la victime.

Selon le type de vampire, *gagner* ou *faire traverser* une victime, c'est-à-dire en faire un vampire, pourra déclencher diverses réactions. Certains vampires ont des souvenirs de leur créateur, d'autres sont laissés à eux-mêmes et doivent découvrir seuls leurs nouveaux pouvoirs et leur soif sanguinaire. Dans *Entretien avec un vampire* d'Anne Rice, Louis raconte sa création par Lestat en 1791, en expliquant qu'il se sentait «faible au point d'être paralysé», pris de panique et incapable de parler. Le tout ponctué par les préliminaires à l'acte : « (…) le mouvement de ses lèvres fit se hérisser le duvet sur ma peau et envoya une onde de choc dans mon corps semblable au plaisir de la passion.» Une fois initié grâce au sang de Lestat, Louis est libre de parcourir le monde pour en goûter de son regard surnaturel toute l'intensité pour la première fois.

## La nuit des morts-vivants

Comme nous l'avons vu, la majorité des vampires du folklore ne sont pas les êtres à la peau d'albâtre, purs, surnaturels et radieux, créés par Anne Rice. En tant que groupe, ce sont généralement des cadavres reconstitués à différents stades de pourrissement et de désorganisation. Tous les types d'êtres humains, des victimes de la peste aux aristocrates en passant par les fermiers, ont été exhumés et réduits en cendres afin d'exorciser leur vampirisme allégué et de les empêcher de cannibaliser les vivants. Ce qui revient à dire qu'en raison de l'ignorance qui entourait le processus de décomposition, beaucoup de pauvres âmes étaient injustement déclarées coupables d'être de mèche avec les non-morts. Dans le cas d'Arnod Paole et des vampires de Medvegje, certaines de ses victimes n'avaient même pas été attaquées par Paole. Elles devaient leur sort au fait qu'elles avaient mangé du bétail que Paole était censé avoir vampirisé (voir chapitre 11).

# LE FACTEUR ÉPOUVANTE

L'espèce humaine étant entraînée à craindre tout ce qui fait du bruit dans la nuit, il est évident qu'aux yeux de la majorité, le vampire représente probablement le pire des cauchemars. La peur est un élément très puissant de la psyché humaine ; tel un vampire, elle se nourrit de notre imagination et se tient patiemment aux aguets dans les coins sombres de notre esprit, comme une horde de démons sordides, prisonniers derrière le portail de l'enfer. Les vampires « carburent » à la peur et à leur capacité de la contrôler par l'hypnose, la séduction et tout autre moyen jugé physiquement nécessaire (voir chapitres 9 et 10).

Comme les créatures vampiriques de la tradition populaire étaient souvent des bêtes insipides et hideuses, il est facile de comprendre que la seule idée de leur existence ait immédiatement suscité la terreur. La littérature aborde cette terreur en des termes soigneusement mesurés, choisis pour évoquer une imagerie et des réactions émotionnelles précises. En ce sens, les vampires du grand écran nous ont aussi inspiré les pires cauchemars. De fait, voir un vampire coincer sa proie dans une attaque frénétique, ou mettre en scène une parade nuptiale lente et macabre avant d'enfoncer ses crocs dans la peau nue de sa victime, laisse une impression durable, tant sur le plan littéral que métaphorique. Parmi les maints récits fluctuants que nous connaissons, l'emprise terrifiante que ces monstres ont sur notre psyché se compose de plusieurs facteurs importants, dont les fléaux et les épidémies, entre autres malheurs.

# PROPORTION ÉPIDÉMIQUE

Tout au long de son histoire ; l'humanité a été victime de toutes sortes d'incidents considérés comme épidémiques — pertes de bétail ou de récoltes, accidents, événements climatiques incontrôlables, décès inexpliqués, comportements aliénés et, bien entendu, différentes formes de fléaux. Face à ces événements, l'homme ressent généralement le besoin de blâmer et de se venger. Dans les régions du monde où la superstition ou une stricte adhésion aux préceptes religieux ont force de loi, cette approche a prévalu historiquement. L'inévitable hystérie qui accompagne un fléau se traduit souvent par des accusations de phénomènes surnaturels ou paranormaux ; pour expliquer une maladie contagieuse ou autre, on prétend qu'elle cause le vampirisme. Par exemple, l'odeur pestilentielle des mourants a souvent été considérée comme ce que nous appellerions aujourd'hui une maladie « aéroportée ». Pour camoufler la puanteur ou repousser les démons maléfiques, les gens s'enveloppaient d'odeurs relevées — ail, genièvre, encens, parfums, fumier animal, et même, excréments humains (voir chapitre 10).

On accusait souvent les vampires, les sorcières, les loups-garous et les autres créatures mythologiques d'être responsables des épidémies, tout comme d'ailleurs les parias de la société, et même les enfants, les femmes enceintes, les sages-femmes, pratiquement toutes les personnes qu'on jugeait hors norme dans certaines régions, par rapport à la société et à nos normes actuelles. Les naturopathes, les guérisseurs en tout genre et les personnes dont le style de vie était jugé en marge de la société étaient souvent considérés d'un œil soupçonneux. Par ailleurs, un étranger qui avait le malheur d'arriver dans un village au moment où certains villageois tombaient malades se révélait extrêmement suspect. Dans les temps anciens, on accusait vite les créatures folkloriques, les *bhutas* indiens (voir chapitre 2), esprits malfaisants qui se nourrissent des vivants et des morts et apparaissent sous forme de brume ou de lumières, ou les *obayifos* des Ashanti d'Afrique de l'Ouest, vampires qui sucent le sang des enfants et la vie des récoltes. Par ailleurs, nous ne devons pas oublier la croyance selon laquelle les épidémies étaient envoyées par Dieu pour punir l'humanité.

**CRIS ET HURLEMENTS**

On pense que la peste bubonique, qui aurait pris naissance en Asie dans les années 1340 avant de se répandre en Europe dès 1347, a tué un tiers de la population continentale. Communément appelée « mort noire » ou « peste noire » en raison de l'enflure sombre et symptomatique des ganglions, elle est considérée par certains côtés comme une forme de vampirisme, ce dont beaucoup d'auteurs et de cinéastes de science-fiction ont tiré profit. Mentionnons le roman de Richard Matheson dont on a tiré un film, *Je suis une légende*, ou le film *Ultraviolet*, tourné en 2006.

Au Moyen-Âge, lorsque la peste frappait, que ce soit la peste bubonique (transmise par les puces parasitant les rats), septicémique (empoisonnement du sang) ou pneumonique (associée aux poumons, donc aéroportée), les non-morts comptaient parmi ceux qu'on croyait responsables de la propagation de la maladie ou de leur état vampirique. En pareil cas, on prenait des mesures pour identifier le coupable (l'individu infecté le premier), puis on enfonçait un pieu dans le cœur du cadavre ou on le brûlait, parfois les deux, en plus de faire en sorte de répandre ses cendres dans un cours d'eau ou en terrain consacré. La façon d'enterrer les pestiférés contribuait probablement à l'hystérie provoquée par les vampires : on les inhumait dans un linceul sans cercueil, dans des fosses communes, parfois même prématurément. Disons simplement qu'il était facile de blâmer les vampires, quelle que soit la maladie, qu'elle soit localisée ou répandue.

## CAR LE SANG EST LA VIE

Au onzième chapitre de *Dracula*, le docteur Seward raconte l'altercation qu'il a eue avec Renfield. Celui-ci, après l'avoir attaqué avec un couteau et coupé au poignet, a léché le sang sur le plancher et s'est mis à répéter comme un leitmotiv : *« Car le sang est la vie ! Car le sang est la vie ! »* Une phrase souvent entendue au cinéma ou lue dans la littérature vampirique, « car le sang est la vie » est un concept intrinsèquement lié au royaume des vampires, de la tradition populaire à la société contemporaine. Le sang est *de fait* le carburant qui assure notre fonctionnement. C'est l'élixir que se partage tous les mammifères : aimé, recherché, donné sous serment, étudié, versé, exploité, infecté, répandu et donné, ultimement révéré en raison de son action régénératrice tant sur le plan physique que spirituel. Le sang est unique, car il peut être offert sur plusieurs plans : en sacrifice, à titre d'absolution, pour assouvir une vengeance, en échange d'une vie sauvée, ou au contraire, pour enlever une vie. Le sang possède une histoire palpitante dont l'évolution part de nos lointaines origines et continue de s'épancher de maintes façons créatives. Avant d'aborder le symbolisme du sang, il faut aussi ajouter que le contingent de vampires n'a pas vraiment envie de sucer du sang ; il a faim d'énergie psychique ou spirituelle. Bien entendu, selon le type de créature, la force vitale d'un individu, son énergie spirituelle et son âme seront tout aussi appétissants à ses yeux (voir chapitre 19).

## Symbolisme historique

Depuis l'aube de l'humanité, tous les domaines — spirituel, physique, scientifique, religieux, surnaturel ou métaphorique — ont analysé et immortalisé la symbolique du sang. L'histoire compte un nombre incalculable de récits et de légendes de rituels et de sacrifices sanglants, depuis les premières croyances païennes d'Europe de l'Est jusqu'à l'ancienne civilisation maya, sans compter les actes commis au fil des siècles par les guerriers, les tribus, les magiciens, les tueurs en série et les scientifiques au nom du progrès, de la religion et d'une pléthore de causes ou de croyances. Ainsi, on sait que les guerriers buvaient le sang de leurs ennemis afin d'accroître leur propre force. Encore aujourd'hui, les Masaï, tribu guerrière du Kenya, incisent la jugulaire de leurs vaches pour en tirer du sang qu'ils consomment avec du lait, car ils croient qu'ils en tireront des forces supplémentaires.

Plusieurs déités ont été associées au sang en termes de pratiques et de sacrifices, comme la déesse égyptienne Sekhmet, dont le nom signifie « être puissant ou formidable », femme à tête de lion. Selon la légende, Sekhmet est devenue le bourreau de l'humanité pour satisfaire sa soif de sang meurtrière, crachant le feu, tuant sans relâche et passant bien près d'éradiquer l'espèce tout entière. Elle est étroitement associée à la couleur rouge. En Inde, la déesse Kali, qui signifie « noire » ou « la noire », est, entre autres, la déesse hindoue de la destruction et de la mort, de même que la maîtresse des fléaux et de l'annihilation. Femme à quatre bras, elle est souvent représentée avec des crocs protubérants ou la langue pendante ; elle porte un collier inquiétant, fait de cadavres ou de crânes humains. Son combat légendaire contre le démon Raktabija, au terme duquel elle le transperce de sa lance avant de boire son sang, a contribué à sa réputation de vampire. Les adorateurs de Kali sacrifient souvent des chèvres en son nom.

Néanmoins, la manifestation la plus connue du sang métaphorique est probablement celle du vin associé au sang du Christ. Cet aspect précis du symbolisme du sang est sans doute le plus pertinent concernant les vampires, puisque derrière le vampire se cache le démon, son habitude de voler le sang, symbole de la vie, et son aversion pour les objets consacrés comme le crucifix, l'eau bénite, les églises, les sols consacrés et l'hostie, symbole du corps du Christ (voir chapitre 9). La représentation du sang que Stoker emploie dans *Dracula* démontre qu'il tentait d'associer cette signification aux sources bibliques. D'ailleurs, au fil des décennies, beaucoup d'auteurs ont suivi son exemple. La phrase «car le sang est la vie» est tirée du Deutéronome (12,23) et se lit comme suit : «Seulement, garde-toi de manger le sang, car le sang, c'est l'âme; et tu ne mangeras pas l'âme avec la chair.» Sombre ténébrion, adversaire symbolique de Dieu, de bien des façons, Dracula se sert du sang pour se venger de Dieu.

## Sang et immortalité

Tel que présenté par l'histoire dans son ensemble, le concept du sang synonyme de vie est l'ultime manifestation physique de la survie. L'être humain ne peut survivre dépourvu de sang dans les veines. Dans le folklore, en particulier dans la tradition populaire sur le vampire, le sang est inextricablement lié à la mortalité et à l'immortalité par voie de conséquence. Privé de sang, le vampire traditionnel mourrait probablement d'inanition, comme bien d'autres types. En lui-même, ce fait explique sa nature prédatrice et exploite les créatures vampiriques du folklore dont plusieurs — la *lamia* grecque, les *pontianak* indonésiens, les *rakshasa* indiens, l'*obayifo* des Ashanti, le *langsuyar* des Malaisiens et la *striga* des Roumains — traquent les enfants, les femmes et les femmes enceintes, par vengeance ou instinct de survie peut-être, ou dans un effort pour s'assurer une jeunesse et une vitalité éternelles (voir chapitre 2). On pourrait associer cette mythologie à un autre symbole puissant chez les vampires, celui des menstruations, qui redoublerait l'attrait en favorisant la conquête sexuelle sous-jacente.

Les individus qui subissent l'attaque d'une créature vampirique sont condamnés à divers sorts. Dans bien des cas, la créature ponctionne assez de sang pour faire mourir sa victime. D'autres perdent beaucoup de sang, tombent malades et s'affaiblissent petit à petit avant de mourir. Au pire, les victimes sont suffisamment saignées pour se transformer elles-mêmes en non-morts. Dans la tradition littéraire et cinématographique, le vampirisme présente toujours cet aspect de fontaine de Jouvence avilie, souvent employée par les vampires pour persuader leurs victimes que l'immortalité est un cadeau plutôt qu'un châtiment. C'est le cas de Miriam Blaylock, la protagoniste du roman de Whitley Strieber, *Les prédateurs* (voir chapitre 15). Nous aborderons, au chapitre 8, les caractéristiques du vampire, mais un trait ressort d'ores et déjà de la personnalité du buveur de sang et de sa relation avec son approvisionnement en sang. Voilà pourquoi nous toucherons ici à l'hypnose et à la manière dont un vampire tire profit de son magnétisme.

FOLKLORE
FANTASTIQUE

Aujourd'hui, étant donné les complications évidentes que pose l'approvisionnement en sang humain, les adeptes du vampirisme trouvent d'autres moyens de respecter les exigences de leur régime hémodynamique. Toujours à l'affût de nouvelles façons de reproduire la consistance du vrai sang, ils emploient souvent du jus de tomates comme base auquel ils ajoutent un certain nombre d'ingrédients plus pulpeux, comme du jus d'orange, qui agissent comme agents coagulants, de façon à pouvoir satisfaire leur « soif » immortelle.

# LE POUVOIR DE L'HYPNOSE

La capacité d'hypnotiser leurs victimes, et même de forger un lien télépathique avec elles est l'un des traits les plus insidieux et les plus controversés des vampires. La plupart du temps, le regard incisif du vampire lui vaut la complète coopération de sa victime qui se soumet placidement au formidable et sombre talent du monstre. En vérité, la tactique est brillante, et animale dans son exécution. La chauve-souris vampire fait preuve de la même assurance dans son mode d'attaque. Capable d'adopter la station debout et de se déplacer, elle traque sa proie et l'hypnotise, avant de se jeter sur la première veine venue pour l'ouvrir et de se servir de sa longue langue effilée pour laper le sang. Le pouvoir hypnotique du vampire cadre parfaitement avec le formidable aspect sexuel du vampirisme. La morsure est un acte très intime qui rappelle par ailleurs l'acte sexuel lui-même en raison de la saignée qui s'effectue dans un échange de fluides. Bien entendu, le fait d'hypnotiser les victimes et de les faire agir contre leur volonté, en dépit de leur coopération apparente, sert la déviance sexuelle attribuée au vampire et au vampirisme en général.

**AMUSE-GUEULE MORDANT**

Le seuil d'une porte, c'est-à-dire le pas d'une porte ou d'une entrée, a un sens crucial pour les vampires. En général, le buveur de sang n'est pas autorisé à franchir un seuil à moins qu'on ne l'invite à le faire. Évidemment, une fois que vous avez fait entrer le monstre dans votre foyer, votre existence est en péril, car le ténébrion peut faire ce qui lui plaît.

## Conduisez-moi à votre saigneur

Pour un vampire, le grand avantage de l'hypnose est évident : si vous possédez le pouvoir de forcer quelqu'un à faire vos quatre volontés, la satisfaction de votre excitation sexuelle ou plus simplement de votre appétit n'en devient que plus facile. Ensorcelée, la victime consentante n'offre généralement que peu de résistance lorsque le monstre entreprend de lui enlever la vie en buvant son sang. Ce type de contrôle facilite aussi les mouvements du vampire dans la société, ainsi que ses déplacements et son logement ; d'ordinaire, il (ou elle) obtient ce qu'il (ou elle) veut avec un minimum d'effort.

## Préséance de l'esprit sur la matière

Franz Anton Mesmer fut le premier à populariser le processus d'hypnose à la fin du XVIIIe siècle. Lorsqu'il a écrit *Dracula*, Bram Stoker connaissait certainement la «science» de l'hypnose, et a donc pu en faire usage dans son roman. Beaucoup d'érudits affirment que c'est Stoker qui a doté son vampire de ce pouvoir hypnotique dont il se sert d'ailleurs en plusieurs occasions. Par exemple, en tentant de frapper le comte endormi avec une pelle, Jonathan Harker découvre qu'il est poussé par hypnose à fuir. Lucy est aussi subjuguée par la télépathie de Dracula qui l'invite à distance à se réveiller et à sortir dans la nuit noire. Au cours de la scène où Dracula baptise Mina avec le sang qui coule de sa poitrine, Van Helsing déclare que «*Jonathan est dans un état de stupeur semblable à celui que, les livres nous le disent, le vampire peut créer*». Mais c'est Mina qui établit finalement un lien télépathique avec le ténébrion, lien qui se voit confirmé quand Van Helsing hypnotise Mina et apprend grâce à ce lien que le comte Dracula est à bord d'un navire en route pour la Transylvanie.

## CREUSER SA TANIÈRE

Pour réussir comme vampire, il faut un instinct de survie aiguisé. En ce qui concerne le lieu de résidence, les mêmes principes s'appliquent aux vampires comme aux humains : l'essentiel, c'est l'emplacement, l'emplacement, l'emplacement. Un bon emplacement, ainsi que des domestiques de confiance, un logement adéquat incluant d'ordinaire une caisse ou un cercueil confortable rempli de sol du pays et un système de sécurité haut de gamme qui donnerait au fort Knox l'allure d'un grand magasin. Bien entendu, ce genre d'arrangements sophistiqués est réservé aux buveurs de sang fortunés. Néanmoins, pour le vampire de la classe moyenne ou l'éternel voyageur (ou encore en cas d'urgence), n'importe quelle vieille crypte, n'importe quel cimetière, mausolée ou bâtiment abandonné fera l'affaire. Ainsi, dans la série télévisée *Le justicier des ténèbres*, le détective Nick Knight se servait souvent du coffre de sa voiture si l'aube se levait alors qu'il était loin de chez lui.

### Sécurité et domesticité

Conformément à leur nature, les vampires ont besoin d'intimité et de sécurité. Évidemment, l'idéal serait d'être propriétaire d'un château inquiétant dans un lieu éloigné ou, dans le cas du vampire contemporain, d'une grande maison ou d'un appartement luxueux offrant un accès facile, une sécurité maximale et des voies d'évacuation infaillibles pour échapper aux chasseurs de vampires lorsque ces fâcheux viennent en visite. Dans *Dracula*, Stoker se sert de Renfield comme d'un outil, sa personnalité lunatique fournissant des indices précieux aux poursuivants de Dracula à Londres. C'est seulement au moment de l'arrivée du monstre en Angleterre que Renfield se met à démontrer sa servitude envers « le Maître ». Dans les décennies qui ont suivi la publication de *Dracula*, l'importance du personnage de Renfield a été, selon le cas, minimisée ou au contraire soulignée. Très souvent au cinéma, c'est Renfield et non Harker qui se rend au château de Dracula et devient son serviteur, assurant aussi le transport du monstre à Londres à bord du *Demeter* (voir chapitre 4).

Un problème se pose au vampire qui emploie des domestiques ne sachant rien de sa condition : il doit nécessairement déguiser ses caractéristiques inhabituelles, comme le fait qu'il ne mange pas, qu'il dort le jour, qu'il tue certaines de ses victimes à la maison et doit donc en disposer, sans compter les inévitables traînées de sang maculant son menton après les repas ou les restes qui sèchent sur son visage durant son sommeil. Bien entendu, il peut régler la majorité de ces inconvénients en hypnotisant ses domestiques ou, dans certains cas, en s'en servant pour combler une petite fringale nocturne à l'occasion, de manière qu'ils restent hypnotisés.

Cependant, n'allez pas croire que tous les domestiques et les amis d'un vampire sont sous l'emprise du monstre. Tant dans la fiction qu'au cinéma, les vampires ont des compagnons humains très conscients de leur condition. Dans le cas de la plupart des histoires romantiques, comme les romans pour jeunes adultes de Stephenie Meyer, ce lien romanesque entre humain et vampire est souvent exploité. Bella, l'héroïne de Meyer, est une jeune humaine amoureuse d'un immortel, Edward (voir chapitre 13). Dans *Le justicier des ténèbres*, l'émission de télévision mentionnée précédemment, l'amie de Nick, la coroner Natalie, savait la vérité sur la nature de Nick. Tracey, la partenaire de Nick, *ignorait* qu'il était un vampire, mais elle était amoureuse d'un de ses amis, mort-vivant comme lui, et savait pertinemment que son amoureux en était un (voir chapitre 18). Du point de vue de la fiction ou de la scénarisation, les complications et les histoires d'amour qui naissent du mélange de deux espèces donnent toujours un scénario beaucoup plus intéressant — qui se termine d'ordinaire par une brillante conclusion ou dans un bain de sang.

## Repas rapide

Chez le vampire, le besoin de se nourrir est à la fois inévitable et obsessionnel. Mais comme c'est le cas pour la plupart des créatures qui ont besoin de manger, il faut pouvoir accéder à l'approvisionnement, le bar au coin de la rue ou, dans le cas du buveur de sang traditionnel, en saignant à blanc les habitants d'un hameau, d'un village ou d'une ville des environs, où la disparition de ceux qui servent de festin passera probablement inaperçue. Dans la tradition populaire, beaucoup des créatures, tel le *bhuta* indien, se nourrissent de cadavres et passent par conséquent beaucoup de temps à fouiller les cimetières et les sites crématoires. Beaucoup d'autres, comme la *lamia* grecque et les autres démons dits de naissance, ciblent les nouveaux-nés et les femmes enceintes pour assouvir leur vengeance sanglante (voir chapitre 2). Pour le vampire moyen, c'est-à-dire celui qui ne fait pas partie de la catégorie des vampires malgré eux, le sang *est* la vie : il faut par conséquent s'en procurer, peu importe le risque d'être découvert. De nos jours, les vampires ont beaucoup plus de chances que leurs crimes passent inaperçus s'ils choisissent leurs victimes avec soin et en disposent avec prudence. C'est aussi un avantage si les chasseurs de vampire, les différents corps médicaux, les détectives et leurs collègues ne se doutent pas le moins du monde du fait qu'un immortel — mauvais garçon ou mauvaise fille — est en chasse.

FOLKLORE
FANTASTIQUE

Dans la majorité des films et des œuvres de fiction, les serviteurs du vampire ne sont rien de plus que des véhicules accomplissant les tâches qu'on attend de ses employés : organiser les déplacements, surveiller la sécurité et, dans certains cas, attirer la mouche innocente dans la toile du monstre affamé. Bien entendu, les déplacements sont une importante source d'inquiétudes pour plusieurs vampires traditionnels, puisqu'ils sont contraints comme Dracula de voyager avec de la terre ou du sol de leur pays natal dans une caisse ou un cercueil.

## ILS SAVENT S'Y PRENDRE

Qu'ils fonctionnent en solo ou en clan, les vampires conservent leur réputation horrifiante surtout à cause de leurs nombreuses caractéristiques excentriques, maléfiques et surnaturelles. Dans le prochain chapitre, nous étudierons les traits les plus appréciés de ces ténébrions, y compris leur habillement, leurs transformations physiques, leurs pouvoirs et la dentition in-croc-yable qui facilite leurs crimes immortels.

# Chapitre 8

# Caractéristiques des vampires

EN TANT QU'ESPÈCE, les vampires forment une race assez extraordinaire. En dépit de leur malignité intrinsèque, ils possèdent des habiletés qui les rendent dignes d'admiration en raison de leur efficacité, de leur intelligence et de leur capacité de survie. Pour comprendre les vampires, il faut connaître leurs caractéristiques : comment ils sont créés, où ils dorment, pourquoi ils se transforment en chauve-souris, en loup et en brouillard — ensemble de particularités qui nous permettra de brosser un portrait plus net de la nature exacte des vampires. Toutefois, il ne faut pas perdre de vue que bien qu'ils puissent sembler attirants, ces pouvoirs deviennent probablement ennuyeux après des siècles d'excès.

# CROCS, CERCUEILS ET HABITUDES DIABOLIQUES

Que voyez-vous quand vous pensez à un vampire? Un étranger de haute taille, aux cheveux sombres, au teint pâle et à la mine de papier mâché? Une longue cape noire? Une chevelure lissée vers l'arrière formant une pointe sur le front et un duo de canines particulièrement intimidantes qui donnent froid dans le dos? Tout ce que nous savons — ou croyons savoir — sur le vampire, ses caractéristiques et ses pouvoirs, nous vient de la triade formée par le folklore, la littérature de fiction et le cinéma. Les deux premiers composent un héritage historique de vampires et de vampirisme qui, à l'exception d'une interprétation artistique ici et là, a principalement été laissé à l'imagination de chacun. Le troisième, le cinéma, ne manque pas de nous frapper à la jugulaire, car il nous *montre* des vampires.

Les spéculations des historiens, des folkloristes, des érudits, des vampirologues, des auteurs et des cinéastes autour des différentes légendes sont surtout le résultat d'études intenses et de conclusions éclairées, et l'interprétation de renseignements recueillis depuis l'époque des anciennes civilisations. D'un autre côté, le cinéma nous offre une image formidablement puissante du vampire; son corps, ses actions et ses réactions se gravent de façon permanente tant dans notre conscient que dans notre inconscient. Grâce au cinéma d'horreur, nous voyons les crocs s'allonger et transpercer la peau, nous entendons les loups et les rats, nous sentons le brouillard et nous voyons le sang couler dans tout l'éclat de sa splendeur cramoisie.

Selon le type, les caractéristiques du vampire diffèrent selon ce que l'on voit ou lit (voir chapitre 19). Ainsi, une caractéristique prévalente au cinéma et en littérature pourra être absente de la tradition populaire, et inversement. Une chose est sûre cependant : ces trois champs d'intérêt tirent profit l'un de l'autre et sont source d'inspiration dans le portrait complet qu'ils brossent du vampire. D'entrée de jeu, on admet généralement que plusieurs caractéristiques de l'espèce proviennent du roman de Stoker. Ainsi, les cercueils, l'idée de dormir sur un lit de terre du pays natal et la capacité de se transformer en brouillard viennent de la conceptualisation de *Dracula*. Cela dit, il est temps d'étudier les caractéristiques du vampire moyen, y compris son dossier dentaire, ses préférences en matière de sommeil, son talent pour les transformations, ses pouvoirs surnaturels et son flair vestimentaire. À supposer que le vampire de salon traditionnel puisse passer pour un être humain en dépit de la pâleur de sa peau, on peut affirmer que si ces créatures existent réellement, nous resterons probablement inconscients de leur présence prédatrice parmi nous… jusqu'à ce qu'il soit trop tard, évidemment.

## Les crocs

Quand on pense aux vampires, la première image qui vient naturellement à l'esprit est celle de deux canines terriblement pointues et d'un blanc parfait. Après tout, d'un point de vue purement fonctionnel, les crocs sont les outils grâce auxquels la majorité des vampires se procurent leur nourriture. Au sens traditionnel, les crocs du vampire sont ses canines pointues et tranchantes ; dévoilées, elles forment un ustensile d'une brutalité intime. Au mieux, on associe évidemment les crocs du vampire à ceux d'un animal, en particulier le loup, le rat et le serpent. Au pire, ils représentent un outil efficace pour déchiqueter un repas.

Sur le plan symbolique, la morsure dans le cou est un geste très érotique qui correspond bien au portrait du vampire comme prédateur sexuel. Le plus intéressant est que les vampires de la tradition populaire sont souvent dépourvus de crocs : parmi les déités et les monstres, plusieurs se servent de leur langue pour l'exsanguination. On avance l'hypothèse que l'apparition des crocs présente une certaine validité par rapport au métissage des vampires et des loups-garous et à l'idée des monstres du folklore déchirant leurs victimes à belles dents.

Les premiers films — par exemple, le *Dracula* de 1931 mettant en vedette Bela Lugosi, et même *Nosferatu*, film muet de 1922 — ne montraient pas Dracula mordant ses victimes. De son côté, la société Hammer Films n'a pas hésité à exhiber les dents démoniaques de Christopher Lee. Au fil des décennies, les buveurs de sang, de papier comme de celluloïd, ont pratiqué leur morsure à l'aide de crocs de différentes tailles, laissant des marques allant de la tête d'épingle au trou de la taille d'une balle de softball. Stoker écrit que Dracula avait les dents éclatantes de blancheur et particulièrement pointues. Plus loin dans le récit, quand Lucy Westenra est mordue pour la première fois, Mina décrit la blessure comme deux petits points rouges semblables à des piqûres d'épingle. En effet, les marques sont si peu visibles que la pauvre Mina croit qu'elle a blessé Lucy en lui attachant son châle au cou à l'aide d'une grosse épingle de nourrice.

FOLKLORE FANTASTIQUE

> Les individus qui se considèrent aujourd'hui comme des vampires ou qui ont des pratiques fétichistes sanglantes portent parfois des crocs lors de leurs rituels. D'autres se font limer les canines en forme de crocs ou se soumettent à des soins dentaires coûteux pour avoir des implants en forme de crocs. Avis à ceux qui ont la curiosité morbide : il est peu probable que l'assurance-soins dentaires couvre la procédure.

Dans son roman à quatre sous, *Varney the Vampyre*, publié en 1847, James Malcolm Rymer écrit que Sir Francis Varney possède des dents qui donnent froid dans le dos; protubérantes et éblouissantes de blancheur, elles ressemblent aux crocs hideux d'un animal sauvage. Dans quantité de films contemporains, les ténébrions possèdent toutes sortes de crocs meurtriers, dont certains se transforment et dominent les visages une fois dévoilés. Dans *Blade II*, des buveurs de sang infectés par un virus vampirique deviennent des *Reapers* et se nourrissent indistinctement de vivants comme de non-vivants. Le chef des monstres emprunte les traits de rat du *Nosferatu* de Max Shreck, mais pousse l'horreur encore plus loin. En effet, les *Reapers* sont probablement les vampires les plus voraces et les plus terrifiants jamais imaginés : ils n'ont pas seulement des crocs, mais des langues multiples semblables à des anguilles jaillissant de leur menton qui s'ouvre en deux, ce qui modifie leur visage et fait surgir de leurs joues de longues pointes qui s'enfoncent dans le cou et le visage de leurs victimes. Fort sophistiqué et *très* novateur en termes de dentisterie vampirique.

## Ongles

La première vision d'un vampire désespérément en quête d'une manucure nous a été présentée dans *Nosferatu* : le comte Orlock a des doigts démoniaques, horribles et anormalement longs, ce qui rend sa face de rat encore plus théâtrale (voir chapitres 14 et 16). À part les vampires des films de série B, dotés d'ongles exceptionnellement longs et hideux dans leur état modifié, le Dracula de la tradition est généralement dépeint avec des ongles assez longs, mais bien manucurés. Dans le deuxième chapitre du roman de Stoker, Jonathan Harker écrit d'abord qu'il lui a semblé que les mains du compte étaient *« blanches et fines »*, mais en les voyant de plus près, il ajoute : *« (...) Je constatais, au contraire, qu'elles étaient grossières : larges, avec des doigts courts et gros. Aussi étrange que cela puisse sembler, le milieu des paumes était couvert de poils. Toutefois, les ongles étaient longs et fins, taillés en pointe. »* De façon contrastée, les êtres surnaturels d'Anne Rice ont les ongles transparents comme du verre.

# Sortez vos morts !

En matière de rites funéraires, il y a assez d'information pour écrire un livre, puisque les coutumes et la technologie ont évolué depuis les premiers hommes des cavernes vagabondant sur la planète. Les premiers enterrements ne faisaient pas appel au cercueil tel que nous le connaissons. À la place, on laissait les morts à la merci des éléments ou dans des grottes, on les ensevelissait sous des pierres, on les brûlait, ou on les enveloppait simplement dans un linceul avant de les enterrer dans des sépultures peu profondes. Naturellement, les cadavres étaient vulnérables aux attaques des vampires de la tradition populaire comme le *vetala* hindou, un esprit mythologique qui hantait les cimetières et prenait possession des cadavres. On pense que le concept du cercueil, de la boîte ou de la caisse funéraire, s'est avéré une nécessité logique pour empêcher les animaux, ou pour la tradition populaire, les créatures vampiriques, de violer les sépultures des défunts. Nul doute que la création des cimetières, des mausolées et des crématoriums a découlé de cette façon de penser, comme elle a été à l'origine du profit réalisé par l'entreprise funéraire.

### Cercueil

L'évolution du cercueil traditionnel tel que nous le connaissons a probablement eu lieu au cours du XVIIe siècle ; on est passé de la simple boîte aux modèles de plus en plus élaborés, selon la bourse de l'acheteur. L'inhumation dans un cercueil était déjà une pratique commune à la fin des années 1900, et le concept s'avéra utile à Bram Stoker quant vint le temps de déterminer un lieu de repos pour Dracula. Alors qu'il est emprisonné au château du monstre, Jonathan Harker trouve 50 boîtes empilées sur un tas de terre fraîchement retournée. C'est dans l'une des boîtes qu'il découvre le comte endormi — qui n'a pas nécessairement besoin d'un cercueil, mais doit absolument reposer sur le sol de son pays natal. C'est probablement à cause de cette prémisse de l'auteur que les vampires ont par la suite été assujettis à la nécessité de dormir dans un cercueil. En fait, certains adeptes du vampirisme contemporain le préfèrent au lit traditionnel.

Comme il a besoin de ce curieux lit de repos, le vampire est obligé de transporter un cercueil dans tous ses déplacements. C'était d'ailleurs une évidence dans la fiction et le cinéma des débuts. Le cercueil n'étant pas le lit le plus facile à transporter, son utilisation fait partie des caractéristiques que plusieurs auteurs et cinéastes modernes ont modifié ou même laissé tomber. Ainsi, les buveurs de sang d'Anne Rice n'ont pas besoin de cercueil (bien que lorsqu'ils s'en servent, ce soit plus pour la forme que pour le fond), mais simplement d'un sanctuaire obscur, crypte, sous-sol, ou même, endroit où ils peuvent s'enterrer durant des siècles pour hiberner, comme le fait Lestat, de 1929 à 1984, avant de se réveiller et de devenir une vedette rock impertinente dans *Lestat le vampire*. De la même manière, les vampires que Whitley Strieber décrit dans son roman *Les prédateurs* (1981) n'ont pas la lumière du jour en aversion et dorment donc confortablement dans un lit.

**CRIS ET HURLEMENTS**

Les vrais amateurs de vampires n'oublieront probablement jamais la sortie inquiétante et pourtant vaguement comique du comte Orlock de son cercueil rempli de terre et infesté de rats, à bord du *Demeter*, dans le film *Nosferatu*. D'un seul mouvement rapide, le vampire rigide se dresse dans son cercueil — mannequin maniaque aux yeux vitreux, issus des profondeurs de l'enfer. Depuis ce classique du cinéma muet, la littérature et le cinéma ont tous deux dépeint les vampires endormis dans leur cercueil, en les montrant alors qu'ils en ouvraient le couvercle de leurs doigts sinistres pour en sortir.

## Sommeil et terre du pays d'origine

Pour ce qui est du sommeil, le vampire est généralement obligé de dormir comme nous, simples mortels. C'est l'une des rares vulnérabilités intrinsèques du monstre. La seule différence avec notre sommeil est que le repos du vampire ressemble à une transe ; il favorise divers niveaux de conscience, selon qu'il s'agit d'une créature du folklore, de la littérature ou du cinéma. Souvent, cet état de conscience est assorti d'une forme de vigilance fournissant au monstre qui somnole un moyen de défense contre les intrus menaçants. Dans *Dracula*, Harker décrit le sommeil du comte dans son journal, alors qu'il est prisonnier au château :

> « Là, dans une des grandes caisses posées sur un tas de terre fraîchement retournée, gisait le comte ! Était-il mort ou bien dormait-il ? Je n'aurais pu le dire, car ses yeux étaient ouverts, on aurait dit pétrifiés ; mais non vitreux comme dans la mort, et les joues, malgré leur pâleur, gardaient la chaleur de la vie ; quant aux lèvres, elles étaient aussi rouges que d'habitude. Mais le corps restait sans mouvement, sans aucun signe de respiration, et le cœur semblait avoir cessé de battre. »

À supposer que l'idée que les vampires doivent se reposer entre l'aube et le crépuscule vient des créatures du folklore et de Bram Stoker, il serait juste d'affirmer que la pratique a perduré dans les légendes traditionnelles. L'explication est que les vampires ont besoin de repos pour rajeunir et peut-être aussi d'un moment de répit pour digérer leur repas liquide. Après avoir découvert le comte endormi, Harker écrit dans son journal qu'il a essayé de l'assommer avec une pelle, mais qu'au moment de l'impact, le comte s'est retourné pour éviter de recevoir le coup de plein fouet. Ce geste renforce l'idée que le vampire reste conscient durant son sommeil et qu'il a par ailleurs pratiqué une forme d'hypnose ayant poussé Harker à fuir les lieux (voir chapitre 7). L'extrait ci-dessus suggère aussi l'importance pour le vampire de reposer sur le sol de son pays d'origine.

Le folklore vampirique présente aussi le concept de *terrain consacré*, expression associée à l'origine au caractère sacré de certaines religions, où un individu est enterré dans une parcelle de terre considérée comme sanctifiée, par exemple dans le cimetière jouxtant une église. C'est une pratique dans la religion catholique et elle est significative dans le sens que certaines formes de décès, comme le suicide, sont considérées comme indignes d'un enterrement en terre consacrée. Pour les vampires, la pratique consistant à dormir sur le sol de leur pays natal fait parfois référence à la terre de leur pays d'origine, mais parfois aussi à l'endroit où ils ont été enterrés la première fois. Bien entendu, la situation sera problématique si le vampire a d'abord été enterré en terre consacrée, car il sera incapable de tolérer un sol sanctifié. C'est ainsi que Bram Stoker a créé une énigme en affirmant qu'en fait, Dracula n'avait pas besoin de dormir dans un cercueil, mais qu'il devait par contre se reposer sur un lit fait de terre de son pays natal.

**FOLKLORE FANTASTIQUE**

Dans sa série d'épouvante historique, l'auteure Chelsea Quinn Yarbro — à qui plusieurs attribuent le mérite d'avoir révolutionné l'amour vampirique — a conçu un moyen original pour que son héros vampire, le comte de Saint-Germain, et ses sous-fifres, puissent rester en contact avec leurs racines. Plutôt que de dormir dans la terre de leur pays d'origine, ils en mettent une pincée dans un compartiment dissimulé dans les talons de leurs chaussures (voir chapitre 13).

Bien que plusieurs parmi les premiers vampires de la littérature se soient pliés à cette règle, d'autres n'en ont pas tenu compte. Ni le monstre de James Malcolm Rymer, Sir Francis Varney, ni celui de John Polidori, Lord Ruthven, ni ceux d'Anne Rice, Lestat et sa bande, n'a besoin de cercueil ou de terre du pays natal. Avec ce cérémonial, Stoker a créé un huis clos à l'intérieur de son récit, grâce auquel Van Helsing pourra rassembler ses troupes et chercher Dracula en sachant qu'il le trouvera en fouillant les 50 boîtes remplies de terre sur laquelle il pourra ensuite déposer des fragments d'hosties consacrées pour empoisonner le sol. Pour certaines créatures vampiriques du folklore, la terre natale était essentielle, même si la majorité d'entre elles, capables de changer de forme à volonté, pouvaient aisément entrer et sortir de leur tombe par un trou creusé dans le sol. Dans la plupart des cas, les vampires contemporains sont rarement restreints à cette consigne du sol natal.

# POUVOIRS SURHUMAINS

Au dire de tous, les vampires ont une présence physique absolument intimidante. Et ils ont absolument le droit de se voir conférer certains «pouvoirs surhumains», si vous voulez, parmi la myriade qui leur est accessible. Les vampires nés de Dracula possèdent certaines de ses habiletés : force surnaturelle, agilité physique, vision perçante, vue, ouïe et odorat excessivement aiguisés, maîtrise de l'hypnose et de la transformation. Ajoutez à cela les capacités dont la littérature et certains films les ont dotés et vous obtenez des créatures qui volent, lévitent, disparaissent, voyagent dans le temps, allument des incendies, font de la télékinésie et de la télépathie, se guérissent instantanément, bougent à une vitesse hallucinante, jettent des sorts, supportent la lumière du soleil et provoquent même des combustions spontanées.

### La force

La plupart des vampires partagent une caractéristique, à savoir une force surhumaine, jumelée à une extraordinaire agilité physique. Après tout, ils ont besoin de forces pour dominer leurs proies, combattre leurs attaquants et échapper à leurs poursuivants. Ainsi, dans les films des studios Hammer Films, on voit souvent Christopher Lee projeter un attaquant à travers une pièce avec la force de douze hommes. Les vampires plus contemporains, tels *Blade*, Violet dans *Ultraviolet*, et Selene et les siens dans *Underworld*, possèdent non seulement une force hors du commun, mais aussi la capacité de faire des bonds et des prouesses qui rappellent la *Matrice*, sur de grandes hauteurs et de grandes distances. D'autres sont capables de vivre sous le soleil, bien que leurs pouvoirs en soient considérablement diminués. Le Dracula de Stoker était capable d'escalader les murs comme l'homme-araignée, une tradition que Coppola reprendra dans sa version de 1992. Les buveurs de sang de Linda Lael Miller, auteure de romans d'amour, sont capables de voyager dans le temps, alors que certains des très anciens vampires d'Anne Rice possèdent, outre la force, la capacité de voler et dans le cas de Maharet,

Marius et Akasha, pour ne nommer que ceux-là, la capacité fatale d'enflammer et de détruire tant les objets que les autres immortels.

FOLKLORE FANTASTIQUE

À supposer que les vampires traditionnels sont des créatures de la nuit qui ont vraiment le soleil en aversion, il serait logique de penser qu'ils possèdent une formidable vision nocturne, supérieure à celle des mortels. Les théories et les spéculations ne sont pas conclusives quant à la manière dont le vampire développe un tel sens de la vue, mais selon certaines, il y aurait un lien avec la vision aiguisée des loups et des chauves-souris. Par ailleurs, les vampires sont souvent dotés d'une ouïe et d'un odorat très fins.

Comme le genre continue d'évoluer tant dans la littérature qu'au cinéma, les pouvoirs des vampires évoluent aussi. La liste s'allongeant, il faut aussi inventer de nouveaux moyens de les anéantir. Dans les films de la série *Underworld*, par exemple, on peut vaincre les vampires en faisant un usage intelligent de munitions ultraviolettes sous forme liquide, alors que les lycans succombent aux balles remplies de nitrate d'argent liquide. Toutefois, le seul élément constant derrière la force du vampire, et en fin de compte derrière tous ses superpouvoirs, reste le sang, ou dans certains cas, l'énergie. Comme c'est leur force vitale, les vampires doivent maintenir leur consommation de sang ou d'énergie, ou risquer de tout perdre. Le sang est la vie, et sans lui, le vampire s'affaiblit jusqu'à tomber d'inanition.

### Un frisson dans la nuit

Dans le *Dracula* de 1931, Mina Harker décrit son cauchemar à son mari John Harker. Elle lui dit qu'au moment du rêve, la pièce tout entière lui a paru pleine de brouillard. «Il était tellement épais, ajoute-t-elle, que je distinguais à peine la lampe près du lit, petite étincelle dans le brouillard. C'est alors que j'ai vu deux yeux rouges qui me fixaient et un visage pâle et livide émerger du brouillard.» Dans le même film, Renfield décrit une rencontre similaire. «Un brouillard rouge s'était répandu sur la pelouse, s'avançant comme la flamme d'un incendie. Alors, il l'a séparé et j'ai vu des milliers de rats dont les yeux brillaient du même éclat rouge que les siens, mais en plus petit.» Les deux scènes illustrent brillamment l'idée que Dracula possède apparemment le don de se transformer en brouillard, un pouvoir qui se nourrit de la peur paralysante que nous inspire l'invisible. Qui sait ce qui rode dans le brouillard? Pire, le brouillard a-t-il de la difficulté à se glisser sous les portes et à s'infiltrer dans les fentes et les crevasses?

AMUSE-GUEULE MORDANT

> Le mot *sanguinarien* vient du latin *sanguineus* — qui signifie sanglant, rougeâtre ou assoiffé de sang. Il fait référence à l'individu qui croit devoir ingérer du sang pour rester en santé. Les vampires sanguinariens font partie d'une sous-culture dont le style de vie marginal comprend l'ingestion de sang (voir chapitre 19).

Dans le genre, l'apparition du brouillard comme signe annonciateur de la présence du mal est habituelle; elle a été employée avec succès tant en littérature que dans une pléthore de films sur les vampires. Dans le roman de Stoker, le *Demeter,* vaisseau condamné avec le vampire à son bord, se retrouve prisonnier du brouillard et Van Helsing affirme : *«Il peut s'approcher, entouré d'un brouillard que lui-même suscite — l'aventure effroyable de ce courageux capitaine resté à son gouvernail le prouve —, mais nous savons aussi qu'est limité l'espace sur lequel s'étend ce brouillard qui ne fait, précisément, que l'entourer, le protéger.»* Plus que tout autre personne, Mina Murray est incommodée par le brouillard; au dix-neuvième chapitre, bien qu'elle soit en sécurité dans ses appartements, elle écrit que dans ce qu'elle a pris pour un rêve, elle a vu un brouillard blanc s'avancer vers la maison avec une lenteur presque imperceptible, un brouillard tourbillonnant qui est entré dans sa chambre en formant une colonne de nuages éclairés d'une lumière qui *«sembla briller au-dessus de moi, pareil à deux yeux rouges».* Dans le récit, c'est la dernière fois que le monstre apparaît à Mina sous cette forme évanescente.

Il est incontestable que l'auteur a fait grand usage du brouillard et de la poussière des éléments, deux pouvoirs de Dracula. C'est un élément récurrent de la littérature d'épouvante, susceptible de devenir permanent, mais Stoker n'est pas à l'origine de cette transformation en brouillard. Les créatures des légendes et du folklore étaient souvent pistées et identifiées grâce à leurs pierres tombales, ainsi qu'à d'autres caractéristiques bizarres concernant leur dernier lieu de repos. Dans certains cas, on soupçonnait la présence d'un vampire lorsqu'on détectait de petits trous autour de sa sépulture ; en effet, leur présence indiquait qu'une créature maléfique avait la possibilité de se transformer en brouillard et d'entrer et de sortir à sa guise de sa tombe à l'insu de tous.

### Modifier les caractères du temps

Au fil des siècles, on a basé plusieurs superstitions et rituels sur la maîtrise ou la prédiction du temps. Pensez simplement au jour de la marmotte, aux danses de la pluie amérindiennes et au fait que l'articulation de votre genou amoché est capable de prédire l'arrivée du gel. Au royaume des vampires, gouverner le temps n'est pas affaire de superstition : c'est un pouvoir très génial à posséder. En vérité, l'étude des superstitions a probablement incité Stoker à mentionner que Dracula était capable de modifier les caractères du temps, un don qui a été maintes fois illustré au grand écran, notamment par Coppola, et de façon très crue, dans sa version de 1992.

# QU'Y A-T-IL DANS UN NOM ?

Comme nous l'avons appris, aux chapitres 5 et 6, on peut logiquement supposer que Stoker est tombé sur le nom « Dracula » en faisant des recherches sur la Transylvanie et en apprenant l'existence du prince Vlad Dracul et de son fils Vlad l'Empaleur, alias Dracula. Ce nom qui signifie « fils du dragon » a dû lui sembler tout à fait approprié pour une créature mythique surnaturelle, un prédateur capable de voler. Et l'on est aussi en droit de se questionner sur la coïncidence qui donne au personnage de Van Helsing le prénom de l'auteur, Abraham, dont la version tronquée est Bram (voir chapitre 4). Tentative de tricherie, le nom d'*Alucard* a aussi été employé en de nombreuses occasions. Bien entendu, c'est Dracula à l'envers. Lon Chaney junior s'en est servi au cinéma dans *Fils de Dracula* (1943). D'autres ont suivi son exemple,

*Dracula 1973* et la trilogie d'animation *Helsing*. Le Fanu a utilisé une tactique similaire pour baptiser Carmilla, son ingénue lesbienne et vampire, autrement connue sous le nom de comtesse Mircalla Karnstein.

# FRINGUES ASSORTIES

Que ce soit dans le folklore, la littérature ou au cinéma, les vampires ont beaucoup de points communs et autant d'excentricités que de zones d'ombre. Pour la majorité d'entre nous, la seule mention du mot *vampire* évoque le costume traditionnel de Dracula, smoking noir avec ou sans queue, longue cape noire, et à l'occasion une touche de rouge afin de ne pas figurer sur la liste des plus mal vêtus de Mr. Blackwell. Bien que cette image soit presque entièrement attribuable au dramaturge irlandais Hamilton Deane et à son adaptation du roman de Stoker en 1924 (voir chapitre 14), elle a également été renforcée par une pléiade de films dont le *Dracula* de Bela Lugosi, non le moindre. Qu'on le connaisse comme un comte ou un prince, le seul fait d'identifier Dracula comme un membre de la royauté — comme c'est le cas de nombreux vampires dans la littérature et au cinéma — autorise le port de vêtements convenant à l'aristocratie. Après tout, qui soupçonnerait un vampire impeccablement vêtu d'être un déviant assoiffé de sang et accro à la jugulaire ?

## Mode monstrueuse

En littérature, surtout dans le monde de l'épouvante historique et du roman d'amour vampirique, cette tendance se maintient. Du comte Saint-Germain à Lestat, les vampires endossent les vêtements de l'époque où ils vivent, comme le ferait n'importe quel prédateur mort-vivant afin de se fondre dans la masse. Cependant, certains refusent de suivre le mouvement. Indépendamment de l'époque, Marius, le personnage d'Anne Rice, porte toujours des vestes en velours luxueux. Le cinéma a tendance à dépeindre les vampires de façon plus spécialisée, en particulier dans les films d'action. Dans la série *Underworld*, Selene, interprétée par Kate Kechinsale, est particulièrement rafraîchissante dans son unitard en cuir noir qui lui fait comme une seconde peau et son long manteau aux lignes fluides de cape.

Dans *Ultraviolet*, Milla Jovovich rend justice à son alter ego de la bande dessinée avec ses ensembles sophistiqués interchangeables et ses colorations capillaires évocatrices de Sydney Bristow dans la série *Alias*. Van Helsing lui-même a consenti à suivre les aléas de la mode. Dans la superproduction de 2004, *Van Helsing*, Hugh Jackman interprète le fringant héros : il est fabuleux dans son costume rappelant l'habillement des héros du Far West — chapeau noir, long manteau de cuir noir et cache-poussière.

### C'est quoi cette histoire de cape ?

À part ses crocs brillants et dégoulinants de sang, la cape est l'un des traits les plus reconnaissables du vampire. D'ordinaire longue, lourde et noire, à l'occasion doublée de rouge, la cape est hautement symbolique, car elle représente la chauve-souris. Comme nous l'avons mentionné plus haut, le port de la cape par Dracula est l'idée du dramaturge Hamilton Deane ; il a dû se dire que dans ce costume, le monstrueux gentleman ferait un effet bœuf au théâtre. Il avait parfaitement raison. La longue cape est devenue une icône de la légende de Dracula ; son tissu souple a facilité la liberté de mouvement du monstre, tout en lui permettant d'adopter l'une de ses postures les plus célèbres, celle où il ramène la cape devant son visage, puis sur sa tête pour se fondre dans les ténèbres. C'est un concept brillant dont Bela Lugosi a assuré la pérennité en l'employant sur scène en 1927 et au cinéma en 1931.

## INSTINCTS ANIMAUX

Les vampires et les créatures vampiriques du folklore forment une bande décidément bigarrée d'êtres humains, de zombis, d'animaux, d'hybrides et de mutants en tout genre. Par bien des côtés, les créatures de la tradition populaire sont plus primales dans leur conception et nettement plus animales dans leur technique de chasse et de meurtre que les humains devenus vampire. Alors qu'on associe souvent les vampires à certains animaux — chats, chiens, oiseaux et divers insectes —, les créatures vampiriques sont plus souvent associées aux chauves-souris et aux loups. Même si plusieurs animaux peuvent devenir vampires, on peut les employer pour combattre les non-morts. On emploie ainsi les chevaux dans les cimetières parce qu'ils refusent de s'approcher des sépultures de vampires.

Pour ceux qui ont les chauves-souris vampires en aversion, voici un autre insecte qui nourrira votre frayeur. *Calyptra thalictri* est un papillon de nuit vampire autrement connu comme la « calyptre du Pigamon ». Ce n'est pas une blague ! On dit qu'il se remplit la panse de sang en mordant les humains et qu'il laisse de l'enflure et de la douleur comme signes de son passage. Un tue-mouches électronique pourra certainement venir à bout de cette nouveauté parmi les prédateurs vampiriques.

### Devenir loufoque

Ce n'est pas un mystère : la chauve-souris vampire est associée au buveur de sang légendaire. Et, coup de bol, pour une bonne raison. Au total, il existe trois espèces de chauve-souris vampire de la famille *Desmontidae* et du genre *Desmondus* : la chauve-souris commune *Desmodus rufus*, la *Desmodus rotundus* et *Diphylla ecaudata*. On les rencontre principalement en Amérique centrale et en Amérique du Sud, ainsi que dans certaines régions du sud des États-Unis. La chauve-souris vampire est un petit animal, mais son apparence particulièrement effrayante joue en faveur de ses habitudes alimentaires : elle a de gros yeux, des dents incroyablement coupantes, la lèvre inférieure creusée d'un sillon vertical et elle est capable de se tenir debout. Comme nous l'avons mentionné plus haut, c'est un vampire animal dont les tactiques s'apparentent à celles du vampire humain, en ce sens qu'elle se nourrit au sol et tente d'hypnotiser sa proie avant d'enfoncer ses canines dans une veine et de laper le sang à l'aide de sa longue langue. Comme sa salive contient un anticoagulant, la chauve-souris peut continuer à faire couler le sang jusqu'à ce qu'elle soit repue. À l'instar du vampire, elle doit maintenir sa consommation de sang ou subir une dégénérescence fulgurante.

Présente dans les légendes et le folklore durant des siècles, la chauve-souris n'a acquis la célébrité que le jour où Bram Stoker lui a accordé une place de choix dans son roman. Il l'emploie avec libéralité dans son récit : elle apparaît aux fenêtres de Renfield, de Lucy et des Harker. Par la suite, sa présence dans le *Dracula* de Bela Lugosi (que plusieurs appellent toujours la chauve-souris yo-yo en raison de ses mouvements saccadés) a vite fait d'elle l'une des icônes les plus solides du genre.

### Une faim de loup

Au deuxième chapitre de *Dracula*, alors que Jonathan Harker est au salon avec le comte après son arrivée au château, les hurlements des loups se font entendre au-dehors. Le ténébrion prononce alors ce qui est sans doute la plus fameuse réplique de tout le roman : *«Écoutez-les! Les enfants de la nuit… En font-ils une musique!»* Au dire de tous, c'est une phrase qui donne froid dans le dos, une réplique qui a été maintes fois répétée, avec quelques variantes, au cours des décennies. En attirant presque joyeusement l'attention sur les loups, Dracula rend hommage de façon diabolique à ces créatures folkloriques, tout en faisant allusion à sa capacité de se transformer en loup.

À l'instar des sorcières, les vampires et les *lycanthropes* (ou loups-garous) ont été associés dans la tradition populaire, la littérature de fiction et surtout au cinéma, principalement en raison de leur capacité à se transformer, de leurs pulsions prédatrices et de leur lutte pour la survie. Après tout, ce sont des bêtes qu'on chasse. Le monde slave voit un loup dans le vampire grec *vrykolakas* (voir chapitre 2). Tout au long de l'histoire, de nombreux comptes rendus ont documenté l'existence de loups-garous, bien qu'un nombre égal a aussi analysé les causes de la supposée lycanthropie affectant les humains. Nous dirons simplement que les hybrides mi-humain mi-lupin les plus visibles ont été présentés dans les cirques et les foires de phénomènes, et ne sont en général que des humains exagérément poilus.

# NE CRAIGNEZ PAS LE MAL

Ainsi que le prouve la tradition populaire, nous disposons d'une vaste gamme de mécanismes, de rituels, de superstitions, d'armes et d'objets religieux pour anéantir les non-vivants. Encore aujourd'hui, certains de ces éléments dissuasifs sont fréquemment employés par ceux qui s'intéressent aux vampires — auteurs, cinéastes et chasseurs de vampire occasionnels —, alors que d'autres techniques novatrices et avant-gardistes ont évolué dans la foulée des films et des œuvres de fiction qui se sont succédé. Dans le prochain chapitre, nous étudierons le vampirisme d'un point de vue pragmatique et nous vous présenterons des méthodes grâce auxquelles vous pourrez non seulement vous protéger des attaques des buveurs de sang, mais surtout les détruire.

FOLKLORE
FANTASTIQUE

Le champignon dit «ergot de seigle», connu pour contaminer fréquemment le seigle, l'orge et le blé, pourrait expliquer le cas des individus prétendument transformés en loups-garous. À l'époque médiévale, ces céréales servaient d'ordinaire à cuire le pain. Parmi les effets secondaires de l'ergot de seigle, on note l'apparition de convulsions, la psychose et les hallucinations. Les spécialistes ont postulé que du pain contaminé à l'ergot de seigle pourrait être à l'origine du phénomène de lycanthropie, et même de l'hystérie entourant le procès des sorcières de Salem.

Chapitre 9

# PROTECTION ET
# DESTRUCTION

I MAGINONS UN INSTANT QUE VOUS ÊTES TRAQUÉ PAR UN VAMPIRE. Comment faites-vous pour vous protéger de ce monstrueux non-mort? Quelles armes doit contenir votre arsenal surnaturel? Mais surtout, comment fait-on pour détruire un vampire? Par bonheur, il existe une variété de méthodes et d'outils supposément efficaces qui vont de l'aversion du vampire pour l'ail à la frayeur que lui inspirent certains objets religieux, en passant par la décapitation de la créature, suivie du pieu enfoncé dans son cœur et de la crémation de son cadavre. Dans ce chapitre, vous apprendrez donc à combattre le ténébrion et, c'est à souhaiter, à conserver la jugulaire indemne.

# COMBATTRE UN IMMORTEL

Lorsqu'il est question du trio légendaire des sorcières, des lycanthropes et des vampires, il n'existe aucun moyen amusant ou facile d'échapper à leur méchanceté. Les sorcières peuvent faire appel à la magie noire, aux sortilèges et à une kyrielle d'autres formes de sorcellerie. En plus de l'aisance physique de la bête sauvage qui est la leur, les loups-garous peuvent traquer et tuer sans inhibition. Les vampires imitent un peu les deux, mais leur condition est limitée par plusieurs éléments dissuasifs et des façons relativement précises de mourir. Dans la littérature et au cinéma, on voit souvent les vampires succomber à la mort et attendre l'occasion de ressusciter grâce à la magie, à un rituel sanglant ou à diverses recettes inventées pour les réanimer.

Même si on peut détruire un vampire, il est beaucoup moins périlleux de le tenir à distance — même temporairement. Au fil des siècles, le folklore, la littérature de fiction et le cinéma nous ont familiarisés avec certains objets qui peuvent servir à repousser les créatures de la nuit et à les éloigner des proies qu'elles convoitent. Certains comme l'ail et le crucifix ne tuent pas nécessairement l'immortel, mais offrent apparemment une certaine protection. Après tout, aucune chasseuse de vampires qui se respecte ne manquerait d'avoir sous la main un crucifix, de l'ail, de l'eau bénite, un épieu, quelques passages de la Bible en mémoire et un moyen rapide d'allumer un feu (voir chapitre 10).

S'il faut qualifier les méthodes et les objets présentés ci-dessous, on doit préciser que la majorité s'applique au vampire traditionnel. Le vampire a évolué de concert avec la société ; ses aversions, ses perversions et les moyens de le détruire ont changé. Ce qui fait reculer ou mourir le buveur de sang de légende s'avérera peut-être inefficace sur plusieurs monstres modernes — pensons seulement aux suceurs d'âmes, aux épidémies vampiriques ou aux buveurs de sang exotiques, érotiques et en chasse qui figurent parmi les cibles de la PETA*. En fin de compte, confronté à un vampire qui ne cadre pas avec le moule traditionnel, on doit appliquer la bonne vieille méthode essai-erreur pour identifier ses faiblesses et ses répulsifs. D'entrée de jeu, on pourra faire appel aux répulsifs de base et aux anciennes méthodes

---

\* N.d.T. Société pour le traitement éthique des animaux.

éprouvées. Gardons cette idée à l'esprit, mais étudions d'abord les éléments qui pourront vous aider à vous protéger d'un ignoble démon de la nuit.

# PROTECTION PRATIQUE

D'un point de vue logique et pragmatique, vous avez peut-être à la maison des objets qui, dans bien des cas, agiront comme répulsif pour le vampire traditionnel ou comme banc d'essai pour les créatures vampiriques modernes. Entre autres choses, l'ail, le sel, les chandelles, l'encens et les clochettes se sont toujours avérés efficaces contre les vampires. La plupart de ses méthodes s'inscrivent dans la tradition populaire ; parmi les premiers auteurs à les employer, mentionnons John Polidori, James Malcolm Rymer, Sheridan Le Fanu et, bien entendu, Bram Stoker.

## Ail

Si vous êtes italien ou simplement amateur de spaghetti à la bolognaise, vous avez certainement de l'ail dans votre cuisine. Nous ne parlons pas de cet agrégat de poudre séchée qui traîne au fond de votre armoire à épices, mais bien de beaux gros bulbes d'ail odorant. L'ail est l'un des objets le plus souvent utilisés pour repousser les vampires ; c'est une amulette de protection contre le mal depuis l'Antiquité. En fait, en matière de vampires, l'ail est tellement important qu'il chasse ni plus ni moins les démons.

Membre de la famille des liliacées, l'ail possède plusieurs vertus curatives naturelles. Il a longtemps été employé à des fins médicinales et culinaires. Il est sans pareil comme répulsif et première ligne de défense. On l'emploie aussi dans le processus de destruction du vampire. Dans la tradition populaire comme dans le roman de Stoker, on remplit d'ail la bouche du vampire après l'avoir décapité, ou on fait de même avec un cadavre qu'on veut empêcher de rejoindre le rang des non-morts. Dans *Dracula*, Van Helsing remplit la chambre de Lucy de bulbes et de fleurs d'ail ; il va même jusqu'à en frotter le chambranle de la porte et la cheminée pour empêcher Dracula d'entrer.

Le folklore cite abondamment l'ail comme répulsif pour les vampires. Comme les non-morts ont les sens très aiguisés, surtout la vision, l'ouïe et l'odorat, l'ail porté en chapelet autour du cou, éparpillé dans la maison, frotté sur un humain, un animal ou un objet, ou même liquéfié et vaporisé, serait suffisant pour les faire fuir. Quand la peste se déclarait, on pensait souvent — la prémisse était logique — que les odeurs pouvaient non seulement protéger du mal et de la puanteur de la mort, mais aussi de la maladie. Dans les cas des microbes aéroportés comme celui de la peste pulmonaire, le port d'un chapelet d'ail a certainement sauvé la vie de certains individus. Étant donné que le vampirisme est souvent considéré comme une peste (voir chapitre 7), on employait aussi d'autres moyens de protection odorants : l'encens, le genièvre, le fumier, les excréments humains, et tous les types de parfums.

FOLKLORE
FANTASTIQUE

Une théorie qui explique pourquoi l'ail agit comme répulsif pour les vampires se fonde sur la similitude existant entre les moustiques et eux. Dans les deux cas, ils mordent leurs victimes et boivent leur sang. Dans les deux cas, leur morsure peut propager des maladies. On sait que l'ail est un répulsif pour les moustiques et les autres insectes, mais au moment d'écrire ces lignes, personne n'avait encore conçu de répulsif pour les vampires en aérosol.

## Graines et sel

Nous sommes encore nombreux à souscrire à diverses pratiques superstitieuses — toucher du bois, éviter de marcher sur une fente du trottoir, ou jeter du sel par-dessus notre épaule pour attirer la chance ou nous protéger du mal. Face à une attaque de vampires, on a d'ailleurs de bonnes raisons d'avoir du sel sous la main. En effet, le chlorure de sodium est un incontournable de l'histoire ancienne et moderne, surtout dans le domaine du surnaturel et du paranormal, de la religion et, bien entendu, de la cuisine. Au fil des siècles, il a été utilisé comme agent de conservation des aliments et employé par les Égyptiens sous forme de natron pour le perfectionnement du processus de momification. Le sel est un symbole de pureté ainsi qu'une arme pour repousser le mal. Certaines légendes prétendent que les non-morts sont incapables de franchir une ligne de sel, ce qui fait que fenêtres, portes, cheminées et maisons tout entières étaient souvent entourées d'une ligne de sel dès que l'on croyait les vampires en chasse.

À l'instar du sel, les graines étaient souvent utilisées pour repousser les vampires. Bien que la graine de moutarde ait été la plus employée — probablement en raison de sa connotation religieuse, puisqu'elle est mentionnée dans l'une des paraboles de Jésus —, d'autres petites graines, semences de pavot, d'avoine, de millet et de carotte, pour ne nommer qu'elles, pouvaient aussi faire l'affaire, tout comme les épines des rosiers sauvages. Selon une certaine théorie, le vampire croisant les graines sur son chemin était forcé de les compter avant de se rendre au village pour s'approvisionner en victimes. Certains contes folkloriques mentionnent que le vampire ne peut compter qu'une seule graine par an ; par conséquent, une petite poignée suffira à écarter le mal durant de très longues périodes. Selon une autre théorie, le vampire serait si occupé à compter et à recompter les graines qu'il perdrait la notion du temps et serait forcé de rebrousser chemin à l'aube. On saupoudre les semences, comme le sel, autour des cadavres et des cercueils afin de prévenir le vampirisme, ou d'empêcher un vampire de sortir de sa tombe.

## ARMES CONSACRÉES

Les icônes religieuses sont utilisées comme armes défensives dans plusieurs légendes de vampires. Le monstre décrit par Stoker étant la représentation du mal, il est logique que le « bien », représenté par des objets comme le crucifix et l'eau bénite, lui soit supérieur. Stoker s'est beaucoup servi de ce thème sous-jacent dans son roman, mais tous les auteurs n'ont pas perpétué la tradition et selon le type de vampire, l'efficacité des armes religieuses n'est pas toujours la même. Dans le film *Entretien avec un vampire*, Louis de Pointe du Lac avoue candidement à son intervieweur qu'il aime bien les crucifix. C'est un thème récurrent chez les vampires d'aujourd'hui qui se moquent souvent des mortels effrayés qu'ils méprisent parce qu'ils tentent de repousser leur attaque avec un objet sacré. Pour certains, le pouvoir du crucifix et de l'eau bénite n'existe que si *vous* y croyez — il est peu probable que les non-morts y croient. Quoi qu'il en soit, les armes consacrées comme la croix restent intrinsèquement associées au vampirisme au même titre que l'ail.

### Croix et crucifix

L'une des armes les plus souvent employées est la *croix* ou le *crucifix*, c'est-à-dire une croix portant le corps du Christ crucifié, représentation du supplice de Jésus le Vendredi saint. Le crucifix est un symbole essentiel de la religion catholique ; les autres religions chrétiennes préfèrent une croix nue, symbole du Christ après la crucifixion. On prétend que le crucifix est plus puissant que la croix ; encore une fois, son énergie est dans les deux cas largement tributaire de la foi de celui qui le tient dans son symbolisme. Dans *Dracula*, Stoker mentionne le crucifix dès le premier chapitre : en effet, un villageois oblige un Jonathan Harker interloqué à accepter un chapelet orné d'un crucifix, alors qu'il se prépare à partir pour le château de Dracula. Bien entendu, comme il fait partie de l'Église d'Angleterre, Harker juge le crucifix vaguement idolâtre.

**CRIS ET HURLEMENTS**

Dans *Les maîtresses de Dracula*, tourné en 1960, Van Helsing (Peter Cushing) fait un usage novateur d'un moulin à vent pour contrer l'horrible baron Meinster (David Peel). Van Helsing saute sur l'une des ailes et les fait soigneusement tourner jusqu'à ce qu'elles forment l'ombre géante d'une croix sur le sol, ce qui confine le baron et contribue finalement à sa destruction.

Dans la tradition populaire, la peau d'un vampire est brûlée quand on y presse un crucifix ; la personne qui a été mordue, mais dont la transformation n'est pas achevée sera elle aussi marquée. Par ailleurs, dans certaines légendes, le crucifix ou la croix dérobe à la créature la source de sa force et diminue sa puissance. Selon certains récits, une croix ou un crucifix placé au-dessus d'une porte empêchera le vampire de pénétrer dans la pièce, tout comme la croix posée sur une tombe empêchera le vampire d'y entrer. Ce qu'il y a de bien avec les croix, c'est qu'on peut facilement en improviser une avec ce qui nous tombe sous la main ; chandeliers, épées, morceaux de bois, pourvu que l'élément reproduise la forme de la croix. Cependant, bien qu'ils soient en général partiellement employés, les croix et les crucifix ne menacent pas la vie des créatures vampiriques d'aujourd'hui.

## Eau bénite

Parmi les premiers symboles de la vie, l'eau conserve son pouvoir de fluide purificateur du corps et de l'esprit, et compte parmi ses partisans les plus passionnés la vie elle-même. Nous passons les neuf premiers mois de notre existence immergés dans l'eau ; par ailleurs, nos corps sont composés presque entièrement d'eau. Cela dit, les défunts et revenants ayant quitté le monde des vivants n'ont pour l'eau ni usage ni respect. Employée dans de nombreuses cérémonies religieuses tels le baptême et l'absolution, l'eau bénite, bénie et sanctifiée par le clergé, en particulier dans la religion catholique et le christianisme orthodoxe, est censée posséder des pouvoirs et se prêter à des emplois particuliers, entre autres, chasser les créatures diaboliques — comme les vampires.

Comme l'eau bénite est pure et sainte, on dit qu'elle brûle la chair des démons comme l'acide brûle les chairs humaines, en plus de provoquer des souffrances intolérables et des brûlures desquamantes, ce qui pourrait s'avérer fatal aux revenants de fraîche date. Dans la tradition populaire, quand on exhumait le corps des individus soupçonnés de vampirisme, on employait souvent l'eau bénite dans le cadre des rituels destinés à empêcher les non-morts de sortir de leur tombe. Dans la même veine, on en asperge aussi la tombe ou le cercueil afin de prévenir l'inévitable retour du monstre. À l'instar du sel, on peut aussi asperger les appuis de fenêtre et les seuils de porte d'eau bénite ou en verser aux mêmes endroits pour empêcher les vampires d'entrer. Dans la littérature et au cinéma, l'eau bénite, d'ordinaire contenue dans une flasque ou une ampoule, est projetée sur le buveur de sang.

## Sainte hostie

Même si elle n'est pas mentionnée aussi souvent que la croix ou l'eau bénite, l'hostie est un autre symbole religieux qui a la réputation de protéger des vampires. Petite rondelle de pain sanctifié, l'hostie représente le corps du Christ dans la cérémonie de la sainte communion. Comme le crucifix, elle brûle la peau du vampire et marque celle de ses victimes. Au seizième chapitre de *Dracula*, Van Helsing trouve le cercueil de Lucy vide et choque ses compagnons en émiettant finement des hosties, en les mélangeant à du mastic et en se servant de ce mélange pour sceller la porte du tombeau de la jeune femme. Quand on lui demande de quelle mixture il s'agit, il répond que c'est « *l'hostie* » qu'il a apportée d'Amsterdam. Au vingt-deuxième chapitre, il emploie de nouveau l'hostie en quelques occasions, la première fois pour éviter à Mina une nouvelle attaque. Lorsqu'il pose l'hostie sur son front, elle hurle et une brûlure se forme sur sa peau comme si elle avait été touchée par « *un morceau de métal chauffé à blanc* ». À la suite de cet incident, le groupe de chasseurs se rend à Carfax où il se bute aux coffres remplis de terre. Encore une fois, Van Helsing emploie l'hostie consacrée :

« Mes amis (…), nous avons ici un premier devoir à remplir. Nous allons rendre inefficace la terre que contiennent ces coffres, cette terre sanctifiée par de pieuses mémoires et que le monstre a fait venir d'un pays lointain pour pouvoir s'y réfugier. Cette terre, il l'a choisie précisément parce qu'elle était sanctifiée ; de sorte que c'est en nous servant de son arme à lui que nous lui infligerons sa défaite ; cette terre était consacrée à l'homme — maintenant, nous la consacrons à Dieu. »

Il se met ensuite à ouvrir les coffres ; il dépose un morceau d'hostie sur la terre qu'ils contiennent avant de les refermer. Son but est d'empêcher Dracula d'y retourner. L'emploi que Stoker fait de la sainte hostie évoque un certain nombre de problématiques, comme le bien et le mal, la moralité et l'immoralité, les ténèbres et la lumière. Il est clair que le sens sacré de l'hostie a servi à renforcer l'importance de la religion en cette époque spirituellement troublée de l'ère victorienne. La disponibilité des hosties pourrait être le facteur expliquant qu'elles ne sont pas aussi populaires que l'eau bénite. Puissant symbole du corps du Christ, les hosties sont généralement sous clé dans le tabernacle des églises et des chapelles et il n'est pas facile de s'en procurer. Dans son film de 1992, Francis Ford Coppola a rendu hommage à l'astuce eucharistique de Stoker, en incluant la brûlure sur le front de Mina et sa disparition subséquente au moment où le sort de Dracula se rompt à sa mort.

FOLKLORE FANTASTIQUE

> Bien que le pouvoir de la Lune soit plus étroitement associé aux loups-garous et qu'elle soit principalement employée au cinéma et dans la littérature afin de créer une certaine ambiance, il n'en reste pas moins que l'astre lunaire a eu son rôle à jouer dans la réanimation des vampires. Dans *The Vampyre*, de John Polidori, Lord Ruthven est réanimé après avoir donné l'ordre qu'on «expose [son] cadavre au premier froid rayon de Lune qui apparaît après [sa] mort.» À n'en pas douter, son souhait donne un sens tout à fait nouveau à la *moon walk*.

## MIROIR, GENTIL MIROIR…

L'un des aspects les plus choquants du vampirisme — du moins jusqu'à ce qu'on l'associe aux vampires de salon — était l'idée que les miroirs ne renvoyaient pas l'image des buveurs de sang. Si les yeux sont au sens métaphorique le miroir de l'âme, il s'ensuit que l'incapacité d'apercevoir son propre reflet dans une glace dénote une absence d'âme. Ce constat soulève la question à savoir si les vampires ont une âme, outre celle qui est condamnée à la damnation éternelle ou à l'absolution, une fois levé le sort qui les accable. Dans le film de Coppola, ce dernier concept s'applique apparemment à la mort de Dracula, puisqu'il reçoit ce qui ressemble à une absolution finale. En effet, on ne voit pas le ténébrion entraîné, hurlant et se débattant, dans les profondeurs de l'enfer. Dans la mort, le visage de Dracula s'illumine même d'une lumière blanche, suggérant ainsi une fin céleste. Dans le roman de Stoker, toutefois, la damnation éternelle semble le destin le plus probable. En effet, tout donne à penser que Dracula est plus attaché à son personnage de démon qu'à son aura de romantisme, car son trépas ne laisse de lui qu'une poignée de cendres.

Les vampires ont les miroirs en aversion, caractéristique qui leur vient probablement du roman de Stoker. Une fois *Dracula* publié, ce trait s'est rapidement intégré à la légende vampirique. Au deuxième chapitre, Jonathan Harker note dans son journal qu'il n'y a pas de miroir au château de Dracula. Plus loin, le même chapitre décrit l'une des scènes les plus effrayantes du livre. Tandis que Harker se rase en se servant de la petite glace de son nécessaire de rasage, le comte Dracula s'approche derrière lui. Or, son reflet n'apparaissant pas dans le miroir, cela ne passe pas inaperçu ni de Harker qui se coupe, ni du ténébrion qui réagit en voyant le sang sur le menton du jeune homme, le chapelet qu'il porte et le miroir.

«Prenez garde, me dit-il, prenez garde quand vous vous blessez. Dans ce pays, c'est plus dangereux que vous ne le pensez...» Puis, décrochant le miroir de l'espagnolette, il poursuivit : «Et si vous êtes blessé, c'est à cause de cet objet de malheur! Il ne fait que flatter la vanité des hommes. Mieux vaut s'en défaire.» Il ouvrit la lourde fenêtre d'un seul geste de sa terrible main, et jeta le miroir qui alla se briser en mille morceaux sur le pavé de la cour.

## COMMENT ON TUE UN VAMPIRE

Comme tous les revenants, les vampires vivent une étrange dichotomie. Ils ne sont plus vivants, mais ils ne sont pas morts — ils sont non-morts. Par conséquent, que faire si vous êtes aux prises avec une situation évoquant la *Nuit des morts-vivants* et que vous ne disposez pas du *nec plus ultra* en matière d'armes, comme Van Helsing au cinéma? Pour commencer, vous devez savoir à quel type de vampire vous avez affaire. Est-ce un monstre surnaturel traditionnel qu'on expédie d'un pieu dans le cœur, un suceur d'âmes de l'espace intersidéral, ou un mutant porteur de peste, résultat d'une guerre biologique ayant mal tourné?

Si vous affrontez un monstre des deux dernières catégories, vous devrez probablement expérimenter pour découvrir le meilleur moyen de le détruire.

Néanmoins, quel que soit leur type ou leur provenance — littéraire ou ciné-matographique —, les vampires ont ceci de curieux qu'il y a presque tou-jours un moyen traditionnel pour les tuer, même lorsqu'ils sont déguisés.

## On prend son pieu?

La méthode la plus communément associée à la destruction d'un vam-pire consiste à lui enfoncer un pieu dans le cœur. C'est sans doute la procé-dure la plus utilisée en littérature et au cinéma, étant donné qu'elle permet de donner une fin spectaculaire au saccage surnaturel du ténébrion. Après que Dracula ait massacré la moitié d'un village, qui ne voudrait pas le voir se réveiller de sa sieste en hurlant, parce que Van Helsing s'efforce de lui enfoncer un pieu dans le cœur à l'aide d'un maillet et fait rejaillir une géné-reuse fontaine de sang sur l'élégant smoking du monstre. Bien que cette pratique ait été introduite dans la littérature vampirique à ses débuts, sur-tout dans *Carmilla*, de Le Fanu (voir chapitre 3) et *Dracula,* de Stoker, l'idée d'employer un pieu pointu fait partie intégrante de la tradition populaire et de nombreuses autres légendes sur les revenants. Enfoncer un pieu dans un cadavre fait partie des pratiques folkloriques conçues pour vaincre les non-morts et des efforts déployés pour les empêcher de sortir de leur tombe. Dans certaines traditions, on enfonçait complètement le pieu dans le corps enterré, de manière à le clouer au sol; dans d'autres, on allait plus loin et l'on enfonçait des épines ou des clous dans la langue du prétendu vampire afin qu'il ne puisse plus s'en servir pour sucer le sang.

Selon la tradition, les pieux sont façonnés et aiguisés à la main, générale-ment dans un bois dur local comme le genièvre, l'aubépine épineuse, le cenellier, le frêne, le rosier sauvage ou le nerprun. Curieusement, certaines légendes mentionnent qu'il faut enfoncer le pieu en un seul coup de maillet, car deux coups risquent de réanimer le vampire et de réactiver sa condi-tion. Outre le soulagement évident de pouvoir enfin jouir d'une bonne nuit de sommeil, l'avantage de cette méthode est que dans bien des cas, on rap-porte qu'une fois le pieu enfoncé, le cadavre hurle et le sang jaillit, mais qu'ensuite son visage se détend et exprime le soulagement. Tant dans le folk-lore qu'au cinéma et dans la littérature de fiction, c'est le signe que l'esprit et l'âme de l'individu affecté sont finalement en paix. Par contre, enfoncer un pieu dans le cœur d'un vampire ne signifie pas nécessairement qu'il (ou elle) ne pourra plus jamais être réanimé(e).

Dans *Une messe pour Dracula* (1970), Dracula (Christopher Lee) est réduit en cendres. Plus tard, au cours de la même année, dans *Les cicatrices de Dracula*, une chauve-souris gorgée de sang laisse tomber quelques gouttes de son repas sur les cendres du monstre, ce qui suffit pour ressusciter le roi des mauvais garçons immortels. Le même subterfuge s'applique à Blacula dans la suite de 1973, *Scream Blacula Scream*, où la réponse de Shaft au vampirisme, additionnée d'un peu de vaudou, a pour résultat que les os de Blacula servent de conduit à sa réanimation spectaculaire (voir chapitre 15).

FOLKLORE FANTASTIQUE

Dans certaines légendes, on enfonçait des pieux dans le sol au-dessus de la tombe pour s'assurer que le cadavre réanimé soit transpercé s'il essayait de sortir de son cercueil. On transperçait aussi sa tête d'un pieu pour la clouer au sol. Quelques légendes indiquent qu'il faut enfoncer le pieu dans le dos du cadavre et l'enterrer face contre terre, pour l'empêcher de se frayer un chemin à la surface. En plus d'être transpercés, certains cadavres étaient décapités ; on leur remplissait la bouche d'ail, ou on leur arrachait le cœur avant de le réduire en cendres.

## Que la lumière soit

Bien entendu, la lumière du soleil est aussi fréquemment employée pour détruire les vampires. À supposer que les vampires soient des cadavres réanimés, dans la plupart des cas des non-morts dépourvus de cœur battant et aussi froids que de la glace, la chaleur du soleil forme un contraste frappant et constitue un moyen élémentaire de les détruire. Cependant, cette convention ne s'applique pas toujours. Plusieurs vampires de la tradition populaire étaient capables de se déplacer le jour, à l'instar des vampires contemporains et traditionnels de la littérature de fiction et du cinéma. Ainsi, en Bulgarie, le *vampir* est un cadavre réanimé qui s'en va vivre dans un autre village. Comme plusieurs tueurs en série, il mène une vie normale le jour et se transforme en monstre la nuit. Dans son roman, Stoker fournit deux fois à

Dracula l'occasion de se montrer le jour, bien que ses pouvoirs soient alors grandement diminués. Dans son roman *Les prédateurs*, Whitley Strieber ne va pas aussi loin avec ses immortels qui n'ont aucune difficulté à fonctionner le jour, tout comme Blade, ce qui s'explique en partie par sa nature hybride mi-humaine mi-vampire.

La lumière du soleil comme outil de destruction a été portée à l'attention du public par F. W. Murnau, dans *Nosferatu*, son œuvre marquante tournée en 1922. Dans ce film muet, le comte Orlock tombe dans le piège que lui tend Ellen Hutter (alias Mina Harker) après avoir lu *Le livre des vampires*. Ellen fait en sorte que le comte reste avec elle dans sa chambre à coucher pour la saigner jusqu'au chant du coq. Orlock est surpris par le soleil et disparaît spectaculairement dans une volute de fumée (voir chapitre 14). Depuis lors, plusieurs vampires de la littérature et du cinéma ont la lumière du jour en aversion ou sont au contraire dotés de la capacité de la supporter ou, dans le cas des vampires d'Anne Rice, et surtout d'Armand, de la capacité de voler au cœur du soleil pour se suicider.

**CRIS ET HURLEMENTS**

Les vampires emploient fréquemment la lumière du soleil pour éliminer d'autres vampires. C'est sans doute la perversion la plus diabolique que l'on puisse imaginer pour cet aspect destructeur de l'astre solaire. Anne Rice en fait usage dans *Entretien avec un vampire* : c'est le sort auquel Claudia et sa gardienne Gabrielle sont condamnées, après que Claudia ait tenté d'assassiner Lestat. Dans le film *Underworld*, Viktor, l'aîné des vampires, inflige le même châtiment à sa fille Sonja qui porte l'enfant de Lucian, le chef des lycanthropes.

## Le feu

Depuis son apparition, le feu a été l'un des piliers de l'histoire de l'humanité. En plus de nous réchauffer, il nous permet de faire cuire nos aliments. Souvent employé pour détruire, c'est un effet secondaire tant des accidents que de Mère Nature. Par ailleurs, il est souvent employé par les sorcières, les sorciers, les chamanes, les saints hommes et les prestidigitateurs de tout acabit à de bonnes comme à de mauvaises fins. Sur le plan métaphorique, le feu comme l'eau est un élément symbolique de nettoyage et de purification. Il s'inscrit également dans la symbolique biblique ; l'apparition de Dieu à Moïse sous la forme d'un buisson ardent en est un exemple, et non le moindre. Fort de cette histoire, le feu a bonne et mauvaise réputation selon ses manifestations. Dans la tradition populaire sur les vampires, on s'en sert pour combattre le mal, bien que son efficacité soit largement dépendante de l'usage qu'on en fait.

Dans le folklore, les créatures sont souvent exhumées et leur cadavre réduit en cendres. La plupart du temps, c'est la façon de s'assurer de la mort définitive d'un vampire. Mais de nos jours, ce n'est certainement plus infaillible. Plus d'un vampire a été ressuscité au cinéma et dans la fiction, même après avoir été réduit en cendres et en dépit du fait qu'une petite pincée de ses cendres seulement avait servi de catalyseur. La situation est la même lorsqu'on se sert du feu pour menacer un vampire.

À supposer que les vampires possèdent des capacités régénératrices qui leur permettent de guérir rapidement de leurs blessures — coups de couteau ou blessures par balle —, il n'est pas certain qu'on détruira un vampire en le réduisant en cendres. Dans *Van Helsing* (2004), par exemple, Dracula est violemment poussé par Frankenstein dans un brasier qui flambe dans une vaste cheminée. Or, dès qu'il ressort des flammes, son visage brûlé reprend rapidement son apparence normale. Règle générale, il vaut toujours mieux tenter de réduire un revenant en cendres, mais soyez averti qu'il faut interpréter avec la plus grande prudence l'injonction « tu es poussière et tu redeviendras poussière ». Ne lésinez pas sur la sécurité et éparpillez les cendres sans tarder dans le cours d'eau le plus proche.

## Cours d'eau

Comme nous l'avons mentionné plus haut, l'eau est l'un des premiers symboles de la vie. Or, même si l'eau bénite peut blesser un vampire, l'eau ordinaire offre une autre gamme d'avantages dont plusieurs s'appliquent aux autres revenants, telles les sorcières. Dans la tradition populaire, on croit généralement que les vampires sont incapables de franchir une voie d'eau courante, que ce soit à pied ou à la nage. Cependant, comme nous l'avons vu dans le roman de Stoker et plusieurs de leurs autres incarnations, les vampires peuvent être transportés par bateau. On est en droit de se demander s'ils peuvent se noyer, étant donné que certaines légendes suggèrent que même s'il ne sait pas nager, le vampire ne subira aucun dommage si on le retire de l'eau. Un film surtout a fait bon usage de cette légende : *Dracula, prince des ténèbres*, tourné en 1966, dans lequel le vampire interprété par Christopher Lee est submergé sous des eaux glaciales, avant de ressusciter peu après dans *Dracula et les femmes* (voir chapitre 14).

**FOLKLORE FANTASTIQUE**

Certaines légendes folkloriques affirment qu'on peut bannir vampires et autres revenants sur des îles éloignées ; ce faisant, on s'assure qu'ils n'ont aucun moyen d'entrer en contact avec la société et qu'ils pourront même mourir d'inanition. Dans de tels cas de figure, l'eau salée constitue une double mesure de protection, étant donné que le sel agit aussi comme répulsif.

### Qu'on lui coupe la tête !

Comme la tradition populaire et la simple logique le commandent, la décapitation constitue la manière permanente et évidente d'éliminer le vampire. Dans la plupart des cas, cela règle le problème, mais il y a tout de même des risques. Quant aux vampires modernes, les règles s'appliquant au feu ont parfois cours dans leur cas. Si le vampire a le pouvoir de se régénérer, on conçoit qu'il pourra replacer sa tête sur son cou et que les deux segments pourront se réunir. Dans la tradition populaire, le cadavre est décapité, et la tête est brûlée avec le corps, ou elle est séparée du corps et enterrée à part, la bouche remplie d'ail. Beaucoup de cadavres soupçonnés de vampirisme ont également eu la bouche remplie d'ail. Par ailleurs, ceux qui exhumaient le cadavre et l'enterraient de nouveau devaient impérativement tenir compte du fait qu'après avoir décapité un vampire, il fallait enterrer la tête loin du cou, et surtout des bras qui pouvaient, du moins en théorie, replacer la tête sur le cou.

## SURVEILLEZ VOS ARRIÈRES

Comme nous l'avons vu, les vampires sont des créatures infiniment plus complexes que l'on pourrait s'y attendre; chacun possède ses pouvoirs et ses habiletés qui proviennent en grande partie des revenants de la tradition populaire, des premiers films et des premiers livres sur le vampirisme. Bien entendu, la seule façon de se protéger d'un vampire, de découvrir ses faiblesses, et peut-être de le détruire est d'apprendre à le détecter et à l'éliminer. Dans le prochain chapitre, nous pénétrerons avec vous dans l'univers des chasseurs de vampires afin d'apprendre les rudiments de cette chasse au monstre.

# Chapitre 10

# CHASSEURS DE VAMPIRES

EN MATIÈRE DE CHASSEUR DE VAMPIRES, le cinéma et la littérature de fiction nous ont donné l'image d'un individu qui doit descendre dans l'arène en dépit de ses réticences pour combattre toutes sortes de créatures vampiriques démoniaques. Idéalement, le concept semble très éblouissant, en particulier si l'on dispose d'un stock d'armes modernes, mais le fait est que la chasse aux vampires n'est pas pour les mauviettes. Si l'on veut combattre le mal, il faut se jeter dans l'abîme pour vraiment comprendre l'ennemi, tout en espérant s'en sortir indemne. Dans ce chapitre, nous étudierons les chasseurs de vampires qui ont ponctué l'histoire, les instruments du métier, ainsi que les vampirologues renommés dont les conclusions éclairent l'éternelle obscurité du sujet.

# L'ASSASSIN PAR EXCELLENCE

Dans le métier de chasseur de vampires, un seul nom se démarque du reste : Van Helsing. Bien que Dracula soit l'un des personnages les plus populaires de l'histoire de la littérature, il est certain qu'il ne serait rien sans un protagoniste déterminé à décrypter ses origines et ses faiblesses et à le détruire en appliquant son intellect, la science, la religion, la psychologie et les armes qui conviennent. En tant que héros — et ne vous y trompez pas, Abraham Van Helsing est *de fait* le héros de *Dracula* —, le professeur hollandais présente toutes les caractéristiques du surhomme plus grand que nature (voir chapitre 4). Ce qui ne veut pas dire que le héros de salon réticent n'a pas été profitable au cinéma et à la littérature de fiction sur les vampires, car il l'a été ; mais pour faire le poids face à son monstre surnaturel, Bram Stoker ne pouvait pas se contenter d'un homme moyen.

Entouré de Jonathan Harker, Quincey Morris, Arthur Holmwood et du docteur Seward, les baudets métaphoriques de son attelage, et de Mina qui lui sert de muse, Van Helsing dispose d'une équipe grâce à laquelle il pourra exécuter son plan. En faisant de Van Helsing un homme de Dieu, un scientifique, un philosophe, un métaphysicien réputé et un Victorien progressiste, Stoker a donné à son personnage l'ouverture d'esprit indispensable pour lutter contre ce que tout bon chrétien considérerait comme un fils de Satan. C'est une bataille épique, riche de symbolisme spirituel, mental, physique et métaphorique, une lutte qui, au fil des décennies, a valu à Van Helsing une immortalité exceptionnelle.

## Combattre le démon

Bien qu'il y ait beaucoup à dire sur le personnage, nous nous pencherons ici sur une scène cruciale de l'intrigue, lorsque Van Helsing, qui tout au long du récit applique la règle « prudence est mère de sûreté », rassemble tout ce qu'il sait sur le ténébrion et le révèle au groupe de chasseurs réunis. Puisant dans le vaste réservoir de ses connaissances, Van Helsing décrit plusieurs caractéristiques d'ordinaire associées avec les vampires et les chasseurs de vampires qui ont traqué Dracula en suivant ses traces criminelles. Il parle donc d'ail, de crucifix, de décapitation, de confinement à la terre natale et d'hostie. Il poursuit en exposant ce qui constitue selon lui le cœur du problème :

> «Le vampire vit sans que le temps qui passe l'amène peu à peu à la mort ; il prospère aussi longtemps qu'il peut se nourrir du sang des vivants ; nous avons pu constater qu'il rajeunit, qu'il devient plus fort (…). Et son corps ne projette aucune ombre ; son image ne se réfléchit pas dans un miroir (…). D'autre part, il dispose d'une force extraordinaire (…). Il peut se changer en loup (…) ou en chauve-souris (…). Il peut s'approcher, entouré d'un brouillard que lui-même suscite (…). Le vampire apparaît en grains de poussière sur les rayons d'un clair de lune (…). Il peut se faire [si] petit (…), car il lui est donné (…) de sortir de n'importe quoi, d'entrer dans n'importe quoi, et de voir dans l'obscurité (…). Toutes les portes ne lui sont pas ouvertes ; il faut au préalable qu'on l'ait prié d'entrer (…). On dit aussi qu'il ne peut franchir des eaux vives qu'à marée haute ou lorsque la mer est étale. »

**CRIS ET HURLEMENTS**

Sorti en 2004, le film *Van Helsing* culmine en un combat final des plus intrigants quand Van Helsing (Hugh Jackman), doté de l'immortalité divine, découvre un moyen de détruire définitivement Dracula (Richard Roxburgh). Dans ce cas de figure, le buveur de sang d'une méchanceté exquise ne peut mourir que sous les crocs d'un loup-garou, un sortilège auquel Van Helsing consent afin de pouvoir mener la tâche à bien.

## Le démon et le saint

Au-delà de tous les ornements que le cinéma et la littérature de fiction ont ajoutés à la tradition vampirique, les fondements remontent tous à Bran Stoker, et à son héros érudit, Van Helsing. En fin de compte, c'est probablement le docteur Seward, son ancien étudiant, qui décrit le mieux son mentor en écrivant : *« (...) il a des nerfs inébranlables, un tempérament de fer, une volonté résolue et qui va toujours au but qu'elle s'est proposé, un empire admirable sur lui-même, et enfin une bonté sans limites, telles sont les qualités dont il est pourvu et qu'il met en pratique dans le noble travail qu'il accomplit pour le bien de l'humanité. »* C'est la description fidèle d'un véritable héros, mais aussi d'un individu capable de faire fi de sa rationalité pour sauver l'humanité d'un maléfice dont elle ne soupçonne même pas l'existence.

## MEURTRIERS DE PAPIER

Bien qu'Abraham Van Helsing soit devenu le chasseur de vampires par excellence, Stoker a certainement subi, durant la création de son personnage, l'influence du recueil de nouvelles de Sheridan Le Fanu, *Les Créatures du miroir*, paru 25 ans plus tôt en 1872 (voir chapitre 3). Il s'agit de cinq nouvelles portant sur des rencontres avec l'occulte, racontées sous forme de comptes rendus posthumes écrits par le docteur Hesselius, narrateur fictif de Le Fanu. *Carmilla* en fait partie et est considéré comme l'un des premiers contes vampiriques réellement influents, dans lequel Stoker est susceptible d'avoir largement tiré son inspiration. Les parallèles entre les deux personnages sont indéniables, et il est même possible que Stoker ait créé le nom de Van Helsing pour rendre un hommage allitératif au docteur Hesselius. Dans leurs exploits fictifs, Van Helsing et Hesselius font tous deux preuve d'une connaissance approfondie de l'occulte et de la même présence d'esprit devant les forces démoniaques. Van Helsing est très justement considéré comme le père de tous les chasseurs de vampires; de ce point de vue, le docteur Hesselius peut certainement être considéré comme leur parrain.

On peut aussi avancer l'idée que le général Spielsdorf a servi à créer le personnage de Van Helsing, puisqu'il devient chasseur de vampire dans *Carmilla*, après que sa nièce a été tuée par le démon. Il vérifie que Carmilla est bel et bien un vampire avant de se lancer à la recherche de son cadavre pour le décapiter. À la fin de la nouvelle, Spielsdorf apprend d'un bûcheron que le village de Karnstein a été abandonné après qu'une peste propagée par des revenants a fait de nombreux morts parmi les villageois. Les revenants ont été identifiés, exhumés et éliminés *« selon la coutume établie : c'est-à-dire qu'on les a décapités, transpercés d'un pieu, et brûlés »*. Il ne fait aucun doute que Le Fanu a étudié le folklore, car sa description est tout à fait en accord avec les récits folkloriques d'extermination des vampires. Mais ce n'est pas tout. Selon le bûcheron, comme les meurtres continuaient, un chasseur de vampires s'en est mêlé, *« un noble de Moravie qui passait par hasard dans la région. Il a entendu parler de la situation et comme il s'y connaissait dans ce genre d'affaires — comme beaucoup de gens de son pays, il a offert aux villageois de les débarrasser de leur persécuteur »*. Le chasseur a attendu de voir le soi-disant vampire sortir de sa tombe, après quoi il l'a entraîné jusqu'à la chapelle où il l'a décapité après une courte lutte. Pour finir, les villageois ont empalé le démon et l'ont réduit en cendres.

FOLKLORE FANTASTIQUE

Les auteurs de fiction d'horreur gothique ont sauté sur la dichotomie flagrante du vampire maléfique et rusé et du protagoniste d'une bonté intrinsèque, tout aussi rusé que lui, et plusieurs variations sur le thème ont paru au début du XXᵉ siècle sous forme de romans et de nouvelles. Sir Arthur Conan Doyle lui-même — Bram Stoker le connaissait vaguement — s'est commis en 1924 en lançant l'inestimable Sherlock Holmes contre les infâmes vampires dans la nouvelle *L'illustre client* qui fait partie du recueil *Les archives de Sherlock Holmes*.

## TU ME TUES !

Tout au long de son histoire, la tradition populaire sur le vampirisme, en particulier celle des régions slaves d'Europe de l'Est, a fait de nombreuses allusions à quelques rares individus qui possédaient le don mystérieux d'identifier et d'exterminer les individus soupçonnés de vampirisme. Bien que l'on croit généralement, surtout à notre époque relativement « informée », que ceux qui prétendent être capables de voir et de tuer les vampires ne sont que des charlatans désireux de faire un peu d'argent en tablant sur les peurs et l'ignorance de leurs voisins, on possède peu de preuves, anecdotiques ou autres, que c'était le cas.

La chasse aux vampires présente un aspect significatif : elle fournit peu de preuves tangibles que les efforts des chasseurs ont bel et bien été fructueux. Dans la tradition slave, on s'attendait rarement à ce que les chasseurs exterminent le vampire en pleine action ; en fait, presque tous les vampires allégués étaient exécutés alors qu'ils dormaient dans leur cercueil. Même s'il est physiologiquement impossible que les restes humains qu'on qualifie d'âmes perdues, errant sous la Lune à la recherche de collations nocturnes, ne soient rien d'autre qu'un amas de chairs en décomposition, il n'en reste pas moins qu'on faisait régulièrement appel aux services des chasseurs de vampires.

Comme on croyait que les vampires faisaient partie du quotidien et que les chasseurs de vampires pouvaient s'en charger, il s'ensuivait nécessairement une manifestation *quelconque*, que ce soit la disparition définitive de maladies étranges ou d'une épidémie, ou plus prosaïquement d'incidents tangibles comme des coups dans les murs, l'agitation bruyante du bétail qui s'énerve dans l'obscurité, ou toute autre forme de phénomène étrange.

**CRIS ET HURLEMENTS**

Le film *Lifeforce*, réalisé en 1985 par Tobe Hooper, met en vedette un trio de vampires de l'espace de forme humanoïde qui sucent les âmes plutôt que de s'embarrasser de sang et de crocs. Après avoir attaqué une navette spatiale, ils se rendent à Londres où ils déclenchent une peste de proportion épidémique. Mais le seul survivant de l'équipage de la navette spatiale se lance à leurs trousses et l'on découvre qu'on peut exterminer les monstres en leur transperçant la poitrine d'une lance ou d'une épée en plomb, au niveau d'un centre d'énergie situé juste sous le cœur.

La plupart des courants de la psychologie moderne ont tendance à attribuer ces passages à l'acte à différentes formes d'hystérie collective, citant les sinistres vampires de Medvegje dans les années 1720 en exemple. Les villageois apeurés commençaient à répandre des rumeurs qui ont eu pour conséquence que presque tous les événements ordinaires, mais inexplicables furent attribué aux œuvres des non-morts (voir chapitre 11). Le fait d'engager un chasseur de vampires professionnel pour qu'il enfonce un pieu dans le cadavre du suspect le plus probable, et d'ordinaire le plus récemment décédé, évacuait les peurs. Les bruits bizarres n'étaient plus que le son du vent, la vie reprenait son cours normal, et le chasseur pouvait se féliciter d'avoir accompli sa mission.

## Guérir les morts

Si l'on considère les puissants courants de ferveur religieuse, l'ignorance scientifique, l'analphabétisme et le dogme social de la culture naissante qui régnaient alors en Europe de l'Est, on a toutes les raisons de croire que le chasseur de vampires était l'équivalent d'un guérisseur. On pense que les anciens guérisseurs étaient en fait les ancêtres des chasseurs de vampires désignés comme tels, et qu'ils se chargeaient des mêmes tâches, pratiquement de la même façon. En se chargeant des étapes essentiellement troublantes du processus d'extermination — enfoncer le pieu dans les cadavres pourrissants avant de les décapiter et de les réduire en cendres —, le chasseur de vampires accomplissait une tâche généralement trop écœurante pour l'individu moyen. Par ailleurs, comme les rituels entourant l'extermination du cadavre d'un revenant épousaient les traditions locales, on devait les célébrer strictement dans les règles. Ce n'était pas une tâche pour le novice ou le non-initié; en ayant recours aux services d'un professionnel, c'était comme si l'on engageait une entreprise d'exterminateurs pour débarrasser son domicile d'une invasion de parasites.

## Relation symbiotique

Dans les cultures slaves, le chasseur de vampires était généralement «marqué» d'une façon quelconque pour bien se distinguer de ses congénères, le plus souvent parce qu'il était *sabotnik*, c'est-à-dire né un samedi, le jour traditionnel du sabbat juif, et une journée pleine de tabous. Bien que l'Église orthodoxe se soit distinguée très tôt du judaïsme en déclarant le dimanche jour du Seigneur, les tabous du samedi se sont gravés dans la tradition et répandus dans presque toute l'Europe de l'Est. En effet, la réputation des *sabotniks* était entachée par leur association avec les forces démoniaques, qui leur donnait par le fait même le pouvoir surnaturel de détecter le mal.

### Bouc émissaire

S'il était né de l'union charnelle d'une veuve et de son défunt mari devenu vampire, l'individu était pareillement «marqué» par le destin comme chasseur de vampires. Dans les régions, on surnommait ces semblables *glogove, vampirdzii, vuperari,* ou *vampirovici,* et on leur accordait à peu près les mêmes dons de détection et de destruction du mal qu'aux *sabotniks,* et pour les mêmes raisons : ils partageaient les pouvoirs surnaturels des non-morts.

Le concept de la naissance d'un *glogove,* enfant bâtard d'une femme et d'un «vampire», illustre un point important du folklore vampirique. Dans cette Europe de l'Est scientifiquement analphabète — et même à notre époque instruite —, il *fallait* une explication aux événements inexplicables pour calmer les populations anxieuses, étouffer l'hystérie dans l'œuf et maintenir la cohésion sociale. Dans cette culture, on s'attendait des femmes devenues veuves qu'elles restent chastes jusqu'au jour de leur remariage. La femme qui se retrouvait enceinte peu de temps après la mort de son mari ne disposait que d'une seule solution pour se défendre : blâmer son défunt visiblement devenu vampire, qui l'avait obligée à avoir des relations sexuelles. Au cours des âges, une certaine exigence culturelle a voulu que l'on traque et que l'on extermine les coupables de méfaits allégués; or, cette exigence a valu au chasseur de vampires lui aussi stigmatisé d'être le seul capable d'occuper une fonction déplaisante, mais nécessaire.

## MATÉRIEL DU CHASSEUR DE VAMPIRES

Un mystère toujours irrésolu et particulièrement intrigant du XXe siècle entoure la fabrication et la vente de trousses de chasseur de vampires attribuées au professeur Ernst Blomberg d'Allemagne. Les trousses comprenaient, entre autres, des anciens pistolets à percussion prétendument fabriqués à la fin du XIXe siècle par Nicholas Plomdeur, armurier de Liège, en Belgique. Quelques trousses ont refait surface récemment, et certaines se sont vendu des sommes incroyables ; ainsi, Sotheby's en a vendu une à 12 000 dollars, à l'encan, en 2003. Elle se composait d'un coffret en noyer fermé d'un couvercle à charnière, d'un pistolet ancien, de 10 balles d'argent, d'un pieu et d'un maillet en bois, d'un crucifix, d'un rosaire, de plusieurs petits contenants de poudre d'ail, et de différents vaccins antidémoniaques. L'authenticité des trousses du professeur Blomberg a récemment fait l'objet de plusieurs études. Elles n'ont donné que peu de résultats fiables, et encore moins de preuves tangibles de l'existence de leur créateur.

Cependant, certaines preuves anecdotiques indiquent que les trousses de chasseurs de vampires furent passablement populaires en Angleterre et dans l'ouest de l'Europe peu après la parution du roman de Stoker, en 1897. Elles étaient apparemment destinées aux voyageurs anxieux en route vers Europe de l'Est, mais avaient probablement plus fonction d'objet souvenir. Quoi qu'il en soit, la plupart étaient très bien faites, fort coûteuses et conçues pour les nantis ayant un penchant pour les curiosités de l'heure.

En Europe de l'Est, les premiers chasseurs de vampires se contentaient de pelles, d'un maillet et d'épieux en bois taillés à la main, ainsi que d'une hache pour décapiter le non-mort sans méfiance. Aujourd'hui, le chasseur de vampires qui se respecte ne voudra pour rien au monde sortir sans son arsenal d'armes de destruction vampirique. Cela dit, si vous planifiez d'embrasser la carrière d'assassin, vous devrez d'abord rassembler quelques articles obligatoires avant de combattre l'un des monstrueux enfants de la nuit, à savoir :

✝ **Boîte en bois :** de préférence en bois de frêne ou d'aubépine, avec une croix gravée sur le couvercle pour dissuader les vampires curieux de jeter un coup d'œil à l'intérieur.

✝ **Pieux :** à peu près n'importe quel pieu ou objet pointu et tranchant fera l'affaire, mais selon la tradition populaire, l'idéal est un bois dur — frêne, aubépine, genièvre, rosier rustique, aubépine commune ou nerprun. Dans certains cas, et selon le type de revenant, les pieux en argent pourront également vous être utiles.

✝ **Croix ou crucifix :** dans le même ordre d'idées, les croix et crucifix seront préférablement en bois de frêne ou d'aubépine, afin de paraître encore plus répugnants aux yeux des vampires. N'oubliez pas d'en apporter plusieurs — les chasseurs de vampires perdent *toujours* leur crucifix au moment le plus inopportun.

✝ **Eau bénite :** la plupart des chasseurs transportent leur eau bénite dans des flasques ou des ampoules. Nous vous suggérons le flacon pulvérisateur, ajusté pour projeter un jet continu de vitriol à vampires. Si rien ne fonctionne, demandez l'aide d'une équipe de pompiers officiellement bénie et balayez le buveur de sang d'un jet jusqu'en enfer.

✝ **Feu :** Les chasseurs traditionnels se servent généralement d'allumettes, de chandelles et de torches. Selon nous, quelques briquets au butane, ou même une petite lampe à souder, s'avéreront plus fiables — et dramatiques —, en supposant que vous ayez le temps d'attraper votre chalumeau à crème brûlée.

✝ **Miroirs :** répulsif éprouvé, du moins d'après le film de vampire. Il y a un mot à retenir ici : «incassable». On le sait, les vampires ont la réputation de briser les miroirs lorsqu'ils sont en colère. Vous voudrez donc un miroir indestructible, un peu plus grand qu'un miroir de poche, à moins que vous ne vous en serviez pour réfléchir le soleil et causer une brûlure de précision.

✝ **Ail :** les vampires détestent l'ail. Poudre d'ail, gousses d'ail, n'importe quoi à l'ail. Impossible d'en employer trop. En cas de pépin, vous pourriez même essayer un aérosol de cuisine antiadhésif parfumé à l'ail, mais il est peu probable qu'il empêchera Dracula de vous serrer de près.

✝ **Bible :** une autre nécessité. Menacer un vampire avec la sainte Bible tout en lui déballant quelques versets bien choisis est une tactique standard du chasseur de vampires traditionnel. Il faut juste espérer que ce ne soit pas un buveur de sang juif, hindou, bouddhiste ou athée.

✝ **Graines de moutarde ou de pavot :** dans la tradition, le vampire ne peut résister au besoin de compter les graines lorsqu'il en voit ; par conséquent, en lui en jetant une poignée au visage, vous devriez le tenir occupé quelques heures, ce qui devrait vous donner le temps d'allumer une lampe torche. En cas de pépin, essayez les graines de tournesol. On met des heures à les décortiquer avec des crocs.

Sachez ceci : ces articles constituent l'équipement de base du chasseur de vampires bien outillé. Rien de moins ne fera l'affaire face à un vampire en rogne, déterminé à vous saigner jusqu'à la dernière goutte. Et n'oubliez pas de nouer une écharpe autour de votre cou, pour protéger votre jugulaire qui battra probablement à un rythme délicieusement frénétique. Maintenant que vous êtes équipé, comment faire pour attraper un vampire ?

# COMMENT ON ATTRAPE UN VAMPIRE

Dans le film de Wes Craven sorti en 2000, *Dracula 2000*, Van Helsing (Christopher Plummer) imagine un piège innovateur pour capturer Dracula (Gerard Butler) en appliquant les fondements de l'art. Il attire le vampire démoniaque dans une ruelle obscure de Londres avant de disparaître dans l'embrasure d'une porte. Dracula, qui tente de le suivre, s'arrête un moment, conscient qu'il y a anguille sous roche. C'est alors que Van Helsing réapparaît dans son champ de vision. Tendant le bras pour s'en saisir, Dracula découvre qu'il se tient en fait devant un miroir. Comme il ne peut voir son reflet, il comprend que Van Helsing est derrière lui. Celui-ci abaisse sur-le-champ des grilles de fer autour du monstre, dessinant par le fait même une cellule de prison autour de lui. Astucieux, non ?

### Capturer un ténébrion

Règle générale, la meilleure manière de capturer un vampire consiste à le coincer de façon à pouvoir l'exposer à la lumière du soleil, le réduire en cendres, ou même le noyer, comme on le fait au Dracula de Christopher Lee dans *Dracula, prince des ténèbres*. Le secret consiste à utiliser les armes que vous avez sous la main ou l'ingénuité qui vous vient spontanément dans le feu de l'action. Ainsi, dans le *Dracula* de 1979, le dernier affrontement a lieu dans la cale d'un navire, ce qui permet à Van Helsing d'entortiller le monstre dans un filin et de le hisser au haut du mât pour que les rayons du soleil le carbonise. Le scénario de *Dracula 2000* emploie un stratagème semblable :

Mary Van Helsing enroule un câble autour du cou de Dracula et tombe avec lui du toit d'un édifice. Une fois en bas, elle voit Dracula (alias Judas Iscariote), suspendu à l'édifice, être réduit en cendres par le soleil levant.

Comme l'ail, la sorbe d'Europe, communément appelé « sorbier », a la réputation de repousser les non-morts. On emploie son bois dans la fabrication des croix, ainsi que dans les cimetières pour tenir les vampires à distance. Par ailleurs, on soupçonne les individus qui évitent d'approcher cette essence forestière d'être des vampires.

### Personnaliser l'appât

La forme habituelle de destruction réservée à de nombreux vampires de la littérature de fiction et du cinéma, surtout dans les films classiques, consiste à surprendre le monstre au repos et à lui enfoncer un pieu dans le cœur. On ne peut pas toujours mener l'affaire aussi rondement avec les vampires d'aujourd'hui. À l'instar de n'importe quel chasseur, soldat ou champion aux échecs, le chasseur de vampires doit saisir ce concept essentiel : il faut évaluer les faiblesses de son adversaire et s'en servir à son avantage. Dans le cas d'un nosferatu de science-fiction, il faudra peut-être une souche génétiquement modifiée et automutagène d'Ebola intergalactique. Pour le guerrier-fauve humoriste, cela voudra peut-être dire se déguiser en Bozo le clown et l'asperger d'eau bénite à l'aide d'un fusil à eau. Pour l'incarnation folklorique, vous devrez peut-être réanimer son prédateur naturel. Mais quelle que soit la situation, on peut affirmer sans crainte de se tromper qu'il n'y a pas de règles établies quand il est question d'éliminer l'un de ces vils hémoglobinomanes. Le mieux à faire, c'est de commencer par les outils de base et de voir ce qui fonctionne au fur et à mesure.

## LE VAMPIRE DE HIGHGATE

Dans le domaine de la chasse au vampire contemporain, on rencontre quelques cas où le coupable n'est pas un odieux tueur en série obsédé par le sang, ni un meurtrier qui se sert du vampirisme pour déguiser ses crimes sordides. Bien que le chasseur de vampires soit aujourd'hui une curiosité, comparé aux tueurs de jadis présents partout en Europe de l'Est, une chasse notoire s'est déroulée dans le cimetière de Highgate, à Londres, en 1970. Il n'y avait pas un seul chasseur intrépide dans la course, mais deux « tueurs de vampires » qui s'étaient déjà maintes fois affrontés pour régler le phénomène. D'ailleurs, les deux combattants de cette croisade mortelle, sinon comique, contre les forces du mal, David Farrant et Sean Manchester, défendent toujours vigoureusement leur position plus de 30 ans après les événements.

## Monstrueuses conséquences

On commença à rapporter des incidents étranges au cimetière de Highgate dès le début des années 1920 ; en effet, des témoins rapportèrent avoir vu une énorme créature semblable à une chauve-souris près du cimetière. D'après ce qu'on raconte, la police aperçut la créature en enquêtant par la suite sur les lieux et la chassa. Peu après, plusieurs blessés ayant recours à un médecin pour des morsures au cou, les rumeurs de vampires s'enflammèrent et continuèrent de se répandre dans les décennies qui suivirent. Au début des années 1960, plusieurs témoins rapportèrent avoir aperçu un vampire dans le cimetière, décrivant même des fantômes en lévitation et des corps sortant de leur tombe. La rumeur croissant en même temps que l'attention des médias, le cimetière de Highgate attira en 1969 l'attention d'un groupe d'occultistes en quête de sensations fortes, parmi lesquels David Farrant et Sean Manchester qui pénétrèrent dans le cimetière pour déterminer les origines de la créature vampirique.

FOLKLORE
FANTASTIQUE

Chacun de leur côté, Sean Manchester et David Farrant ont créé une industrie artisanale à la suite de leurs « rencontres » respectives avec les vampires et ont écrit plusieurs livres décrivant leurs exploits. De leur propre aveu, chasseurs et spécialistes de la question, le duo poursuit encore aujourd'hui dans le même registre la querelle mélodramatique qui leur a d'abord valu l'attention du public.

## Lisez toute l'histoire!

Les prises de bec verbales de Farrant et Manchester s'avérèrent irrésistibles pour les médias britanniques en quête de manchettes; aussi, lorsque Manchester annonça son intention d'aller chasser le vampire à la mi-mars 1970, les médias réalisèrent tout de suite des entrevues filmées avec les deux hommes. En quelques heures, une horde de curieux envahit le cimetière, escaladant les murs et les portails verrouillés pour voir de leurs yeux un des célèbres «vampires». Inquiets, les policiers réussirent finalement à vider le cimetière de ces voyeurs, mais un sort historique avait été jeté et le cimetière de Highgate venait de prendre sa place dans le folklore vampirique.

Enhardi par tout ce cirque, Farrant fut arrêté plusieurs mois après cet incident à l'intérieur du cimetière, armé d'un crucifix, d'un maillet et d'un pieu en bois. Bien qu'acquitté des charges de violation de propriété, il attira de nouveau l'attention des médias en raison de son arrestation. Pour sa part, Manchester avoua qu'il avait lui aussi visité le cimetière et affirma avoir découvert les restes d'un vampire. Cependant, un ami le persuada de laisser tomber l'affaire. Des années plus tard, Manchester devait annoncer qu'il avait découvert le cadavre du même vampire à l'intérieur d'une maison voisine abandonnée.

# VAMPIROLOGUES RÉPUTÉS

Au fil des siècles, un grand nombre d'érudits, d'historiens, de chroniqueurs, d'experts et de folkloristes se sont spécialisés dans l'étude des vampires et des revenants. Certains ont consacré leur vie à apprendre et à répandre tout ce qu'il y a à savoir sur les vampires et à en discuter en fondant leurs opinions et leurs études sur le corpus, de la tradition populaire aux comptes rendus de vampirisme allégué, en passant par les tueurs en série et les pratiques fétichistes actuelles du sang. Plusieurs parmi ces mordus ont contribué à faire connaître les légendes palpitantes sur les revenants suceurs de sang, mais quelques-uns ont mis leur réputation en jeu en nous offrant un point de vue plus étoffé sur le sujet: Parmi ces derniers :

✞ **Leo Allatius :** au milieu du XVIIᵉ siècle, l'érudit catholique grec Leo Allatius fut parmi les premiers historiens à faire le lien dans ses écrits entre les vampires et l'histoire grecque. Son œuvre est l'une des premières preuves que l'Église catholique acceptait l'existence des vampires.

✞ **Guiseppe Davanzati :** en réponse aux vagues d'hystérie qui déferlaient sur l'Europe, l'archevêque italien Guiseppe Davanzati publia, en 1744, un traité influent dénonçant le phénomène vampirique comme une hystérie et une affabulation. Il devint l'autorité incontestée en la matière, tant dans l'Église catholique que partout en Europe.

✞ **Dom Augustin Calmet :** en 1746, dom Calmet, moine bénédictin français, fut l'un des premiers clercs à écrire sur le vampirisme et son lien avec les sorcières et les démons, dans son traité sur les vampires et les revenants, ajoutant ainsi un élément de foi en faveur de leur existence.

✞ **Franz Hartmann :** au début du XXᵉ siècle, Franz Hartmann, médecin allemand renommé et occultiste, rédigea et distribua à grande échelle des comptes rendus soi-disant véridiques sur des incidents vampiriques. Hartmann est à l'origine de la notion de *vampirisme psychique*, selon laquelle les vampires ne boivent pas de sang humain, mais se nourrissent de leur énergie et de leur force vitale (voir chapitre 19).

✞ **Montague Summers :** aucune liste de vampirologues ne saurait être complète sans Montague Summers. En dépit de sa renommée en tant que spécialiste et auteur respecté de plusieurs études sur les vampires, Summers s'est surtout fait connaître pour son excentricité et ses opinions tranchées depuis ses débuts en 1928. De nos jours, on s'entend pour dire qu'il a souvent remplacé la recherche rigoureuse par des inventions fantaisistes.

✞ **Raymond McNally et Radu Florescu :** duo dynamique du vampirisme, McNally et Florescu ont recherché les origines du *Dracula* de Stoker et formulé la première théorie généralement acceptée selon laquelle *Dracula* est essentiellement basé sur les exploits de Vlad Dracula, théorie contestée depuis sa présentation en 1972. McNally est aussi l'auteur de *Dracula Was a Woman : In Search of the Blood Countess of Transylvania*, dans lequel il explore les mythes, les faits et les horreurs attribués à Erzébet Bathóry, meurtrière sanguinaire notoire (voir chapitre 11).

✝ **Elizabeth Miller :** professeure à l'université de Terre-Neuve, Miller est internationalement reconnue comme l'une des premières spécialistes de Vlad Dracula, de Bram Stoker et son roman *Dracula*, ainsi que de l'histoire et du folklore vampiriques. Elle a écrit des douzaines d'articles et six ouvrages fort respectés, dont *Dracula*, *The Shade and the Shadow*, *Reflections on Dracula*, *Dracula, Sense & Nonsense*, et *A Dracula Handbook*.

## LE BAISER DE LA MORT

L'étude du monde des chasseurs de vampires et des vampirologues nous conduit à la question des « véritables » vampires et de leurs exploits. Comme on pourrait s'y attendre, le sujet nous fait retourner un millénaire en arrière, alors que les faits, la fiction et, à n'en pas douter, la science vampirique n'avaient pas encore scellé le cercueil légendaire. Cependant, cela n'a pas empêché certains individus de faire appel aux revenants du folklore et aux exploits authentiques de quelques assassins parmi les plus sadiques et les plus assoiffés de sang de l'histoire.

# Chapitre 11

# Chat échaudé
# craint l'eau froide

**A**u fil des siècles, on a rédigé de nombreux comptes rendus sur des rencontres alléguées avec des vampires. Bien que dans la majorité des cas, ce soit du matériel dont on fait les légendes, quelques incidents documentés ont acquis une certaine renommée en raison de leur mystère et de l'hystérie qu'ils ont engendrée dans les populations. Les croyances religieuses, les superstitions, ou tout simplement la peur, ont contribué à donner à ces récits une forme d'immortalité. Dans ce chapitre, nous étudierons quelques vampires parmi les plus connus, ainsi que la suite des événements ayant mené à leur décès prématuré… et à leur renaissance dans le monde des non-morts.

# LES CHRONIQUES DE WILLIAM DE NEWBURG

William de Newburg a rédigé une chronique minutieuse de l'histoire anglaise entre 1066 et 1175. Il est généralement considéré comme la plus exacte des sources historiques du XII<sup>e</sup> siècle, puisqu'il a produit son ouvrage fort respecté, *History of English Affairs*, vers la fin de sa vie en 1198. Newburgh était un homme d'une grande constance, bien qu'assez pompeux, dans sa détermination de rapporter avec exactitude les événements historiques. Il dénonça avec vigueur les historiens qui se fiaient à la mythologie et aux rumeurs dans leurs ouvrages pour éduquer le public instruit. Au vu de son dévouement inébranlable envers l'exactitude historique, il est intéressant de noter que Newburgh a inclus dans son œuvre maîtresse une série d'événements qui, selon lui, lui ont été rapportés par des sources fiables. Ces comptes rendus sur l'existence de revenants — littéralement, de morts-vivants — comptent parmi les rares récits de la littérature anglaise à avoir été rédigés par un historien réputé.

## Les vampires de Buckhinghamshire et de Berwick

Le premier compte rendu de Newburgh concerne un cas survenu dans le comté de Buckinghamshire : un homme récemment décédé retourna dans le lit de sa veuve et se coucha sur elle, l'écrasant sous son poids. Elle réussit à lui échapper, mais l'homme se mit à terroriser le reste de sa famille et ses voisins durant plusieurs jours. Après avoir reçu des plaintes insistantes, l'évêque Hugh de Lincoln, qui devait plus tard être sanctifié par l'Église d'Angleterre, envoya une absolution manuscrite à placer sur le cadavre. Apparemment, la cure religieuse fonctionna et le cadavre en goguette cessa de tourmenter les villageois.

Par la suite, on rapporta qu'un autre homme connu pour sa vaste fortune et son tempérament malveillant, décédé dans la ville de Berwick à la pointe nord de l'Angleterre, s'était mis à sortir de sa tombe pour errer à travers les rues la nuit, une troupe de chiens furieux à ses trousses. Il suffit de quelques jours aux citadins paniqués pour résoudre cette question gangreneuse ; ils déterrèrent le cadavre de jour, tandis qu'il « dormait », et le réduisirent en cendres.

### Le clerc vampire de l'abbaye de Melrose

L'un des récits les plus étonnants à parvenir aux oreilles de William de Newburgh fut celui d'un chapelain employé par une dame de la noblesse, près de l'abbaye de Melrose en Écosse. De son vivant, le clerc avait essentiellement délaissé ses devoirs religieux, préférant passer ses journées à chasser à cheval avec ses chiens. Peu de temps après son trépas, il se mit à apparaître à l'abbaye, mais ses tentatives pour entrer furent déjouées par la sainteté des lieux. Bientôt, il apparut dans les appartements de la dame qu'il avait négligé de servir comme membre du clergé et se mit à la tourmenter par ses cris d'angoisse.

Effrayée, la dame se tourna vers l'abbaye et supplia un moine de haut rang de la délivrer des terreurs nocturnes que lui infligeait le cadavre. Celui-ci jura de monter la garde sur la tombe du moine. D'après le récit, le cadavre sortit de sa tombe et attaqua le moine paniqué qui répondit par quelques coups de la hache qu'il avait apportée. La créature vaincue revint vers sa tombe qui s'ouvrit pour l'accueillir et se referma derrière elle. Le lendemain, les moines retournèrent ensemble au cimetière pour exhumer le cadavre turbulent et le brûler. En exhumant le corps, ils virent avec horreur qu'il portait les traces des plaies causées par la hache et qu'une flaque de sang allait grandissant dans le cercueil.

**AMUSE-GUEULE MORDANT**

Les Vikings norvégiens avaient aussi des légendes sur leurs non-morts, les draugar, formes humaines des marins perdus en mer et morts sans sépulture. Le draug (au singulier) errait sur les rivages de la Norvège, en cherchant à se venger sur toute personne qui avait le malheur de croiser son chemin. La marine royale norvégienne a honoré cette légende en manufacturant une classe de destroyers Draug, d'abord construits en 1908 comme chasseurs de sous-marins.

### Le vampire d'Alnwick

Le dernier vampire à être cité dans les chroniques de William de Newburgh est appelé le «vampire d'Alnwick»; de son vivant déjà, il avait la sinistre réputation d'un homme cruel et malveillant. La dernière nuit de sa vie terrestre, cette âme perdue grimpa sur le toit de sa maison pour espionner sa femme par la fenêtre de leur chambre à coucher, car il espérait apparemment la surprendre en pleine aventure extraconjugale. Il glissa du toit, tomba sur le sol et mourut le lendemain dans d'atroces souffrances.

Peu de temps après son enterrement, les habitants d'Alnwick se mirent à rapporter qu'ils avaient eu l'horrible vision de son cadavre errant à travers les rues. Presque en même temps, une épidémie de peste se déclara, et le nombre de morts croissant, un sentiment grandissant de panique envahit la ville. Le revenant fut jugé responsable de la maladie et son cadavre, hideusement engorgé de sang et de bile noire, réduit en cendres. Coïncidence? L'épidémie prit fin, ce qui fut considéré comme la preuve qu'un non-mort, un damné, s'en était bel et bien pris aux gens d'Alnwick.

# ERZÉBET BATHÓRY

Depuis l'aube de l'humanité, il y a eu — et il y aura toujours — des assassins sadiques dont les motivations et les tendances profondes ont fourni aux scientifiques, aux érudits, aux psychologues, aux médecins et aux historiens assez d'analyses, de spéculations, de preuves et d'études pour remplir la bibliothèque d'Alexandrie au moins 1000 fois. En raison de leurs penchants horribles et innommables, certains de ces assassins sont possédés par une obsession inextinguible pour le sang. Et pourtant, une femme du XVIe siècle ressort parmi tous ces déviants en raison de sa folie, de son sadisme et du nombre de vies qu'elle a détruites pour satisfaire son épouvantable hédonisme. Bien que les comptes rendus de ses crimes varient selon les spécialistes, la majorité s'entend pour dire que son obsession sanguinaire fait partie de la légende vampirique, par ailleurs entachée par le fait peu glorieux de son existence réelle, ce qui n'est pas le cas de plusieurs monstrueux vampires allégués. En effet, la comtesse Erzébet «Elizabeth» Bathóry, aussi connue sous le nom de « comtesse sanglante » ou « dame sanglante », naquit au sein de la royauté hongroise en 1560.

## Assassinats en famille...

On dit qu'Erzébet était d'une grande beauté, et l'histoire prétend que sa malveillance pourrait venir des crises qui l'ont accablée lorsqu'elle était enfant, peut-être des crises d'épilepsie. Cependant, elle descendait d'une famille qui comptait plusieurs malades mentaux, et certains de ses proches avaient la réputation de pratiquer la sorcellerie, l'alchimie et le satanisme. Cette vilenie se perpétua lorsqu'elle épousa le comte Ferencz Nádasdy à l'âge de 15 ans. L'époux d'Erzébet ayant des antécédents génétiques aussi pathologiques que les siens, il partagea volontiers ses méthodes de tortionnaire, et le couple fit de leur château et de leurs autres résidences des temples de la souffrance et de la torture. Les tortures étaient généralement administrées à de pauvres jeunes servantes ; on raconte que le comte les laissait dehors, attachées et couvertes de miel, pour qu'elles soient piquées par les insectes. En hiver, une de ses pratiques favorites consistait à laisser des filles nues à la merci des éléments et à les inonder d'eau jusqu'à ce qu'elles se transforment en blocs de glace. La passion de Bathóry pour le sang et la torture était telle qu'elle pratiquait toutes sortes d'arts surnaturels et que le rythme de ses meurtres s'accéléra bien après la mort de son mari en 1604 et son retrait de la vie mondaine dans l'un de ses domaines en Hongrie.

**CRIS ET HURLEMENTS**

*Ghost Hunters International*, la populaire série télévisée de la chaîne Sci Fi qui explore les sites prétendument hantés à travers le monde, a visité les ruines du château de Čachtice dans un épisode diffusé le 18 août 2008. Plusieurs visiteurs affirment avoir perçu la présence de Bathóry au château, mais l'équipe de GHI a été incapable de rassembler des preuves de phénomènes paranormaux.

À l'époque, l'aristocratie était la classe dominante ; le traitement brutal et le meurtre des classes inférieures étaient des pratiques courantes qui ne suscitaient aucune réaction dans cette caste. C'est en partie ce qui facilita le carnage de Bathóry, car peu d'individus auraient osé s'opposer à elle encore moins exposer ses tendances au risque d'y perdre leur vie, et ce, en dépit du fait que durant plusieurs années, un nombre indéterminé de femmes et d'enfants de sexe féminin s'étaient tout simplement volatilisés. On sait d'après les écrits et les hypothèses des experts, les comptes rendus de l'époque et les procès très publicisés de la comtesse que les tortures étaient tellement extrêmes qu'elles sont impossibles à croire, même comparées aux normes actuelles. Le diable n'aurait pas ménagé ses éloges devant les motivations sanguinaires de la comtesse, l'effet que le sang avait sur sa beauté et sa mine, et l'allégresse qui s'emparait d'elle quand elle torturait les jeunes filles et les regardait mourir.

## Curieuse et cruelle

Les infortunées victimes de Bathóry et de ses complices subirent des souffrances inimaginables. Elles furent mordues et certaines parties de leur corps furent coupées avec des ciseaux ou «réarrangées»; leurs tortionnaires leur brisèrent les os, les brûlèrent avec des tisonniers, les saignèrent, firent griller leur chair qu'ils consommèrent ou qu'ils les forcèrent à manger, et les battirent jusqu'à ce que la mort finisse par les délivrer. On a souvent écrit que Bathóry se baignait dans le sang de ses victimes afin de préserver sa jeunesse et sa vitalité, mais comme ce fait n'a jamais été mentionné dans les notes de son procès, il ne peut être établi avec certitude. Ce qui paraît évident cependant, c'est la soif insatiable de sang, la cruauté, le sadisme et la nature bestiale et primaire de la comtesse, représentative du plus dangereux des prédateurs.

## Le prix de l'immortalité

Tous les tueurs en série en viennent à se sentir arrogants et invincibles du fait qu'ils échappent à la capture. Bathóry ne fit pas exception à la règle; toutefois, elle finit par commettre une erreur de jugement en délaissant les paysannes des classes inférieures et en concentrant ses efforts sur les filles de certains nobles, sous prétexte de leur enseigner les bonnes manières… à sa façon. Son plan se retourna contre elle, et en 1609, la dame sanglante fut enfin arrêtée. On força l'entrée de son domaine; après la découverte de victimes mortes, torturées et à l'agonie, et de plusieurs jeunes filles emprisonnées, les pratiques détestables de la Bathóry devinrent horriblement évidentes.

Deux procès eurent lieu dans un effort pour condamner ou blanchir la comtesse; victimes et complices livrèrent des témoignages détaillés, crus et sanglants des tortures et des meurtres. Les estimations varient entre 80 victimes, le nombre officiellement enregistré par la cour, et 650 — un chiffre impensable — si l'on en croit ce que la Bathóry elle-même a écrit. Si c'est vrai, le nombre dépasse l'entendement. La comtesse clama son innocence et déclara que les filles étaient mortes de toutes sortes de malaises et de maladies. Ses affirmations n'eurent guère de poids. Elle fut jugée coupable et mourut plus de trois ans après, apparemment toujours isolée dans les appartements murés de son château, Hannibal Lecter médiéval qui commettrait encore ses crimes aujourd'hui si elle était de fait immortelle.

# HENRY MORE

Éminent collaborateur dans l'étude de la métaphysique et membre des *Platoniciens de Cambridge*, assemblée de philosophes de l'Université de Cambridge qui défia le dogme puritain et fit la promotion de l'idée d'une relation harmonieuse entre la religion et la rationalité, Henry More est l'auteur prolifique de nombreux traités de philosophie. Citons *An Antidote Against Atheism*, qu'il rédigea en 1653, à l'âge de 39 ans, dans lequel il aborde le sujet des fantômes, des sorcières et, bien entendu, des revenants et des vampires. Depuis les travaux reconnus de William de Newburgh, aucun écrivain anglais d'importance n'avait essayé d'écrire l'histoire du monde malodorant des non-morts; l'ouvrage de More fut donc un ajout influent en leur hommage. Les personnages vampiriques documentés par Henry More brossent un portrait intrigant des ténébrions maléfiques qui souillaient l'air de la nuit aux premiers siècles de l'histoire anglaise.

### Le cordonnier de Breslau

En 1590, More rapporta un incident sordide impliquant les non-morts dans la personne d'un cordonnier de la ville de Breslau en Basse-Silésie, une région de la Pologne. Le cordonnier avait violé la loi religieuse en se tranchant la gorge. D'après ce qu'on raconte, les membres de sa famille lavèrent le corps constellé de sang et dissimulèrent la blessure sous un linceul dans un effort pour convaincre le prêtre que l'homme était décédé de mort naturelle. On enterra le cordonnier selon le rite chrétien, mais la rumeur de son suicide commença bientôt à se répandre, et sous la pression de l'Église, la famille confessa qu'il s'était bel et bien donné la mort.

Pendant que les clercs réfléchissaient à cette situation contradictoire — un suicidé reposant en terre consacrée, contrairement à la loi de l'Église —, le cadavre sortit de sa tombe et se mit à terroriser la population de la ville. Il hanta la ville plusieurs mois, jusqu'à ce que les autorités religieuses ordonnent que le cordonnier soit exhumé et exposé durant six jours. Malgré cela, le cadavre entêté continua de harasser la population de nuit. Dans un effort pour le réduire à merci, on finit par l'enterrer dans une tombe anonyme sous le gibet.

Après un autre mois de vociférations et de tapage nocturne dans les rues de la ville, les habitants et les autorités en avaient plus qu'assez. Exhumant de nouveau le cadavre, ils lui coupèrent cette fois les bras, les jambes, la tête et le cœur, dont on rapporte qu'il était « frais et entier comme celui d'un veau qui vient d'être tué ». Le cadavre démembré fut ensuite réduit en cendres et l'âme du cordonnier surnommé « le vampire de Breslau » put enfin connaître la paix.

**AMUSE-GUEULE MORDANT**

Aujourd'hui, le terme *poltergeist* est inextricablement lié au titre de la trilogie de films du même nom ayant remporté un succès phénoménal dans les années 1980, dans laquelle des esprits apparemment espiègles deviennent progressivement malveillants. Le terme *poltergeist* vient de l'allemand *poltern*, « gronder », et *geist*, « esprit fantomatique ». Les turbulences nocturnes engendrées par les âmes perdues qui errent ici-bas en provoquant des bouleversements matériels sont l'œuvre des poltergeists, et les non-morts à tendance vampirique font partie de ce club.

### Le vampire de Pentsch

Un autre récit historique relaté par Henry More concerne la réapparition morbide d'un conseiller municipal dans la ville polonaise de Pentsch, aussi en Silésie. En 1655, un cheval rua dans les parties génitales du conseiller municipal Johannes Cuntius (parfois écrit Cuntze) qui mourut après des jours de souffrances et de plaintes à propos de sa vie de mécréant. Alors qu'il était sur son lit de mort, on raconte qu'un chat noir entra dans la pièce et lui griffa le visage — un très mauvais présage. Après son enterrement, la ville de Pentsch se vit bouleversée par de mauvais tours pendables qui rappelaient les manifestations poltergeist. Les habitants étaient victimes de visites violentes, les vieillards de tentatives d'étranglement et l'on entendit aussi des récits horribles de bébés battus à mort.

Terrifiés, les villageois exhumèrent les cadavres de leurs plus récents trépassés afin de les examiner. Ils constatèrent qu'ils s'étaient tous décomposés, à l'exception du conseiller municipal. On raconte que sa peau était «souple et rougeaude» et que «lorsqu'on lui mit un bâton dans la main, il l'agrippa solidement». Après près de six mois dans son cercueil, le cadavre toujours «frais» de Cuntius fut brûlé, ce qui mit un terme aux tourments causés par ses escapades de vampire maléfique.

# PETER PLOGOJOWITZ

Le nom de Peter Plogojowitz ne rappellera rien au lecteur moyen, mais si vous êtes un amateur de vampires, vous connaissez probablement ce paysan serbe, le plus célèbre vampire de la tradition populaire. L'intérêt particulier du cas Plogojowitz est l'excellente documentation recueillie sur cette histoire sordide, même si elle s'est déroulée dans le village serbe de Kisilova en 1725. Dans son livre *Vampire, Burials, and Death*, l'écrivain bien connu Paul Barber fait quelques observations objectives et fort astucieuses à propos des méfaits de Plogojowitz, des réactions des autorités et de l'hystérie potentielle de toute une population villageoise. Mais d'abord, voici le récit des événements survenus en 1725, qui ont valu à un infortuné paysan une notoriété posthume.

### Le visiteur de minuit

En 1725, Peter Plogojowitz, en tout état de fait un homme moyen que rien ne distinguait des autres, mourut et fut enterré dans le district de Rahm à Kisilova. Un peu plus d'une semaine après son décès, neuf villageois de différents âges furent frappés par une maladie mystérieuse impliquant une perte de sang dans certains cas. Tous décédèrent en moins de 24 heures. La femme de Plogojowitz affirma que son défunt bien-aimé lui avait rendu visite afin de lui demander une paire de chaussures (certains comptes rendus rapportent qu'il rendit visite à son fils pour lui demander à manger plusieurs fois et qu'en refusant finalement de nourrir son cher vieux papa, le fils signa son arrêt de mort.) Cela corroborait les témoignages — avant leur décès — des personnes tombées malades qui avaient expliqué que Plogojowitz ne leur avait pas simplement rendu visite, il avait essayé de les étrangler.

AMUSE-GUEULE
MORDANT

Par définition, la *décomposition* est le processus de pourrissement d'un cadavre ou d'une autre forme de matière organique. En matière de vampires folkloriques et d'autres types de cadavres, on prêtait peu d'attention, pas plus qu'on ne réfléchissait, au fait que l'enflure, les gaz et la pression des fluides internes étaient à l'origine des grognements terrifiants et du sang qui giclait lorsqu'on transperçait un cadavre d'un pieu.

Comme c'est généralement la procédure dans de telles situations, on exhuma le cadavre de Plogojowitz pour vérifier s'il portait les marques caractéristiques du vampire : absence de décomposition, teint frais, ongles et cheveux ayant visiblement poussé, et présence de sang frais. Avec la coopération des autorités et du personnel militaire, le pauvre homme fut donc exhumé, et selon les comptes rendus, il affichait bel et bien les signes caractéristiques d'un vampire. Une partie de son épiderme avait desquamé et la nouvelle peau était visible en-dessous, sa chevelure et ses ongles avaient poussé, il y avait du sang près de sa bouche, et il semblait relativement intact. On ne sera pas surpris d'apprendre que son apparence engendra la panique et la colère.

### Une décision mortellement grave

Les autorités (le «proviseur impérial», selon Paul Barber) du district et l'ecclésiastique qui avaient supervisé l'exhumation se virent confrontés à une population qui prit l'affaire en main — littéralement. On enfonça un pieu dans le cœur de Plogojowitz, et l'on rapporta que du sang frais était sorti de sa poitrine, de sa bouche et de ses oreilles. On mit promptement le feu au cadavre du pauvre homme afin de le réduire en cendres. Naturellement, son état exigea qu'on exhume toutes ses victimes et qu'on prenne des mesures pour s'assurer qu'elles reposeraient en paix, en leur bourrant, par exemple, la bouche d'ail.

Bien que les versions varient selon le spécialiste qui l'analyse, Paul Barber souligne les cohérences et les incohérences typiques de ce genre d'épidémie vampirique. La première parmi elles est celle que nous avons déjà abordée au chapitre 7, à savoir qu'il est typique que la première victime d'un fléau ou d'une épidémie soit blâmée pour cette manifestation et son cadavre d'ordinaire détruit. Barber souligne un autre point commun, à savoir que les victimes se plaignent souvent de suffocation ; or, dans le cas de Plogojowitz, les personnes tombées malades s'en étaient plaintes. Par contre, la présence de sang frais plutôt que coagulé est absurde. À moins que le cadavre se soit nourri un peu plus tôt, le sang aurait certainement eu le temps de coaguler et de sécher.

# ARNOD PAOLE

Deux ans après le cas Plogojowitz, un autre incident se produisit qui devint encore plus célèbre, en partie en raison de *Visum et Repertum* (traduit soit par «Vu et entendu» ou «Vu et découvert»), un rapport très consulté que le chirurgien militaire autrichien Johannes Flückinger publia et présenta à l'empereur d'Autriche en 1732. Dans son rapport, Flückinger affirme que les vampires existent bel et bien ; il se concentre sur une épidémie vampirique ayant eu lieu en Serbie, où le premier vampire allégué était un soldat serbe du nom d'Arnod Paole (aussi appelé «Arnold Paul»). Bien que les versions diffèrent, on raconte qu'en 1727, Paole rentra chez lui à Medvejge (aussi épelé Medvegia), un village situé dans la banlieue de Belgrade. On rapporte que Paole parla lui-même du vampire qu'il avait rencontré lorsqu'il était en garnison en Grèce, alors appelée «Serbie turque» (d'autres versions décrivent cet incident comme un rêve de Paole). Le *Repertum* affirme que Paole «avait mangé de la terre provenant de la tombe du vampire et s'était maculé du sang du vampire, de manière à se libérer de l'affront qu'il avait subi». Malheureusement pour l'ex-soldat, sa «cure» se révéla futile; apparemment, il raconta cette histoire à dormir debout à tout le village — une initiative qui semblait inoffensive, mais qui allait signer son trépas.

FOLKLORE FANTASTIQUE

Au chapitre 7, nous avons examiné la création des vampires; or, Arnod Paole est l'exemple parfait du vampire que la tradition populaire accuse d'avoir propagé une peste vampirique, surtout au vu de la condition de son cadavre. Le plus intéressant est qu'ayant enquêté sur la mort et la destruction de Paole plus de cinq ans *après* les faits, Johannes Flückinger a fondé son rapport sur les témoignages des villageois et leurs souvenirs des événements.

## Piquetage

Peu de temps après son retour, Paole tomba d'une charrette de foin et mourut. Un mois après son enterrement, les villageois déclarèrent qu'Arnod Paole n'allait pas passer paisiblement dans l'Au-delà. En fait, il troublait le village et on l'accusait déjà de quatre meurtres. Comme dans le cas Plogojowitz, ces accusations suffirent pour qu'on exhume Paole afin de vérifier si son cadavre portait les marques du vampire. On procéda 40 jours après son enterrement. Encore une fois, on détecta facilement les caractéristiques du ténébrion par excellence, décrites par la tradition populaire. Selon le *Repertum*, les villageois découvrirent que Paole était «assez intact et pas encore décomposé, que du sang frais avait coulé de ses yeux, de son nez, de sa bouche et de ses oreilles; que sa chemise, son linceul et l'intérieur du cercueil étaient ensanglantés, que les ongles de ses mains et de ses pieds, ainsi que sa peau, étaient tombés, et avaient été remplacés par de nouveaux ongles et de la nouvelle peau. Comme c'est la coutume, on enfonça un pieu dans le cœur de Paole qui «grogna de façon audible et saigna abondamment». Maintenant qu'il avait cessé de donner la frousse à la population avec son ultime veillée mortuaire, on le réduisit en cendres.

### Les vampires de Medvejge

Alors que la crémation avait réglé le problème posé par Plogojowitz, il en alla tout autrement avec Paole. La panique engendrée par son vampirisme allégué et son exhumation subséquente, ainsi que l'authentification et la destruction en chaîne des victimes qu'il avait vampirisées, valurent à ces dernières le titre douteux de «vampires de Medvejge». Après l'élimination de Paole, la logique voulait qu'on fasse de même avec les cadavres de ses quatre victimes. Or, l'affaire ne s'arrêta pas là. Plusieurs présumèrent que Paole s'était nourri en saignant le bétail des environs ; comme les villageois mangeaient leurs bêtes, ils étaient *aussi* infectés et en danger de devenir vampires. Le *Repertum* affirme qu'en moins de 3 mois, 17 personnes moururent des suites d'une maladie ayant duré 2 ou 3 jours. L'une des victimes accusa même un villageois décédé de l'avoir attaquée. Coïncidence ? Allons donc ! Comme on pouvait s'y attendre, tous ces malheureux trépassés furent exhumés. Le rapport de Flückinger est très détaillé en ce qui concerne l'état de chaque cadavre, qui présentait une condition semblable par bien des côtés à celle de Paole, avec certaines caractéristiques que nous attribuerions peut-être aujourd'hui à un cas de décomposition typique… ou peut-être pas. Les cadavres décomposés furent enterrés de nouveau, mais la majorité des vampires de Medvejge furent sommairement décapités et brûlés, et leurs cendres éparpillées au-dessus du fleuve.

# LE VAMPIRE DE CROGLIN GRANGE

En raison de la notoriété significative qu'elle s'est attirée au fil des siècles, principalement à la suite de la controverse qu'elle a suscitée, nous serions négligents si nous ne mentionnions pas la légende du vampire de Croglin Grange. Cette histoire horriblement palpitante et intrigante, mettant en scène une créature démoniaque assoiffée de sang, fut racontée à la fin du XIXe siècle par Augustus Hare, dans ses mémoires succinctement intitulés *The Story of*

*My Life*. Hare tient le récit du capitaine Fisher, propriétaire d'un cottage à la campagne appelé «Groglin Grange», dans le comté de Cumberland en Angleterre. Les Fisher avaient loué la maison à deux frères et à une sœur, extrêmement populaires tant auprès des pauvres que des nantis de la collectivité. Un soir d'été, la jeune femme se retira dans sa chambre, mais fut incapable de trouver le sommeil en raison de la chaleur torride. Jetant un coup d'œil par la fenêtre, elle remarqua au loin deux lueurs étranges qui s'approchèrent de plus en plus et se transformèrent en une créature horrible, avec «un hideux visage brun et des yeux flamboyants». La créature dévisageait la jeune femme à travers la fenêtre et essaya d'entrer. Elle y parvint et attaqua la pauvre jeune femme, lui infligeant à la gorge une terrible blessure qui faillit bien la tuer. Un des frères vit la créature s'enfuir et pénétrer dans un cimetière des environs.

Concluant que la «créature» était un aliéné échappé de l'asile, les trois jeunes gens partirent récupérer en Suisse. Ils finirent par rentrer, mais plusieurs mois après leur retour, la créature réapparut à la fenêtre de la jeune femme. Cette fois, ses frères étaient prêts. L'un d'eux lui tira une balle dans la jambe alors qu'elle s'enfuyait vers le cimetière jouxtant l'église. Le lendemain, quelques personnes du voisinage se rendirent au cimetière pour ouvrir un vieux caveau; ils vidèrent les cercueils jusqu'à ce qu'ils trouvent la créature qu'ils décrivirent comme étant «brune, flétrie, ratatinée et momifiée». Elle avait une blessure par balle à la jambe. Fidèles à la tradition, ils la réduisirent en cendres.

Bien que beaucoup plus dramatique et terrifiant dans son édition originale, le récit de Hare suscita une véritable panique; en même temps, il fut descendu en flammes par les critiques qui jugèrent que l'incident n'était que pure fiction. Ce n'est qu'au début du XX<sup>e</sup> siècle que quelques âmes intrépides se mirent en devoir — de manière plutôt amusante — de découvrir la vérité et de se discréditer mutuellement, à commencer par Charles G. Harper. En 1924, s'étant rendu dans le comté de Cumberland, Harper découvrit qu'il y avait à Croglin une salle haute et une salle basse, mais pas d'église à plus d'un kilomètre à la ronde. Dans les années 1930, F. Clive-Ross décida de discréditer Harper et en vint à la conclusion qu'il y avait déjà eu une chapelle à proximité de la salle basse.

Trois décennies plus tard, en 1968, D. Scott Rogo proposa un point de vue inédit en suggérant que l'intrigue de Hare imitait celle de *Varney the Vampyre*, le roman à quatre sous de James Malcolm Rymer, publié en 1847. Cependant, Rogo eut une grande révélation en discutant avec les villageois de Croglin : l'incident rapporté par Hare avait eu lieu 2 fois, dans les années 1680 et à la fin du XIX$^e$ siècle ! Et, juste au cas où la situation n'aurait pas encore assez rappelé un Peyton Place d'érudits, le célèbre écrivain Lionel Fanthorpe a récemment découvert à la suite de ses recherches la preuve qu'un caveau situé à proximité de Groglin Grange a été détruit durant le règne de Cromwell, confirmant ainsi que l'incident s'est bien produit au XVII$^e$ siècle. Quoi qu'il en soit, l'existence du vampire reste invérifiable.

## SOUVENIRS INCISIFS

Nul doute que les légendes et les récits concernant les vampires allégués comme Erzébet Bathóry, Peter Plogojowitz, Arnod Paole et les autres monstres dont nous avons parlé, occupent une place significative, sinon douteuse, dans le temple de la renommée — ou de la notoriété, c'est selon — vampirique. Dans le prochain chapitre, nous approfondirons notre étude des déviants dont les exploits criminels vampiriques ont semé la panique dans les populations contemporaines et dont les actions restent à ce jour incompréhensibles dans leur férocité et leur passion sanguinaire.

# Chapitre 12

# CRIMES VAMPIRIQUES

AU COURS DE L'HISTOIRE, de nombreux criminels ont commis ou tenté de commettre des meurtres en saignant leurs victimes ou en buvant leur sang. Certains croyaient vraiment être des vampires; d'autres recherchaient l'excitation du sang pour assouvir une pulsion. Les vampires de Londres, de Hanovre et de Düsseldorf font partie des tueurs en série notoires qui ont saigné leurs victimes pour boire leur sang et satisfaire leur soif meurtrière. Ces assassins ont-ils agi ainsi parce qu'ils se prenaient vraiment pour des vampires? La question est discutable, mais il est certain que leurs méthodes criminelles s'inspiraient du folklore sur les vampires.

# Premiers crimes vampiriques

Il y a beaucoup à dire sur la nature des crimes commis par les individus qui se prenaient pour une raison ou une autre pour des vampires, affirmaient avoir été influencés par eux ou se servaient du vampirisme pour justifier leur sadisme, leurs tortures et leurs meurtres horrifiants. Au fil des siècles, en particulier à notre époque, les experts de tout poil — spécialistes, érudits, historiens et professionnels du domaine juridique et psychiatrique — ont analysé la personnalité et les actions de ces psychopathes, émis des hypothèses, discuté de leurs comportements et écrit sur le sujet. Ils n'ont pu fournir de réponse précise pour expliquer ce qui pousse un individu à souiller un de ses semblables au nom du sang. Par contre, leurs nombreuses études ont permis de cerner certaines motivations communes aux vampires criminels.

## Gilles de Rais

L'aristocrate français Gilles de Rais, qui a eu le privilège insigne de combattre au côté de Jeanne d'Arc, est l'auteur d'une série d'exsanguinations, de tortures et de meurtres — incluant des aveux de vampirisme sadique — parmi les plus scandaleux et les plus choquants des premières manifestations de ce genre en Europe. En 1435, après avoir hérité d'une fortune, de Rais quitta l'armée à l'âge de 31 ans et se retira dans ses terres où il vécut somptueusement. Il plongea dans l'occulte et le satanisme et se lança dans une horrible campagne meurtrière, assassinant pas moins de 50, et plus vraisemblablement plus de 100, jeunes garçons dans des cérémonies sacrificielles sanglantes de conception hideuse.

En 1440, de Rais fut traîné devant la justice française, à la suite d'une enquête ecclésiastique qui avait fait la preuve de sa dépravation. Le monstre fut forcé de confesser les détails de ses crimes, d'ailleurs si répugnants que le magistrat ordonna qu'on raye du procès-verbal la majorité de ses révélations bouleversantes. Le public fut outragé et horrifié en entendant parler du procès et des récits sordides de cannibalisme, d'ingestion de sang et de perversions sexuelles monstrueuses. L'aristocrate sadique fut déclaré coupable et pendu, mais son infâme barbarie lui a valu une sinistre réputation de vampire vivant avec une propension inhumaine pour la mutilation.

### Vicomte de Morière

Au XVIIIe siècle, le sol français fut de nouveau le théâtre d'atroces crimes vampiriques. Ayant échappé de justesse à la vague de rébellion qui déferla durant la Révolution française et précipita la chute de la noblesse de France, le vicomte de Morière exerça sa propre forme de vengeance à la fin du conflit en 1799, en exécutant arbitrairement plusieurs des paysans qui travaillaient sur ses terres. Ses meurtres capricieux finirent par signer sa perte et il fut assassiné. Cependant, peu de temps après son enterrement, plusieurs enfants se mirent à mourir mystérieusement dans une série d'incidents qui dura pendant 72 ans.

On emploie le terme *hématomane* pour désigner l'individu psychologiquement obsédé par le sang. Parmi les «vampires» contemporains, certains affirment souffrir de cette forme de soif sanguinaire érotique qui, selon plusieurs, aurait des origines plus psychologiques que médicales, contrairement à l'hémophilie. On pourra donc avancer que Gilles de Rais et la comtesse Erzébet Bathóry étaient affligés d'une forme d'hématomanie déclenchée par des désordres psychologiques patents.

Au début des années 1870, le petit-fils du vicomte enquêta sur les rumeurs qui grandissaient selon lequel son grand-père était le vampire responsable de la mort des enfants. Lorsqu'on ouvrit le caveau familial, le vicomte apparut aussi frais que le jour de son enterrement, la peau douce et rosée, les ongles très longs. On raconte que lorsqu'on lui enfonça un pieu dans le cœur, le cadavre fit entendre un grognement guttural, tandis que le sang jaillissait de la blessure. Le petit-fils de Morière compléta le rituel en faisant réduire le cadavre de son grand-père en cendres. Comme preuve que les restes du vampire étaient bel et bien la cause de plusieurs décennies de crimes maléfiques, les décès mystérieux des enfants aux environs du domaine cessèrent.

# REVENDIQUER LE TITRE

Comme toujours quand il est question d'histoire et de criminalité, on retrouve pour chaque crime commis un certain nombre de versions divergentes. L'affaire devient plus nébuleuse encore quand le vampirisme entre en jeu, et encore davantage lorsqu'il s'y ajoute des incidents de cannibalisme, de nécrophilie, de sorcellerie et de lycanthropie. Au chapitre 11, nous avons parlé d'Erzébet Bathóry, tortionnaire maléfique presque toujours présente dans les donjons du royaume vampirique. Hélas! Elle n'était pas seule dans sa soif sanguinaire, sa folie et ses assassinats. Beaucoup de sadiques, de cannibales, de nécrophiles et de tortionnaires que le sang et son ingestion ne rebutaient pas, ont foulé le sol de notre planète; parmi eux, les plus abominables étaient le tristement célèbre marquis de Sade (le mot « sadique » vient de son patronyme), le monstre de Rostov Andreï Tchikatilo, Jeffrey Dahmer et Ted Bundy.

Un grand nombre de cas documentés de crimes vampiriques a fait surface au cours du XIXe et du XXe siècle; par exemple, le Français Martin Dumollard, exécuté en 1861 après avoir été trouvé coupable du meurtre de plusieurs jeunes filles dont il buvait le sang, et Salvatore Agron, un jeune New-yorkais de 16 ans qui se prétendait vampire, s'affublait d'un costume de vampire et poignarda aléatoirement deux jeunes garçons en 1959. En général, la plupart des cas de vampirisme allégué sont associés à une variété de troubles psychologiques et comportementaux : absence de remords, promiscuité, domination, mauvais traitements durant l'enfance, et toutes formes de perversions et de ruses qui faciliteront la réalisation de crimes sanglants. Bien que des douzaines de cas se réclament du vampirisme, quelques-uns se démarquent de l'ensemble en raison de leur nature étrange.

C'est ainsi que Joseph Vacher, un citoyen français de Bourges, entreprit de faire le tour du pays à pied. Chemin faisant, il assassina une douzaine d'individus en les mordant dans le cou et en buvant leur sang. Il fut jugé coupable et exécuté en 1897. De son côté, le baron russe Roman von Sternberg-Ungren ne fut pas condamné, ni même accusé de meurtre en 1920, même s'il était notoire qu'il buvait du sang humain contre le gré de ses victimes, apparemment motivé par l'idée qu'il était la réincarnation de Gengis Khan. Il perdit la protection des autorités à la faveur d'un changement de régime et fut finalement exécuté. Quant à Florencio Roque Fernandez, un Argentin, il fut identifié, en 1960, par 15 femmes qui l'accusèrent d'agression dans leur chambre à coucher afin de boire leur sang.

James Riva croyait que l'ingestion de sang lui procurerait la vie éternelle. Il affirmait aussi entendre la voix d'un vampire. En 1980, il assassina par balle sa grand-mère confinée dans une chaise roulante et but son sang. En 1998, Joshua Rudiger, un résident d'Oakland, en Californie, qui se prétendait vampire, devint « le vampire au couteau », en s'attaquant aux sans-abris dont il tranchait la gorge avec un couteau. Il blessa ainsi trois hommes et tua une femme à San Francisco. Selon ce que les médias ont rapporté, Rudiger disait de ses meurtres qu'« une proie est une proie ». Il croyait être un vampire âgé de 2000 ans et avoir besoin de sang pour « obtenir de la vitalité ».

**FOLKLORE FANTASTIQUE**

Le soldat Bela Kiss, qui vivait en Hongrie au début du XXe siècle, avait une très vilaine habitude. Cependant, ce n'est qu'après sa mort alléguée durant la Première Guerre mondiale que ses crimes horrifiants furent découverts. Les officiers de l'armée découvrirent les cadavres de plusieurs personnes disparues, dont la femme de Kiss et sa maîtresse, dissimulés dans plus de 19 barils de métal. Les victimes avaient été étranglées, elles arboraient des marques de morsure dans le cou et avaient toutes été vidées de leur sang.

## LE VAMPIRE DE LONDRES

En mars 1949, le *London Mirror* publia une série d'articles intitulés *Hunt for the Vampire*, sur la disparition de plusieurs résidents du quartier et l'arrestation de l'homme soupçonné de les avoir tués. Le suspect s'appelait John George Haigh ; peu de temps après son arrestation, il avoua avoir assassiné six personnes et dissous leurs restes dans de l'acide afin de dissimuler la preuve de ses meurtres. Il affirma être motivé par une compulsion sanguinaire ; ses aveux brossèrent de lui le portrait d'un malade mental ayant tout simplement cédé à ses pulsions. Mais doutant de sa version, les autorités laissèrent l'affaire se régler en cour lors d'un procès sensationnel, sinon épouvantable, qui valut à Haigh le surnom de «vampire de Londres».

## Emmuré

John Haigh naquit en 1909, à Wakefield, en Angleterre. Ses parents étaient membres de l'Assemblée des Frères de Plymouth qui pratiquaient un isolement social extrême. Les parents fondamentalistes de Haigh le marquèrent profondément avec l'image du Christ ensanglanté sur la croix et l'idée de la grâce salvatrice du sang — une image qui hanterait ses rêves et deviendrait le cauchemar de ses victimes. Haigh vécut une enfance pleine de restrictions; il était le plus souvent confiné à la maison familiale, entourée d'une clôture de trois mètres de haut pour l'isoler du monde extérieur.

Il mena une vie sans histoires durant des années, jusqu'à l'âge de 40 ans et son déménagement à South Kensington. Un jour, il déclara à une amie intime d'Olive Durand-Deacon que la femme de 69 ans ne s'était pas présentée à leur rendez-vous d'affaires et qu'il ne l'avait pas vue depuis une journée. Haig accompagna la dame au poste de police où elle fit une déposition; mais une fois que les policiers de Scotland Yard eurent le rapport en main, ils découvrirent très vite que Haigh avait un casier judiciaire impressionnant pour vol, fraude et contrefaçon. Tandis que Haigh, en homme bien élevé, exprimait calmement son inquiétude pour le bien-être d'Olive, la police enquêtait sur son entreprise où il conduisait ce qu'il appelait des «expériences». En fouillant les lieux, la police trouva des contenants d'acide sulfurique, un tablier taché de produits chimiques, des gants et des bottes en caoutchouc, un masque à gaz, ainsi que des cuves remplies de «sédiments».

## Billet pour l'échafaud

Haigh fut finalement arrêté après avoir essayé de mettre des bijoux en gage au mont-de-piété. Le marchand soupçonneux apporta les bijoux à la police qui les identifia comme étant ceux d'Olive Durand-Deacon. Lors de son interrogatoire, Haigh étonna les détectives en leur demandant quelles étaient les chances qu'on l'enferme à l'asile pour psychopathes de Broadmoor. Croyant avoir découvert une échappatoire dans le système juridique, Haigh était fermement convaincu qu'on ne pourrait le juger en l'absence d'un cadavre pour preuve. Il avoua donc avoir assassiné Olive Durand-Deacon et avoir dissous son corps dans l'acide. En donnant les détails épouvantables du meurtre et de la dissolution du cadavre dans l'acide, Haigh fit preuve d'une telle assurance qu'il avoua également avoir assassiné huit autres personnes selon la même technique. Il affirma qu'il était obligé de tuer pour survivre et qu'il avait tranché la gorge de ses victimes afin de boire leur sang.

**FOLKLORE FANTASTIQUE**

Les six personnes assassinées par Richard Trenton Chase, le «vampire de Sacramento», ont péri parce qu'il nourrissait l'illusion qu'il lui fallait absolument boire leur sang, se baigner dedans *et* manger leurs organes crus pour éviter que les nazis ne transforment son sang en poudre. Chase était tellement convaincu de sa théorie nazie qu'il a demandé un pistolet radar au célèbre profileur Robert Ressler. En effet, il croyait qu'il pourrait descendre les ovnis des nazis et forcer *ces derniers* à être jugés pour ses crimes. Condamné à la prison à vie, en 1980, Chase se suicida dans sa cellule avec une surdose d'antidépresseurs qui lui avaient été prescrits.

La sensation médiatique précédant le procès de Haigh fut pure hystérie, et l'assassin se délecta des descriptions qui faisaient de lui un vampire assoiffé de sang. Haigh se croyait intouchable et au-dessus de la loi. Il était certain qu'en l'absence de preuves matérielles, il serait acquitté ou enfermé dans un hôpital psychiatrique dont il serait un jour libéré. Il avait tort sur toute la ligne. L'examen médico-légal des «sédiments» trouvés sur son lieu de travail révéla les dentiers intacts d'Olive Durand-Deacon. On découvrit aussi son tube de rouge à lèvres et son manteau taché de sang, ainsi que du sang sur des couteaux, sur les murs et la manche de la chemise de Haigh. L'équipe de psychiatres, y compris ceux de la défense, établit que le prévenu était assurément paranoïaque, mais qu'il simulait la folie. Cependant, tous s'entendirent pour dire que sa monstrueuse fascination pour le sang avait commencé dans l'enfance, avec les visions du Christ ensanglanté. Le jury mit 12 minutes pour le juger coupable de meurtre. John Haigh le « vampire » fut condamné à être pendu haut et court, le 6 août 1949.

**FOLKLORE FANTASTIQUE**

Le dernier contact de John Haigh avec la gloire — douteuse — fut d'accéder à la demande de madame Tussaud qui fit son masque funéraire avant qu'il soit pendu, ironiquement un an avant son décès à elle. Enchanté de la requête, le tueur en série accepta avec plaisir ; il choisit même un costume dans sa garde-robe pour vêtir le personnage en cire à son effigie que madame Tussaud devait installer dans son musée des horreurs.

## LE VAMPIRE DE HANOVRE

Durant les années de dévastation qui suivirent la Première Guerre mondiale en Allemagne, la ville de Hanovre fut le terrain de chasse de Fritz Haarmann, l'un des tueurs obsessionnels vampiriques les plus sinistres de tous les temps. Il faudrait des années avant que l'on découvre que le monstre avait commis ses crimes sordides au nez et à la barbe des policiers. La première indication de la boucherie de Haarmann échoua sur les berges du fleuve Leine, le 17 mai 1924. Un nombre grandissant d'os et de crânes humains furent progressivement découverts, échoués sur les berges du fleuve qui traverse la ville. Ces découvertes macabres coïncidèrent avec la rumeur grandissante que quelqu'un vendait de la chair humaine sur le marché noir, alors florissant. Ce fut un tollé général et le public réclama que les autorités mettent la main sur la bête brutale qui jonchait la ville de restes humains.

### Une union sulfureuse

Âgé de 41 ans, Fritz Haarmann faisait partie des nombreux criminels sexuels « réinsérés » qui traînaient dans les rues de Hanovre. En 1920, il avait fait neuf mois de prison pour avoir molesté un jeune garçon. Les détectives l'avaient arrêté pour ce crime, en 1918, en le prenant sur le fait, au lit avec le jeune garçon, alors qu'ils recherchaient un jeune disparu. À leur grande horreur, ils devaient apprendre des années plus tard que la tête de l'enfant recherché était sur les lieux, enveloppée dans un journal et cachée derrière le poêle.

À sa sortie de prison, Haarmann retrouva son amant, un jeune et beau prostitué masculin nommé Hans Grans. Très vite, ils devinrent des inséparables fort connus du monde de la rue. Autrefois vagabond sans abri, Haarmann avait été interné un certain temps dans une institution psychiatrique à la fin de son adolescence. En dépit de son passé trouble, il acquit, comme son partenaire, la réputation d'être un gentilhomme élégant et respectable qui gagnait décemment sa vie en vendant des vêtements et de la viande sur le marché noir, devenu une source vitale d'approvisionnement dans la ville ravagée par la guerre, où les vivres étaient rares. À l'insu de la population, Haarmann arrondissait ses fins de mois en étant informateur pour la police. On ignorait également que les deux « respectables » gentilshommes formaient un couple d'une monstruosité inouïe.

## Croissance interrompue

On devait apprendre plus tard que Haarmann s'était servi de ses connaissances du fonctionnement de la police pour se faire passer pour un détective à la gare ferroviaire de Hanovre. Il accostait de jeunes fugueurs et les obligeait à l'accompagner chez lui en les terrorisant. En d'autres occasions, il leur offrait du travail ou un abri pour mieux les entraîner à leur perte. Mais cette ruse causa finalement sa ruine quand il se laissa entraîner en juin 1924 dans une violente altercation avec un adolescent de 15 ans, attirant ainsi l'attention de l'agent de police de la gare. Effrayé par l'intervention des forces de l'ordre, Haarmann clama que le garçon voyageait avec de faux papiers, dans un effort désespéré pour éviter d'être arrêté.

Sa tentative de diversion échoua ; il fut traîné au commissariat avec le garçon pour être interrogé. L'adolescent accusa Haarmann de l'avoir harassé sexuellement, piquant la curiosité des détectives qui tentait de résoudre le mystère sordide des découvertes écœurantes qui avaient été faites sur les berges du fleuve. En fouillant la résidence de Haarmann, ils découvrirent des monceaux de vêtements et de biens que l'on devait par la suite identifier comme ayant appartenu à la liste grandissante des jeunes disparus. La nouvelle des découvertes se répandit et entraîna avec elle un flot de preuves, des témoins rapportant avoir vu Haarmann entraîner certaines victimes hors de la gare ferroviaire et des vêtements appartenant à des victimes, que Haarmann avait vendus à des acheteurs sans méfiance, ayant été identifiés.

**FOLKLORE FANTASTIQUE**

> En 2007, le conseil du tourisme de Hanovre a causé tout un émoi en publiant le calendrier de l'avent, décompte de la période de 24 jours qui sépare le 1er décembre de la nativité, le 24. Illustré de caricatures, le calendrier dépeint Fritz Haarmann armé d'une hache, à l'affût derrière un arbre, en train d'espionner le père Noël qui remet des cadeaux à des enfants. Le tumulte est allé croissant, surtout lorsqu'on a appris que ces calendriers sont traditionnellement conçus pour les enfants. L'impression initiale de 20 000 exemplaires devait durer jusqu'à Noël, mais avant la fin novembre, tout était vendu.

## Attention au boucher

À la suite d'un interrogatoire soutenu, Haarmann finit par craquer et avoua ses crimes répugnants. Il fit faire aux policiers une visite macabre de la ville, afin de leur montrer les endroits où il s'était débarrassé des os et des crânes de ses victimes. Il décrivit avec un luxe de détails horrifiants la méthodologie abominable qui présidait à son carnage psychotique. Il persuadait les garçons de venir chez lui, puis il les réduisait à merci et les violait, avant de leur arracher la trachée avec ses dents. Après avoir dévêtu ses victimes, il lavait et préparait leurs vêtements pour la vente, puis décapitait les cadavres et faisait boucherie, empaquetant soigneusement et froidement leur chair pour la vendre en la faisant passer pour du porc. Il devint monstrueusement évident que le fonds de commerce de Harrmann sur le marché noir de la viande et des vêtements était constitué des restes et des biens de ses victimes.

Lors du procès sensationnel du « vampire de Hanovre » qui captura l'imagination de tout le pays, Haarmann se défendit lui-même et essaya d'impliquer son jeune amant Hans Grans dans les meurtres. Le jury condamna Haarmann pour le meurtre de 24 garçons et jugea Grans coupable d'avoir attiré un des malheureux adolescents dans l'antre de dépravation de son amant. Dans toute cette histoire, le plus triste reste que le nombre de victimes retrouvées ne représente qu'une fraction du nombre inconnu d'innocents avec lesquels Haarmann a littéralement fait boucherie durant cinq ans. En avril 1925, Haarmann paya pour ses crimes : il fut guillotiné à la prison de Hanovre, où un bourreau le décapita à son tour, ironie finale de la justice.

FOLKLORE FANTASTIQUE

Comme Hans Grans était le compagnon de vie de Fritz Haarmann, il est indubitable qu'il a eu parfaitement conscience du massacre des douzaines de victimes et a sans doute aidé à nettoyer les traces de cette boucherie humaine. Après l'exécution de Haarman, Grans a été envoyé en prison où il est resté 12 ans pour avoir participé à ces cauchemars éveillés. Il a vécu le reste de sa vie dans l'anonymat ; on rapporte qu'il est mort sans tambour ni trompette en 1980.

## LE VAMPIRE DE DÜSSELDORF

L'histoire documentée du XX$^e$ siècle présente peu de sadiques pathologiques assoiffés de sang comparables à Peter Kürten, auteur d'un saccage abominable en Allemagne. C'est seulement après sa capture et ses aveux, en 1930, que le monde choqué devait apprendre que le règne de terreur de Kürten avait duré 17 sanglantes années, en commençant par le meurtre mystérieux de la petite Christine Klein, en 1913, à Köln en Allemagne. Jusqu'à ce que Kürten soit capturé, on savait seulement que la fillette de 10 ans avait été attaquée dans son lit par un mystérieux prédateur qui lui avait tranché la gorge avant de la violer. Ce ne serait pas la première fois que l'assassin laisserait derrière lui sa carte de visite, un mouchoir portant ses initiales de vampire monstrueux : « P. K. »

Il n'y avait qu'un seul suspect dans le meurtre de la fillette : son oncle Otto qui s'était violemment querellé avec le père de Christine, Peter Klein, parce que ce dernier lui avait refusé un prêt d'argent. Otto ayant menacé de se venger, les autorités avaient prétendu qu'il avait volé le mouchoir de Peter et l'avait délibérément laissé près du cadavre de l'enfant en guise de moquerie macabre. Des années plus tard, Kürten devait raconter que quelques jours après le meurtre, il s'était rendu dans un café près de la scène du crime et qu'il avait écouté en jubilant les propos outragés des gens du quartier sur l'enfant assassinée et son présumé meurtrier. Bien qu'il n'y ait eu aucune preuve contre Otto, on le traîna en cour où il fut rapidement acquitté. L'excitation du scandale et du soupçon rejeté sur Otto stimula les pulsions sadiques de Kürten, comme quand il avait bu le sang giclant de la gorge tranchée de la fillette.

**CRIS ET HURLEMENTS**

Comme c'est le cas pour la majorité des psychopathes, l'aliénation de Peter Kürten a inspiré plusieurs cinéastes, dont Fritz Lang, qui a tourné le chef-d'œuvre *M*, mettant en vedette Peter Lorre, en 1931. En 1965, on a aussi tourné en France *Le vampire de Düsseldorf*, avec Robert Hossein. En 1973, le cas de Fritz Haarmann a aussi servi de prémisse au film allemand intitulé *Die Zärtlichkeit der Wölfe*, *La tendresse des loups*.

### Le ramasseur d'animaux

Né en 1883, Peter Kürten grandit dans la pauvreté, dans un logement d'une seule pièce où il fut témoin des viols et des violences répétés que son père alcoolique et violent faisait subir à sa mère et à ses sœurs. Durant la même période, il fut exposé à encore plus d'anormalités lorsqu'un ramasseur d'animaux dégénéré s'en fit un ami et lui montra comment torturer et tuer les chiens qu'il capturait, activité à laquelle un esprit de cet âge n'aurait jamais dû être exposé. Grâce à cette relation tordue, les deux individus forgèrent un lien qui devait cimenter le destin dépravé de Kürten.

### Plaisir solitaire

Selon Kürten, il tua pour la première fois à l'aube de son adolescence, alors qu'il se baignait avec des compagnons de classe dans le Rhin. En jouant autour d'un radeau, Kürten maintint l'un des garçons sous l'eau jusqu'à ce qu'il se noie. L'ami qui tenta d'intervenir subit le même sort. À partir de ce moment, Kürten se mit à attaquer des moutons et à les sodomiser tout en les poignardant avec un couteau. Cette frénésie de plaisir sexuel et d'assauts sanglants sur des créatures sans défense enflamma ses passions jusqu'à des sommets d'atrocité inimaginables. Après s'être enfui de la maison à l'âge de 16 ans, Kürten survécut en commettant de petits larcins et commença la série ahurissante de 27 séjours de courte durée qu'il devait faire en prison.

Après l'un de ces séjours, Kürten rencontra et, fait ahurissant, épousa, en 1921, une femme qui ne savait rien de ses perversions. Il commença à travailler dans une manufacture d'Altenburg, s'engagea activement dans le syndicalisme et maîtrisa ses pulsions sadiques durant plusieurs années. Cependant, la situation changea lorsque le couple emménagea à Düsseldorf. Kürten confia qu'au moment de son retour, le coucher du soleil était d'un rouge sanglant et qu'il avait interprété cette vision comme le signal que Düsseldorf serait l'endroit idéal pour accomplir son destin meurtrier.

## Le chant du cygne

Kürten réussit à maîtriser son horrible soif vampirique durant quatre ans, bien qu'il ait commis de petits vols et allumé des incendies pour lesquels il ne fut jamais appréhendé. Cependant, il craqua en 1929 et se lança dans un carnage monstrueux, attaquant furieusement des douzaines de femmes, d'hommes et d'enfants, allant même jusqu'à inonder les cadavres d'essence avant d'y mettre le feu. Le nombre de morts augmentant progressivement, la ville de Düsseldorf fut bientôt paralysée d'indignation, d'épouvante et de dégoût. Finalement, Kürten fut capturé après avoir attiré une jeune femme du nom de Maria Budlick chez lui en l'absence de sa femme et lui avoir demandé s'il pouvait «l'avoir». La jeune femme chanceuse eut la vie sauve en acceptant — c'était la seule à avoir jamais agit ainsi. Étonnamment, Kürten la laissa partir. Trop effrayée pour informer les autorités, Budlick écrivit une lettre à une amie et lui décrivit l'incident. Cependant, sa lettre fut envoyée par erreur à une femme du nom de Frau Brückner, qui avertit immédiatement la police.

Après avoir été interrogé, Kürten comprit qu'il serait au pire accusé de viol, mais il comprit aussi qu'une enquête plus approfondie révèlerait ses liens avec l'homme que la presse avait surnommé « le vampire de Düsseldorf ». Même s'il niait avoir mal agi, Kürten prit l'étonnante décision de tout avouer à sa femme, de façon qu'elle puisse le rapporter aux autorités et toucher la substantielle récompense promise. La femme de Kürten rencontra les autorités en mai 1930, et il fut arrêté sur-le-champ. Même s'il avoua avoir assassiné 79 hommes, femmes et enfants, il ne fut jugé que pour 9 meurtres. L'étendue de sa soif obsessive fut publicisée avec zèle, tandis qu'il décrivait avec force détails les douzaines de meurtres horrifiants et sanglants qui restent presque inconcevables encore aujourd'hui. De son propre aveu, Kürten allait souvent marcher la nuit autour du lac qui s'étend dans un parc de la ville. En 1930, durant l'une de ces excursions, il surprit un cygne endormi sur le rivage. Comme preuve de sa soif de sang excessive, Kürten s'empara de l'oiseau, lui trancha la gorge et but le sang qui giclait de son cou, ce qui le soulagea sexuellement.

Complètement assommé, le jury condamna Kürten après avoir délibéré moins de deux heures. Le vampire de Düsseldorf fut guillotiné le 2 juillet 1932, et sa dernière requête fut de demander à entendre le sang qui giclerait de son cou, une fois sa tête coupée. À l'instar de la monstruosité de son existence presque incompréhensible, la dernière requête de Kürten restera à jamais un mystère pour les vivants.

## VAMPIRES DÉCHAÎNÉS

Comme nous l'avons vu en étudiant les cas, tant « réels » qu'allégués, de crimes vampiriques commis au cours de l'histoire, le mortel axé sur le vampirisme ne reculera devant rien, ou presque, pour satisfaire sa soif de sang. Dans le prochain chapitre, nous étudierons les vampires d'une autre catégorie, c'est-à-dire les monstres nés de l'imagination de douzaines d'auteurs qui ont transformé les vampires du folklore en créatures surnaturelles qui vont de l'incroyablement horrifiant au romantique sans espoir, en passant par l'éternellement drôle.

# Chapitre 13

# Littérature vampirique

AU FIL DES DÉCENNIES, LA COMMUNAUTÉ littéraire a exploité le vampire dans toute sa gloire surnaturelle, à l'instar du monde du cinéma. De ses débuts à nos jours, la littérature sur les vampires a connu des myriades de résurrections, les buveurs de sang empruntant toutes les formes et envahissant tous les genres, du feuilleton dérivé des séries télévisées aux comédies, en passant par les westerns, le gothique, l'amour romantique actuel et l'horreur historique. Plongez dans l'un de ces merveilleux romans et vous serez rapidement transporté à une autre époque et dans un autre monde, en compagnie de certains des vampires les plus romantiques et les plus célèbres de l'histoire de la littérature.

# OMBRES ET LUMIÈRE

Au chapitre 3, nous avons abordé les premiers écrits de fiction vampirique, ainsi que les pionniers qui ont établi les normes de toutes les représentations littéraires et cinématographiques subséquentes : Bram Stoker, John Polidori, James Malcolm Rymer et Sheridan Le Fanu. Il est temps de passer à la littérature contemporaine et aux personnages influents qui ont protégé et continuent de favoriser l'évolution de ces immortels mauvais garçons et mauvaises filles. Car il faut en convenir : l'importance même de la littérature de fiction vampirique est la preuve que le public ne perd *jamais* sa fascination pour les buveurs de sang, quels que soient l'époque, le genre ou le type imaginé ou dépeint.

# LES VAMPIRES D'ANNE RICE

Parmi les centaines de milliers d'écrivains sérieux qui se sont commis au fil des siècles, peu ont atteint le niveau d'Anne Rice qui, il y a plus de 30 ans, a créé le vampire le plus influent depuis le Dracula de Stoker. Au cours de sa carrière, Rice a déchaîné sur le monde une famille de vampires connus simplement par leur prénom : Louis, Pandora, Armand, Marius, Maharet, Merrick, Akasha et Magnus, entre autres. Mais ce n'est qu'au moment où elle a tenté ses premières expériences littéraires en 1976 et publié le chef-d'œuvre *Entretien avec un vampire* que nous avons été mis en présence du flux et reflux surnaturel et intensément émotionnel qui forment le vampire Lestat.

Le cœur, l'esprit et l'âme du public n'avaient pas été attirés par un vampire de cette stature depuis *Dracula*. En effet, le charme séducteur de Lestat, son intellect malicieux, sa nature philosophique et son désir inextinguible de réconcilier le bien et le mal ont fait de lui la quintessence du vampire. Contrairement à Stoker, Rice a doté Lestat de Lioncourt, son héros ultime, d'une passion intense et débridée qui n'a d'égale que la sagesse qu'il recherche si désespérément, que ce soit dans la compréhension de son novice réticent, Louis de Pointe du Lac, dans les enseignements de Marius et de David Talbot, supérieur du Talamasca, dans les pouvoirs destructeurs de l'ancienne Akasha, ou dans ses confrontations avec Dieu et, semble-t-il, le diable lui-même dans *Memnoch le démon*. On dit que Lestat est une idée tant de Rice que de Stan, son mari. L'écrivaine aurait eu l'idée du roman *Entretien avec un vampire* après la mort de sa fille de cinq ans, Michelle, décédée des suites d'une forme rare de leucémie. De son vivant, Lestat descendait d'une famille d'aristocrates ruinés durant les années 1780. Devenu vampire grâce à Magnus à la fin du XVIIIᵉ siècle, Lestat représente le vampire de l'ère moderne par excellence, dans toute sa vanité et ses entreprises téméraires.

Complexe et foisonnante de détails dans sa conception, sa lignée et ses pouvoirs, *la famille de vampires*\* de Rice est certainement la plus vénérée de toute l'histoire de la littérature. L'auteure brosse son portrait dans ses célèbres *Chroniques des vampires : Entretien avec un vampire, Lestat le vampire, La Reine des damnés, Le voleur de corps, Memnoch le démon, Armand le vampire, Merrick, Le Sang et l'Or, Le domaine Blackwood* et *Cantique sanglant*, ainsi que dans les contes *Pandora* et *Vittorio le vampire*. La famille fait également son apparition dans la série *La Saga des sorcières de Mayfair*, un autre succès de librairie. Après Stoker, Anne Rice a établi *la* norme pour les œuvres de fiction vampirique qui ont suivi. Mais surtout, elle peut tirer fierté de l'œuvre de sa vie, en sachant que ses bien-aimés vampires ont acquis, tout comme elle, une *véritable* immortalité.

# FICTION POPULAIRE

Au milieu des années 1970, les romans vampiriques les plus populaires laissaient présager le concept de l'épopée vampirique ; c'est ainsi que le roman d'Anne Rice, *Entretien avec un vampire*, devint le premier tome des *Chroniques des vampires*. À partir de 1978, nous avons eu une idée des efforts et du prodigieux talent de Chelsea Quinn Yarbro qui nous a fait connaître le premier tome de ce qui devait devenir la série *Saint-Germain*. Depuis 30 ans, les histoires de Yarbro et de son vampire impossiblement « humain » poursuivent leur évolution avec constance, et rien n'indique que Saint-Germain soit près de disparaître dans la nuit sombre et glacée.

---

\* En français dans le texte.

## Bienvenue à l'hôtel *Transylvanie*

Le premier ouvrage de la série de Chelsea Quinn Yarbro, *Le comte de Saint-Germain : une histoire d'amour interdit*, se déroule au milieu du XVIIᵉ siècle, à la cour de Louis XIV, alors roi de France. Le protagoniste du roman est l'indestructible comte de Saint-Germain, vampire depuis des centaines d'années, qui réussit à conserver un sentiment d'humanité supérieure face à sa soif de sang, contrairement à la plupart de ses congénères. Contrastant distinctement avec les vampires de Rice et de presque tous les autres auteurs, le Saint-Germain de Yarbro est suave, sophistiqué et s'intéresse sincèrement aux êtres humains ; c'est en fait un vampire doté d'une âme. À la fois non-mort et immortel, il est très conscient de la fragilité de la vie humaine et fait de son mieux pour respecter les vivants, tout en abhorrant les maux que l'humanité s'inflige.

FOLKLORE FANTASTIQUE

> Pour créer son personnage de vampire, Chelsea Quinn Yarbro s'est inspirée du comte de Saint-Germain, homme mystérieux ayant vécu en France entre 1710 et 1784 environ. On sait peu de chose sur sa vie, à l'exception de renseignements glanés dans de certaines anecdotes contradictoires. Les groupes ésotériques croient que Saint-Germain possédait des pouvoirs magiques et était âgé de plus de 1000 ans.

Nous nous permettrons de paraphraser Yarbro sur le sujet du vampire immortel évoluant dans un monde de mortels et de dire que son approche inhabituelle de la condition de vampire consiste à imaginer la réaction réaliste d'un être rationnel face au dilemme constituée par la menace d'une aliénation permanente du genre humain. Cette approche compatissante de l'auteure a jeté un nouvel éclairage sur ce que l'on considérait auparavant comme une transformation intrinsèquement maléfique. Contrairement à Dracula, et en fait à la plupart des vampires de la littérature et du folklore, Saint-Germain « chérit la brièveté de la vie humaine plutôt que de la mépriser ». Pour des millions de lecteurs subjugués, l'absence de sang et de violence ne fait pas de l'œuvre de Yarbro une expérience sans intérêt. Au contraire, les romans de Yarbro sont à la fois poétiques et une célébration de la vie. Le 22ᵉ tome de la saga, *A Dangerous Climate*, a été publié en septembre 2008.

Sous l'influence d'Anne Rice et de Chelsea Quinn Yarbro, un nouvel engouement et un intérêt durable se sont manifestés pour tout ce qui baigne dans le sang. Voici quelques-uns des romans et des auteurs qui ont suivi les traces de ses premières auteures immortelles :

✝ *Un vampire ordinaire*, de Suzy McKee Charnas (1980)
✝ *Fevre Dream*, de George R. R. Martin (1982)
✝ *Vampire Junction*, de S. P. Somtow (1984)
✝ *Le sang d'immortalité*, de Barbara Hambly (1988)
✝ *L'aube écarlate*, de Lucius Shepard (1992)
✝ *Les fils des ténèbres*, de Dan Simmons (1992)

## Salem multiplié

Le prodigieux talent de Stephen King, prolifique icône de la littérature d'horreur, a été bien employé dans *Salem*, son deuxième roman, publié en 1975. King l'aurait écrit après avoir réfléchi à ce qui se produirait si Dracula revivait au XXᵉ siècle aux États-Unis. Le résultat est un récit horrifiant qui se déroule dans la petite ville endormie de Salem, dans le Maine rural. Une série d'incidents troublants et de disparitions d'enfants coïncide avec l'arrivée d'un nouveau résident, Kurt Barlow, qui s'installe dans une vieille maison au passé sordide. Au fil de la transformation progressive des résidents, la petite communauté est bientôt subornée par les vampires. Les protagonistes sont finalement forcés de partir en laissant la ville aux mains des vampires, mais ils réussissent tout de même à détruire Barlow avant de s'enfuir. *Salem* a été l'objet d'une distinction inhabituelle, puisqu'on en a fait *deux* séries télévisées, la première en 1979, et la seconde en 2004. Bien qu'au départ, King ait appelé la ville de son roman «Jérusalem», ses éditeurs ont préféré abréger ce nom en *Salem*, car le titre original présentait selon eux trop de connotations religieuses.

### Nourrir *Les prédateurs*

Grâce à son approche novatrice et fascinante, Whitley Strieber a créé l'une des images les plus durables de la littérature vampirique avec son personnage de femme vampire froidement calculatrice dans *Les prédateurs*, publié en 1981. Dernière survivante d'une race de vampires extraterrestres, Miriam Blaylock est âgée de milliers d'années ; elle a l'habitude de choisir ses amants parmi les humains et d'en faire ses compagnons de vie, mais seulement pour la durée de *leur* vie (voir chapitre 15). Bien qu'elle possède le pouvoir de transformer les humains en vampires, Miriam est incapable de leur donner la vie éternelle dont elle jouit. Elle ne réussit qu'à allonger leur espérance de vie de quelques siècles, échéance terriblement courte du point de vue d'une créature immortelle. Après avoir écrit *Les prédateurs*, Strieber a délaissé le genre pour se consacrer à la fiction gratuite et à ses ouvrages sur ses contacts allégués avec des extraterrestres. Néanmoins, 20 ans après la publication de ce premier roman, Strieber est revenu à la saga de Miriam Blaylock en publiant *Le dernier prédateur,* en 2001, puis *Le rêve de l'élite*, en 2002.

**CRIS ET HURLEMENTS**

Sorti en 1983, *Les prédateurs* est devenu un film culte du genre ; il met en vedette Catherine Deneuve, David Bowie et Susan Sarandon. Bien que la version cinématographique s'éloigne beaucoup du roman, la différence la plus notable est que dans le récit de Strieber, Miriam Blaylock survit pour perpétuer son hideux style de vie (voir chapitre 15).

### L'Historienne et Dracula

On sera intéressé d'apprendre que l'un des succès de librairie de 2005 était un roman sur les vampires, *L'Historienne et Dracula*. Dans ce premier roman, Elizabeth Kostova fait entrer le *Dracula* de Stoker dans l'ère moderne en intégrant à son intrigue historique des extraits substantiels du roman de l'auteur britannique. Dans le roman de Kostova, une adolescente vivant à Amsterdam découvre dans la bibliothèque de son père un livre ancien vierge de toute écriture, à l'exception d'une page qui porte une gravure sur bois représentant un sinistre dragon et le mot « Drakulya ». Cette découverte entraîne la jeune fille dans une longue enquête à la recherche de Dracula. Une fois de plus, Vlad Ţepeş revient sur scène, mais cette fois, avec des conséquences qui donnent vraiment froid dans le dos. Il ne représente pas seulement la source d'inspiration du personnage de Dracula, mais la personnification toujours vivante du père de tous les vampires.

## LE VAMPIRE ROMANTIQUE

Dans l'histoire de la littérature, nul n'est probablement mieux placé — et plus destiné — à devenir le sujet de romans d'amour pur genre que le personnage du vampire, d'allure charmante et intrinsèquement séduisante. On ne sera donc pas étonné d'apprendre que dans le domaine du roman d'amour, les vampires ont mordu à belles dents dans les ventes annuelles estimées à 1 milliard de dollars, générées par ce genre littéraire et par les 41 millions de lecteurs fascinés dont le cœur saigne béatement pour leurs héros et héroïnes favoris, vivants ou non-morts. La liste ci-dessous énumère les séries de romans d'amour vampirique les plus populaires qui ont capturé le cœur et l'imagination d'un fidèle lectorat :

✞ La série *Riley Jenson Guardian*, de Kery Arthur
✞ La série *Cassandra Palmer*, de Karen Chance
✞ La série *Nightwalker*, de Jacquelyn Frank
✞ La série *Night Huntress*, de Jeaniene Frost
✞ *Gardella Vampire Chronicles*, de Colleen Gleason
✞ La série *Guardian of Eternity*, de Alexandra Ivy
✞ *Forever and the Night*, *For All Eternity* et *Time Without End*, de Linda Lael Miller
✞ La série *Little Goddess*, de Amy Lane
✞ La série *Brotherhood of Blood*, de Kathryn Smith
✞ La série *Companion*, de Susan Squires
✞ La série *Darkyn*, de Lynn Viehl

# NOSFERATU PARANORMAL

Inévitablement, la fiction vampirique a bifurqué vers un sous-genre littéraire du roman d'amour paranormal, en 1986, avec la publication de *Sweet Starfire*, de Jayne Ann Krentz. L'amalgame de romantisme, de science-fiction et d'horreur traditionnelle formait un mélange inoubliable de sang et de désir dans une galaxie lointaine absolument fantastique, et les auteurs qui ont embrassé ce concept n'ont jamais regardé en arrière. Ces romans ont traversé presque toutes les frontières de la littérature fantastique et de science-fiction pour puiser dans le registre inépuisable des environnements mystérieux et des pouvoirs surnaturels fantastiques qui ne connaissent littéralement aucune frontière.

### Anita Blake

Dès ses débuts en 1993 avec *Plaisirs coupables*, la série *Anita Blake* de Laurell K. Hamilton a attiré une légion de fervents admirateurs. Dans son univers parallèle, Anita réanime les morts; c'est son *travail*. Nécromancienne pour Animators Inc., elle réanime et guérit zombis, vampires et loups-garous morts depuis belle lurette, dans une série de 16 romans horrifiants dont le dernier, publié en 2008, s'intitule *Blood Noir*. Blake reste remarquablement chaste tout au long des cinq premiers tomes de la série, mais s'affranchit à partir du 10e tome, ce qui fait que des épisodes romantiques intimes deviennent un élément mineur, mais détaillé, de ses aventures.

### Dark et mortel

Depuis le début du siècle, les romans exploitant le paranormal, le romantisme et le vampirisme ont explosé tant en nombre de titres qu'en popularité. Depuis que le succès incroyable de sa série *The Carpathians* qui a capturé le cœur et l'imagination de millions de lecteurs subjugués en 1999, Christine Feehan règne littéralement en maîtresse incontestée sur le roman d'amour vampirique et paranormal. Dans le premier tome de la série, *Dark Prince*, Feehan introduit les Carpathians, une ancienne race de vampires dénués d'émotions et capables de changer de forme, qui ne peuvent trouver le salut qu'en découvrant leur véritable amour et partenaire de vie. L'auteure préparait ainsi le terrain pour les 20 tomes subséquents dont plusieurs ont été de grands succès de librairie et lui ont valu plusieurs prix littéraires.

## Morsures du Sud

L'écrivaine Charlaine Harris, parmi les plus respectées du genre paranormal vampirique, s'est fait les dents — littérairement — sur deux romans distincts, avant de songer à s'attaquer aux romans sériels, une approche de plus en plus populaire. Elle a commencé, en 1990, par la série *Aurora Teagarden*, récits des enquêtes sur des meurtres mystérieux, menées par une bibliothécaire de la Georgie. Elle a ensuite publié, en 1996, la série *Lily Bard (Shakespeare)* dont de mystérieux décès formaient de nouveau la prémisse.

**CRIS ET HURLEMENTS**

La popularité de la série *La communauté du sud* de Charlaine Harris a attiré l'attention d'Alan Ball, créateur de la série télévisée *Six pieds sous terre*. Après avoir obtenu les droits des romans de Harris, Ball a travaillé au concept et à la production d'un pilote pour une nouvelle série de la chaîne HBO, *True Blood*, mettant en vedette Anna Paquin, gagnante d'un Oscar, dans le rôle principal de Sookie Stackhouse (voir chapitre 18).

À partir de 2001, Harris a trouvé sa veine en introduisant le personnage de Sookie Stackhouse de *La communauté du sud* dans *Quand le danger rôde*. Au moment de sa publication, ce premier tome s'est mérité le prestigieux prix Anthony pour le meilleur roman à énigme de l'année dans la catégorie livre broché, et a ouvert la porte à sept autres succès de librairie. Harris dépeint Sookie Stackhouse comme une jeune barmaid télépathe du nord de la Louisiane, avec un héritage génétique de «sang de fée», qui explique ses pouvoirs télépathiques et sa propension désastreuse à attirer l'attention indésirable de créatures surnaturelles, comme les vampires et les loups-garous. La série est en grande partie consacrée aux efforts de Sookie pour élucider des mystères surnaturels, qui doit aussi gérer les dilemmes de ses relations avec les membres du monde des enfers qui ont intégré la société au moment de l'invention et de la fabrication de substituts sanguins. Publié en 2008, le dernier tome, *From Dead to Worse*, reste un succès de librairie, et la série rassemble un lectorat fidèle d'admirateurs passionnés. Voici les titres de la populaire série *La communauté du sud* :

✟ *Quand le danger rôde* (2001)
✟ *Disparition à Dallas* (2002)
✟ *Mortel corps à corps* (2003)
✟ *Les sorcières de Shreveport* (2004)
✟ *La morsure de la panthère* (2005)
✟ *La reine des vampires* (2006)
✟ *La conspiration* (2007)
✟ *From Dead to Worse* (2008)

## VAMPIRES DROLATIQUES

On trouvera peut-être difficile d'imaginer l'humour et le vampirisme faisant bon ménage, mais ainsi qu'elles ont envahi la science-fiction, le roman d'amour et le roman historique, les créatures surnaturelles de la nuit ont aussi contribué à nourrir de savoureux exemples de lectures amusantes. *Death by the Drop*, de Timothy Massie, est un ajout assez récent (2008) à la liste relativement courte des romans vampiriques porteurs de courants distinctement humoristiques et littéralement gorgés d'humour sarcastique.

Mary Janice Davidson est sans conteste la matriarche actuelle du vampire diablement amusant. Son hilarante série *Undead/Queen Betsy* met en vedette l'irrépressible Betsy Taylor, ancienne mannequin, célibataire au chômage depuis peu qui se fait heurter par un VUS et revient à la vie sous forme de vampire. Plutôt que d'adopter le style de vie des non-vivants, « Queen Betsy » essaie de reprendre le cours déjà fort peu normal de son existence, consistant à stocker des chaussures griffées et à essayer de décrocher un emploi. Par ailleurs, elle voit ses efforts entravés par des conflits irritants avec des créatures vampiriques maléfiques qui n'ont absolument aucun sens de l'humour. Les livres de la série *Undead* de Mary Jane Davidson sont :

✟ *Undead and Unwed* (2004)

✟ *Undead and Unemployed* (2004)

✟ *Undead and Unappreciated* (2005)

✟ *Undead and Unreturnable* (2005)

✟ *Undead and Unpopular* (2006)

✟ *Undead and Uneasy* (2007)

✟ *Undead and Unworthy* (2008)

## LES JEUNES ADULTES ET LES NON-MORTS

Secteur florissant du monde de l'édition depuis le début du XIXᵉ siècle, la littérature populaire pour jeunes adultes a toujours eu pour thèmes prédominants le fantastique et l'horreur. Même si les contes pour enfants sont généralement considérés comme des récits édulcorés pour les petits, plusieurs concepts, par exemple, dans *Le petit chaperon rouge*, étaient plutôt terrifiants à l'époque, en particulier parce que les premières versions du conte se terminaient une fois que le loup avait dévoré la fillette et sa grand-mère. Bram Stoker lui-même tâta du conte pour enfants en 1881 ; il publia un recueil intitulé *Under the Sunset*, souvent jugé trop bouleversant pour de jeunes esprits impressionnables (voir chapitre 3).

La plupart des œuvres littéraires pour jeunes adultes mettent aujourd'hui en vedette des adolescents. Ils y jouent les personnages principaux, et l'exploration du monde des non-morts ne fait pas exception à la règle. La série publiée à la suite de la série télévisée *Buffy contre les vampires* illustre bien ce cas de figure ; incarnation idéale de la fille qui a tout, Buffy Summers poursuit sa croisade de destruction massive contre les forces du mal. Néanmoins, dans le monde souterrain de la littérature vampirique jeunesse, personne n'arrive à la cheville de Stephenie Meyer et de sa série *Twilight*, aussi fascinante que palpitante.

### Dégage, Harry Potter !

Si Anne Rice a acquis dans le monde de la littérature la réputation d'être la reine des damnés, Stephenie Meyer a bâti sa célébrité et son succès sur le marché de la littérature pour jeunes adultes en personnifiant la reine des maudits. S'écartant de façon marquée des courants sexuels sous-jacents caractéristiques de la littérature jeunesse actuelle, Meyer a esquivé les tempêtes hormonales de l'adolescence pour présenter une série de livres follement populaires sur la relation durable et relativement chaste que l'héroïne adolescente Bella Swan entretient avec Edward Cullen, jeune vampire merveilleusement beau et irrésistiblement attentionné.

Dans le premier tome éponyme de la saga *Twilight*, publié en 2005 et écrit alors que Meyer avait 29 ans, Bella Swan quitte la ville ensoleillée de Phœnix, en Arizona, pour emménager chez son père à Forks, petite ville lugubre de l'État de Washington. Le premier jour au lycée, Bella remarque Edward Cullen, vampire secret d'une beauté éthérée. Il la fixe d'un regard assassin, et la phrase « si ses yeux étaient des poignards, je serais morte » traverse l'esprit de la jeune fille. En fait, Cullen ne représente pas une menace, il est tout simplement fasciné par l'odeur de Bella. Dans les trois tomes qui suivent, le couple devient profondément amoureux, survit à des séparations douloureuses et traverse des épreuves en affrontant vampires maléfiques et autres enfants de la nuit.

## Le sang innocent

La nature innocente des romans de Meyer n'est pas accidentelle. Mère de famille et fervente mormone, Meyer avoue que le sexe, l'alcool et la violence présents dans la littérature pour jeunes adultes la mettent en colère. Elle destine ses romans à un vaste public de jeunes — en particulier de jeunes filles — qui ne s'identifient pas au côté plus sombre de l'adolescence, ou qui n'en ont pas encore fait l'expérience. Selon Meyer, le personnage de Bella est celui d'une jeune fille normale et gentille dont le petit ami est attentif et irréprochablement respectueux. Son approche originale a fait vibrer une corde sensible positive chez ses très nombreux admirateurs et la saga *Twilight* donne du fil à retordre à la populaire série *Harry Potter* dans son ascension vers la suprématie surnaturelle. La série de Stephenie Meyer comprend *Fascination* (2005), *Tentation* (2006), *Hésitation* (2007), et *Révélation* (2008).

# LE PHÉNOMÈNE BUFFY

Au XX<sup>e</sup> siècle, aucun phénomène du domaine vampirique n'a atteint la portée des aventures musclées de *Buffy contre les vampires* (voir chapitre 18). Dérivé du film éponyme sorti en 1992 et de la très populaire série télévisée à l'antenne durant sept saisons, *Buffy* a été l'un des drames vampiriques les plus réussis du monde de l'horreur télévisuelle. En même temps, l'émission a engendré des produits dérivés comme la série télévisée *Angel* et des douzaines de romans et de bandes dessinées romanesques. La liste des œuvres est apparemment sans fin, et le nombre de récits composant les recueils de la série éclipse celui de n'importe quel autre personnage de fiction vampirique.

FOLKLORE
FANTASTIQUE

> Le premier conte vampirique pour enfants est antérieur aux *Contes des mille et une nuits* et remonte au début du XVI<sup>e</sup> siècle. Le recueil indien des *Vingt-cinq contes de Baital*, ou *Vikram et le vampire*, raconte une série de fables religieuses interreliées dans lesquelles le sage Vikram, un roi imaginaire, affronte le rusé vampire Baital, dans une joute d'escrime verbale et de mots d'esprit qui culmine avec leur alliance.

La liste des auteurs ayant contribué au phénomène Buffy se lit comme un bottin mondain des auteurs de versions dérivées du genre fantastique : Rebecca Moesta, Mel Odom, Yvonne Navarro, Nancy Holder et Scott Ciencin. En plus de leurs œuvres originales, la majorité de ces auteurs ont travaillé à la novellisation de grands classiques cinématographiques et autres favoris des médias comme le *Parc jurassique*, la série *Charmed*, *La guerre des étoiles*, *Battlestar Galactica* et *Godzilla*. Christopher Golden, auteur prolifique de la série, s'est constitué un solide cercle d'admirateurs avec sa série de romans vampiriques *Shadow Saga*, sur les tribulations du vampire contemporain Peter Octavian et de sa famille, les « Rebelles », forcés d'entrer en conflit sanglant avec l'humanité.

# LE CŒUR BAT TOUJOURS

Le formidable intérêt pour le surnaturel qui se manifeste dans le secteur de la littérature pour jeunes adultes est devenu un phénomène d'édition qui ne démontre pour l'instant aucun signe d'essoufflement. L'attrait de plusieurs de ces chroniques est peut-être qu'elles décrivent des situations quotidiennes en y intégrant des personnages vampiriques. À mesure que de nouvelles intrigues de plus en plus tentaculaires ont commencé à pénétrer le royaume des créatures surnaturelles, on a vu apparaître des versions dérivées fort populaires, avec des personnages fascinants de zombie, de loup-garou, de fée et de fantôme. Dans l'ensemble, il est certain que les vampires sont à la fine pointe du paranormal, peut-être parce qu'ils ne se contentent pas d'être simplement séduisants, ils le sont *mortellement*.

Plusieurs séries vampiriques ont trouvé leur place dans la littérature pour jeunes adultes; chacune a sa foule d'admirateurs et de fervents supporteurs. Voici les plus populaires :

- ✝ La série *Chronicles of Vladimir*, de Heather Brewer
- ✝ La série *Morganville Vampires*, de Rachel Caine
- ✝ La série *House of Night*, de P. C. Cast
- ✝ La série *Les Sang-bleu*, de Melissa De La Cruz
- ✝ La série *Vampire Academy*, de Richelle Mead
- ✝ La série *Vampire Kisses*, de Ellen Schreiber
- ✝ La série *Cirque du Freak*, de Darren Shan
- ✝ La série *Night World*, de Lisa Jane Smith
- ✝ La série *Vampire Diaries*, de Lisa Jane Smith

# EXPLOSION SURNATURELLE

Au prochain chapitre, nous entrerons dans la crypte incroyablement vaste du vampire cinématographique. Dans l'histoire du cinéma, le vampire est aussi vieux que le média lui-même, car il a commencé par le muet et maintenu jusqu'à aujourd'hui ses efforts pour se frayer à coup d'ailes, de canines et de séduction un chemin dans notre cœur et jusqu'à notre cou. Nous commencerons par la genèse des vampires au grand écran, ceux qui nous ont donné notre première vision fulgurante du vampire et de ce dont il (ou elle) est capable. Les œuvres qui s'en sont suivies ont transformé le genre à jamais.

# Chapitre 14

# LES DÉBUTS DES
# VAMPIRES AU CINÉMA

C'EST SANS CONTESTE GRÂCE AU CINÉMA que Dracula et ses semblables ont acquis leur plus grande popularité. Ce succès est en partie dû à *Nosferatu*, film muet sorti en 1922, à l'adaptation scénique de *Dracula* en 1920, ainsi qu'au corpus conçu par les studios Hammer et leur incroyable bastion de classiques du film d'horreur. Dans ce chapitre, nous ouvrons pour la première fois le cercueil cinématographique de Dracula ; ce faisant, nous faisons revivre l'un des personnages les plus charmants, les plus virulents et les plus populaires de toute l'histoire du grand écran.

# CINÉMA VAMPIRIQUE

Il est évident que la création de l'industrie du cinéma, il y a plus de 100 ans, a ouvert le cœur et l'esprit de l'humanité à un répertoire apparemment sans fin de récits grâce auxquels nous élargissons nos horizons, nous visitons des mondes inconnus et nous profitons, finalement, d'un divertissement perpétuel. Chaque genre cinématographique — drame, film d'amour, western, fantastique, suspense, comédie, aventure-action, science-fiction et tous les mélanges imaginables des genres précédents — a le don d'attirer des publics de tous âges qui trouvent généralement ce qu'ils recherchent : une comédie qui fait rire aux larmes, un drame qui fait sangloter, un suspense bien ficelé, une épopée historique, un documentaire. Néanmoins, un genre se démarque de tous les autres du fait que depuis des décennies, son illustration ne dépend que d'un seul facteur : la peur.

Les films d'horreur ont une histoire florissante et proposent un vaste répertoire de contes qui se nourrissent de notre curiosité innée pour tout ce qui choque, rampe, crie, hurle, mord, disparaît, vole, mute et agit généralement de manière à nous faire mourir de peur… ou presque. Le véritable génie créatif de l'industrie de l'horreur réside dans le fait que les publics de tous âges et de toutes générations ne cesseront jamais d'être obsédés par ce qui fait du bruit dans la nuit. Cela dit, comme bien d'autres genres issus de la littérature et des événements réels, les possibilités de création et d'intégration des mythes et des monstres sont telles qu'avec un peu d'imagination et, dans le cas du cinéma, une bonne dose d'effets par ordinateur, on peut créer quelque chose de tout à fait surréaliste, fascinant et terrifiant.

Comme nous l'avons mentionné au chapitre 1, comprendre les vampires signifie comprendre leur apparition dans le folklore, dans le roman de Bram Stoker et dans l'évolution du vampire au cinéma. Grâce à ce média visuel qui commença à être largement diffusé devant un public dès la fin du XIXᵉ siècle, le vampire a fait l'objet d'une myriade de descriptions et a été doté d'une foule de propensions génétiques. Et bien que des personnages légendaires comme Frankenstein, la Momie, l'Homme-loup, la créature du lagon noir et des douzaines d'autres monstres ayant contribué à bâtir le film d'horreur, aient suscité peu de controverse, le vampire est le seul à avoir prouvé qu'il était réellement immortel grâce à sa présence récurrente au grand écran chaque décennie.

Les premiers cinéastes qui ont porté Dracula au grand écran ont gravé dans la pierre l'idée qu'en tant que média culturel, l'histoire du vampire sert à refléter, comme beaucoup d'autres portant sur des personnages du même genre, ce qui se passe ponctuellement dans la société, à l'aide de différentes méthodes tant évidentes que subliminales, tout en maintenant l'emprise fascinante que Dracula exerce sur son public d'admirateurs. Durant les années 1950, 1960, et jusqu'au milieu des années 1970, ce sont les studios Hammer qui ont le plus exploité le vampirisme dans toute sa gloire sanglante.

Cependant, fait plus important encore, et peut-être moins connu, l'adaptation théâtrale de *Dracula*, signée Hamilton Deane en 1920, et renouvelée par la suite par John L. Balderston, a eu le mérite d'établir fermement les caractéristiques dont la majorité des vampires sont encore dotés aujourd'hui au cinéma. Gardons cette idée à l'esprit en entamant notre exploration de l'héritage létal du vampire dans sa première apparition devant les masses, ironie dont Dracula lui-même aurait été fier au vu de sa propension subtile et parfois assez brutale à vouloir transmettre sa maladie sanguinaire au monde entier.

## SILENCIEUX, MAIS MORTEL

Il est généralement admis que la plus grande partie de la tradition vampirique résulte des efforts du cinéma et de l'ampleur grandissante de la littérature de fiction sur les vampires. À la vérité, aucun roman n'a été aussi encensé que *Dracula*. Publié en 1897, le chef-d'œuvre de Bram Stoker s'est vendu à des millions d'exemplaires au cours du siècle dernier et a été à l'origine d'une franchise de divertissement tant sur le plan littéraire que théâtral. Néanmoins, c'est au cinéma que *Dracula* a atteint des sommets de popularité, servant d'inspiration à un plus grand nombre de succès commerciaux au cinéma que toute autre œuvre littéraire de l'histoire. Tragiquement, ce succès est entaché d'une ironie incontournable : Stoker est mort dans une pauvreté relative sans jamais avoir pris conscience de la véritable immortalité cinématographique de sa création légendaire qui commença à inspirer le cinéma muet, peu de temps après sa mort en 1912 (voir chapitre 3).

L'époque du cinéma muet a marqué le début d'une période révolutionnaire dans l'évolution du divertissement et de la technologie, mais a aussi fait naître un univers de portraits vampiriques. D'ailleurs, parmi ces films, plusieurs ont prouvé que le silence est d'or. Distribué par la compagnie Edison en 1903, *Le vol du grand rapide* est peut-être le premier et le plus connu des films muets, mais on sait moins qu'un grand nombre de films muets sur les vampires furent tournés à partir de 1896, à commencer par *Le manoir du diable*, court métrage français souvent considéré comme le premier film de vampire jamais tourné (voir chapitre 16). Beaucoup de films muets ont suivi, mais un chef-d'œuvre de l'époque dorée du cinéma muet se démarque des autres par sa popularité auprès des amateurs de vampires.

**CRIS ET HURLEMENTS**

La plupart des gens n'ont jamais entendu parler d'Alice Guy-Blaché, mais son œuvre pionnière et innovatrice est légendaire au cinéma. Ayant commencé sa carrière en 1894, elle dirigea, écrivit et produisit plus de 700 films en plus de 25 ans. Elle est considérée par la plupart comme la première femme réalisatrice de l'industrie du cinéma. En 1910, elle fonda avec son mari et un troisième associé la société Solax, une des plus importantes entreprises de production à l'époque. En 1915, elle dirigea *The Vampire* avec Olga Petrova et William Steele. En 1922, elle rentra en France et sombra dans l'obscurité. Son œuvre reste un testament à son talent et à ses contributions à l'histoire du cinéma

## *NOSFERATU* : LE FLÉAU DE BRÊME

L'un des films de vampire les plus connus et les plus révérés de l'histoire est aussi l'un des rares films muets à avoir survécu aux ravages inévitables du temps. Il s'agit de *Nosferatu, eine Symphone des Grauens*, qui se traduit par *Nosferatu : une symphonie de la terreur*. Tourné en Allemagne et sorti en 1922, le film est dirigé par le célèbre réalisateur allemand Friedrich Wilhelm (F. W.) Murnau, d'après un scénario de Henrik Galeen. *Nosferatu* est un film expressionniste (c'est-à-dire que son directeur a eu tendance à abuser des effets spéciaux), une approche aussi attirante et terrifiante à l'époque que de nos jours.

*Nosferatu* est une version non autorisée du roman de Stoker; le nom des personnages et la géographie ayant été changés, l'intrigue principale passe de la Transylvanie à Brême en Allemagne. Cependant, comme on s'en rend vite compte en regardant le film, les éléments n'ont pas été assez modifiés. Les noms des personnages ont été librement (et pas très adroitement) changés. Ainsi, Jonathan Harker est devenu William Hutter et Mina Murray, Ellen Hutter, tandis que Renfield s'appelle Knock et Dracula, le comte Graf Orlock (aussi écrit Orlok). Ce subterfuge visait à éviter de violer le droit d'auteur, mais ne réussit pas à empêcher la veuve de Stoker, Florence, d'amorcer inévitablement une bataille juridique. Avec l'aide de la société britannique incorporée des auteurs, Florence déposa une injonction contre les producteurs, et la cour ordonna, en 1925, que tous les négatifs et exemplaires du film soient détruits. De toute évidence, quelques exemplaires ont survécu, puisque la sortie américaine a eu lieu vers 1929. (Dans les premières et les dernières versions, les personnages ont retrouvé les noms que Stoker leur avait donnés.) Par la suite, le film est tombé dans une relative obscurité jusqu'au début des années 1970. Depuis, c'est devenu un film culte.

AMUSE-GUEULE
MORDANT

Le terme *nosferatu* vient de *nosufuratu*, un mot issu du slave ancien. En fait, c'était au départ un mot grec, *nosophoros*, qui se traduit par «porteur de peste». Le *nosferatu* n'est pas un vampire; la confusion quant à sa nature est souvent attribuée au documentaire de voyage rédigé par Emily Gerard en 1888, qui aborde le sujet du folklore transylvanien. On sait que Bram Stoker a utilisé cet ouvrage, *The Land Beyond the Forest*, dans ses recherches pour *Dracula* (voir chapitre 6). À ce titre, il a employé le terme comme un synonyme du mot vampire, alors que la traduction «porteur de peste» est plus précise. En effet, la tradition populaire rend souvent les vampires responsables des épidémies (voir chapitre 7).

### Frayeur et fuite

Si l'on excepte les bizarreries du muet et les décors en extérieurs, c'est le personnage du comte Orlock, interprété par l'acteur allemand Max Schreck, qui rend *Nosferatu* si mémorable. (Pour ajouter à l'ironie, le mot allemand *schreck* signifie « peur ».) Contrairement à Dracula, d'une élégance nonchalante et suave dans sa queue de pie, image que nous présenteront les décennies à venir, le comte Orlock ressemble plus aux monstrueux vampires du folklore.

Grâce en grande partie au directeur artistique Albin Grau, son apparence est terrifiante : il ressemble à un rat avec ses yeux fixes, ses longs doigts semblables à des serres, son crâne chauve, son visage hâve, ses oreilles pointues, ses canines de rat exceptionnellement longues et sa légion de rats admiratifs qui donneraient du fil à retordre à Willard lui-même. Au dire de tous, Orlock est absolument grotesque et dépourvu du vernis social qu'on associe généralement au vampire de salon classique. Ainsi, lorsque Thomas Hutter, son agent immobilier au Royaume-Uni, s'entaille accidentellement le pouce avec un couteau, Orlock se précipite pour lécher la blessure. Le moment illustre parfaitement la réalité animale de l'affliction dont souffre le comte. À part quelques exceptions remarquables, le vampire du grand écran sera toujours un prédateur, indépendamment de ses croyances ou de ses dégoûts, et *Nosferatu* le démontre clairement.

### *Ne va pas t'enorgueillir, ô Mort*

*Nosferatu* est signifiant sur plusieurs plans, dont le moindre n'est pas sa sexualité sous-jacente, représentée par la peur que les villageois ont d'Orlock et par le mécanisme subversif consistant à déguiser l'échange de fluides corporels sous le couvert d'une épidémie, concept employé dans beaucoup de films d'horreur et de science-fiction dans les décennies suivantes et souvent cité dans le folklore sur les vampires (voir chapitre 2). Le comte Orlock représente également les méprisés de la société, vile créature emprisonnée dans un château transylvanien décrépit, éloigné de toute civilisation. Orlock finit par se rendre à Brême où il emménage en face de la maison de Hutter, traumatisé, et de sa femme Ellen, somnambule aux nerfs fragiles. Derrière cette transaction immobilière se cache le patron de Hutter, Knock (alias

Renfield), ensorcelé par le comte, qui va et vient dans le village durant tout le film comme un aliéné dopé à la caféine qui aurait bu une caisse de boisson énergétique de trop.

Le choix de délaisser les décors de plateaux en faveur de tournages en extérieurs, à la fois à l'extérieur et dans des intérieurs authentiques, rend le film plus réaliste et lui confère une aura de menace tangible. Cependant, la qualité inférieure de production donne lieu à quelques scènes assez cocasses. Au moment de l'arrivée du comte à Brême, le rythme du film s'accélère et l'on voit Orlock transporter son cercueil à travers la ville en avance rapide, à la manière d'un Keystone Kop, à la recherche d'un nouveau domicile. La scène marquant le point culminant présente un revirement intéressant. Après avoir lu *Le livre des vampires*, Ellen sait ce qu'elle doit faire pour sauver son mari bien-aimé et détruire Orlock. Elle invite donc le comte à venir la rejoindre dans sa chambre en disant qu'elle lui donnera son sang, mais son intention est de l'occuper jusqu'au chant du coq. Naturellement, elle réussit, et lorsque le soleil se lève et que ses rayons traversent la fenêtre, Orlock se dissout dans une volute d'air. Hutter a le temps de prendre une Ellen exsangue dans ses bras une dernière fois avant qu'elle meure. Comme la plupart des principaux personnages féminins qui ont été victimes de Dracula redeviennent généralement humains à la mort du vampire, le trépas héroïque et désintéressé d'Ellen est un revirement sensationnel.

## DRACULA ENTRE, CÔTÉ JARDIN

La plupart des gens ignorent qu'on réalisa très vite une première adaptation théâtrale du roman de Stoker après la publication de *Dracula*. Le dramaturge n'était autre que Stoker lui-même; malheureusement, la pièce fut un véritable échec, en partie parce qu'il était difficile de reproduire l'atmosphère adéquate de ce festival de l'horreur victorien. En fait, on raconte que la production était tellement mauvaise qu'Henry Irving lui-même, ami intime de Stoker, fut incapable de la recommander (voir chapitre 3). Il fallut attendre qu'un autre Irlandais, Hamilton Deane, lui-même producteur de théâtre, dramaturge et comédien, décide de s'attaquer à ce projet exigeant pour que *Dracula* connaisse son premier succès pécuniaire.

En 1924, avec la permission de Florence Stoker, l'adaptation scénique de *Dracula* signée Deane s'ouvrit au Grand théâtre de Derby, en Angleterre. Le comte était interprété par Edmund Blake, et le docteur Van Helsing par Deane lui-même. Les critiques ne furent pas très élogieuses, mais c'était sans importance. Le public avait adoré — tout comme Florence Stoker. La première apparition sur scène de Dracula est importante, car elle marque sa transformation initiale en un gentilhomme de sang royal, BCBG, qui possède de toute évidence la grâce létale nécessaire pour interagir avec ses victimes. Ce n'est pas le monstre de Stoker, tel que le décrit Jonathan Harker dans son journal, au deuxième chapitre du roman :

«Son nez aquilin lui donnait véritablement un profil d'aigle; il avait le front haut, bombé, les cheveux rares aux tempes, mais abondants sur le reste de la tête; les sourcils broussailleux se rejoignaient presque au-dessus du nez, et leurs poils, tant ils étaient longs et touffus, donnaient l'impression de boucler. La bouche, ou du moins ce que j'en voyais sous l'énorme moustache, avait une expression cruelle, et les dents, éclatantes de blancheur, étaient particulièrement pointues; elles avançaient au-dessus des lèvres dont le rouge vif annonçait une vitalité extraordinaire chez un homme de cet âge. Mais les oreilles étaient pâles, et vers le haut se terminaient en pointe; le menton, large, annonçait, lui aussi, de la force, et les joues, quoique creuses, étaient fermes. Une pâleur étonnante, voilà l'impression que laissait ce visage.»

En 1927, Deane transporta toute la production à Londres, cette fois avec Raymond Huntley dans le rôle principal. La pièce fut de nouveau boudée par la critique, au contraire du public qui l'adora. Elle tint l'affiche à guichets fermés plus de cinq mois. C'est à cette époque qu'Horace Liveright, un producteur de théâtre américain, acheta les droits dans le but de monter la pièce sur Broadway. Il engagea le journaliste américain John L. Balderston pour réécrire et augmenter le texte. Balderston procéda à un certain nombre de changements : il fondit le personnage de Mina et de Lucy et fit de cette dernière la fille du docteur Seward. L'ouverture eut lieu à New York, en octobre

1927, au théâtre Fulton. Cette fois, la production mettait en vedette un comédien hongrois relativement peu connu, Bela Lugosi. Bien entendu, c'était lui qui allait tenir le rôle de Dracula dans le long métrage que Tod Browning allait tourner en 1931.

**FOLKLORE FANTASTIQUE**

> On raconte que Bela Lugosi tenait tellement à interpréter Dracula dans la version cinématographique qu'il agit comme médiateur entre Florence Stoker et Universal Pictures pour négocier les droits. Une fois la question réglée, Universal essaya d'engager d'autres acteurs pour le rôle principal, au grand dam de Lugosi. En engageant Tod Browning, Universal espérait que Lon Chaney Senior accepterait le rôle, mais il mourut en 1930. Lugosi accepta un cachet minime pour interpréter le comte, à savoir un maigre 500 dollars par semaine pour les 7 semaines que dura le tournage.

Dans cette relecture de *Dracula*, l'essentiel est qu'en modifiant l'apparence physique du comte, de même que l'intrigue du roman et ses personnages, Deane et Balderston ont créé un précédent pour plusieurs excellentes moutures cinématographiques, à commencer par la version de 1931 de *Dracula*, mettant en vedette Bela Lugosi (voir chapitres 15 et 16). Par bien des côtés, l'idée que Dracula était un immortel maléfique capable d'adopter l'apparence d'un humain sociabilisé et cultivé était beaucoup plus horrifiante que le fait qu'il soit un monstre sauvage et assoiffé de sang. Au bout du compte, ce sont les transformations créatives de Deane et Balderston qui ont contribué à créer le vampire photogénique que nous connaissons aujourd'hui, personnage auquel les publics de toutes les décennies sont capables de s'identifier.

Durant les années 1930 et 1940, les studios Universal Pictures dominèrent le front de l'horreur, d'abord avec le *Dracula* de 1931 mettant en vedette Lugosi, puis avec les films *La fille de Dracula*, *Le fils de Dracula*, *La maison de Frankenstein* et *La maison de Dracula*. Néanmoins, on assista, à la fin des années 1950, à la résurgence du film vampirique d'horreur gothique, et sur ce plan, un seul nom a compté : Hammer Films.

# HAMMER, LE SPÉCIALISTE DE L'HORREUR

Pour couvrir l'évolution du film d'horreur, et surtout celui du genre vampirique, il faut reconnaître les réalisations remarquables du studio britannique Hammer Films dont la contribution au monde de l'horreur n'est rien de moins que légendaire. Tout a commencé en 1913, dans le quartier Hammersmith, à Londres, où Enrique Carreras a acheté le premier cinéma de ce qui devait devenir une chaîne. Trois ans plus tard, il s'associait à William Hind. Les deux hommes fondèrent Hammer Productions en 1934 et la compagnie de distribution Exclusive Films Ltd. l'année suivante. Le duo se lança sur-le-champ dans la production de films, mais le déclenchement de la Deuxième Guerre mondiale mit un terme à leur entreprise. Ce n'est qu'en 1945 que les deux hommes purent reprendre la distribution de leurs productions par l'entremise d'Exclusive Films. Deux ans plus tard, Hammer Films réouvrit ses portes, et en 1949, le studio prit le nom de Hammer Film Productions Limited.

L'année 1957 fut un moment décisif pour le studio Hammer, avec la sortie de *Frankenstein s'est échappé*, d'après le roman de Mary Shelley. Le film était réalisé par Terence Fisher et mettait en vedette Peter Cushing dans le rôle du baron von Frankenstein, et Christopher Lee dans celui de sa créature. L'année suivante, le trio récidiva et offrit au public *Le cauchemar de Dracula* qui devint le véhicule dont Hammer avait besoin pour consolider sa position de premier producteur de film d'horreur. Les deux films furent des succès incroyables et servirent de point de départ à une foule de suites et de films sériels. La rumeur veut que *Le cauchemar de Dracula* ait rapporté plus de huit fois son coût de production. Le fait que *Le cauchemar* et les films subséquents soient en couleurs bonifiait la situation en ajoutant à l'attrait visuel des décors de plateaux et, bien entendu, de l'hémoglobine. Le film marqua le début de la collaboration de Fisher, le réalisateur, et Jimmy Sangster, le scénariste, ainsi que du plus grand tandem de l'histoire de l'horreur : Christopher Lee et Peter Cushing (voir chapitre 15).

**CRIS ET HURLEMENTS**

Du milieu à la fin des années 1940, Hammer produisit plusieurs films, dont *Dick Bartin, Special Agent*. La croissance du studio se poursuivit durant les années 1950. Ce n'est qu'en 1955 que *Le Monstre* fut tourné pour le grand écran, d'après la série de science-fiction *The Quatermass Xperiment*, alors extrêmement populaire en Angleterre. Ce film marqua le début de l'incursion du studio dans le monde de l'horreur.

## Horreur palpitante

Les années 1960 s'avérèrent une décennie intéressante pour le studio Hammer. Bien que *Les maîtresses de Dracula*, sorti en 1960, ait été l'un des films les plus populaires du genre jamais tourné par Hammer, il récolta des critiques mitigées. Le studio avait eu l'audace de présenter aux cinéphiles un jeune vampire blond, le baron Meinster (David Peel). Il était incontestablement risqué de faire un film sur Dracula sans la haute silhouette de Christopher Lee, sans sa présence sombre et dangereuse ; or, en dépit de sa beauté juvénile, Peel suscita des sentiments contradictoires tant chez les critiques que chez les cinéphiles. On l'aimait ou on le détestait.

Trois autres films suivirent *Les maîtresses* : *Le baiser du vampire* (1964) mettant en vedette la première femme vampire, Noel Willman ; *Dracula, prince des ténèbres* (1966) et *Dracula et les femmes* (1968). Le *Prince des ténèbres* marqua le retour très attendu de Christopher Lee dans le rôle qui l'avait rendu célèbre. Il s'était délibérément éloigné du sinistre vampire pour éviter d'être trop associé au personnage. Dans ce qui se résume à un rôle presque muet, si l'on excepte ses sifflements, Lee fait équipe avec le réalisateur Terence Fisher et le scénariste Jimmy Sangster et canalise sa brute intérieure pour terroriser deux couples qui s'adonnent à passer par son château. Au moment du climax, le monstre affronte sa fin inévitable, cette fois dans des eaux glacées.

Grâce à l'emploi délibéré d'une intrigue qui se poursuit d'un film au suivant, le monstre incarné par Christopher Lee fut involontairement réanimé par un prêtre qui plongea dans l'eau et dont le sang ramena le ténébrion à la vie, dans *Dracula et les femmes*. Sans Terence Fisher à la réalisation, le film perdit son aspect romantique distinctif, si prédominant dans les films précédents de Lee, en insistant davantage sur les scènes d'action.

## Le dernier clou du cercueil

Le succès du studio Hammer était en partie dû au fait qu'il ne produisait pas de films de Dracula à la chaîne, même si la question fait fréquemment l'objet de débats. Huit ans passèrent entre le moment où Christopher Lee apparut pour la première fois dans *Le cauchemar de Dracula* et pour la deuxième dans *Dracula, prince des ténèbres*. Durant les années 1970, le studio fut obligé de générer davantage de revenus, et la franchise Dracula souffrit inévitablement du rythme accéléré présidant à la production de plusieurs films de vampires à la chaîne. Malheureusement, la stratégie ne s'avéra pas profitable pour le studio et lui fit plutôt perdre son rang de chef de file du film d'horreur.

**CRIS ET HURLEMENTS**

Dans *Le cauchemar de Dracula*, c'est Van Helsing (Peter Cushing) qui se charge presque entièrement de la narration. Dans le rôle du vampire menaçant, Christopher Lee ne prononce qu'une douzaine de répliques au début du film, alors qu'il s'adresse à Jonathan Harker, inévitablement condamné. Dans un revirement inattendu, la cape que Lee portait lors du tournage a été découverte en octobre 2007 dans une boutique de costumes de Londres. Disparue depuis 30 ans, la cape, dont l'authenticité a été vérifiée par Lee lui-même, est évaluée à plus de 44 000 dollars.

Dans les années 1970, le studio Hammer sortit sa première production vampirique dès 1970 : il s'agit d'*Une messe pour Dracula*, mettant en vedette Christopher Lee. L'épisode porte sur la réanimation de son personnage de grand vampire maléfique, cette fois par un adepte du satanisme, Lord Courtley, qui s'est procuré la bague du comte, sa cape et un flacon de sang. L'action se déroule dans l'Angleterre victorienne et l'intrigue est axée sur l'aristocratie du temps. Obsédé par le désir de faire revivre le ténébrion, Courtley ruse et convainc trois amis qui s'ennuient de l'aider. Bien entendu, sa récompense pour avoir réanimé le maître est d'être tué. La mort de son serviteur déclenche chez Dracula une soif insatiable de vengeance qui se traduit par le meurtre de la progéniture des trois hommes. Plus tard la même année, Lee reprit son rôle dans *Les cicatrices de Dracula*. Ressuscité de nouveau, cette fois grâce au sang qui coule d'une chauve-souris et tombe sur ses cendres immortelles, le personnage plutôt sadique de Dracula tourmente un village jusqu'à ce qu'il soit finalement frappé par la foudre.

En 1970, Hammer produisit aussi *The Vampire Lovers*, avec Ingrid Pitt dans le rôle d'une vampire lesbienne, dans une version érotique surréaliste vaguement inspirée de *Carmilla*, le roman de Sheridan LeFanu (voir chapitre 3). L'année suivante, ce fut *La comtesse Dracula*, dans lequel Pitt s'inspira pour son personnage de la diabolique comtesse Erzébet Bathóry (voir chapitre 11). Ce film fut suivi de *Lust for a Vampire* (la suite de *The Vampire Lovers*), réalisé par Jimmy Sangster. En 1971, Peter Cushing tenta d'éradiquer les maux du vampirisme dans *Les sévices de Dracula*, dans lequel on fait de nouveau appel aux personnages du roman de Le Fanu.

En 1972, Hammer proposa *Vampire Circus*, dans lequel un vampire cherche à se venger d'un village affligé par la peste, et *Dracula 73*, sixième interprétation de Dracula pour Christopher Lee. L'intrigue plus contemporaine se déroule à Londres au XXᵉ siècle et réunit Lee et Cushing dans le rôle de son ennemi indomptable, le docteur Abraham Van Helsing. Le film met pour la première fois en scène la petite-fille de Van Helsing, Jessica, qui sera de la distribution de *Dracula vit toujours à Londres*, dernier film de vampire dans lequel Lee tournera en 1974 et qui marquera malheureusement la fin de son association avec Cushing dans ce genre cinématographique.

En effet, une fois le tournage terminé, Lee dit adieu à son plus célèbre *alter ego* chez Hammer. Ce fut un véritable rite de passage pour cette interprétation qui compte parmi les plus célèbres et les plus historiques de l'histoire du vampire au cinéma. Après la sortie de *Capitaine Kronos, tueur de vampires* en 1974 (voir chapitre 17), Hammer Films s'inclina devant l'évidence : l'horreur gothique était passée de mode. Le studio cessa de produire des films de vampires ; il mit ainsi fin à une tradition et laissa aux cinéastes suivants la tâche de créer de nouvelles versions imaginatives du vampire par excellence.

# LA CURÉE

Étant donné le précédent établi par Hammer Films du milieu des années 1970 à aujourd'hui, le genre vampirique a profité et souffert tout à la fois de l'inévitable saturation qui vient avec l'emploi d'intrigues variées, la liberté artistique et l'application des progrès technologiques. Lorsque Hammer Films se retira du film d'horreur, ce fut comme si la boîte de Pandore venait de s'ouvrir, et ce qui sortit d'entre les morts — ou les non-morts, c'est selon — représenta bientôt une véritable corne d'abondance de divertissement vampirique.

Même si en matière de film de vampire, chaque décennie a eu sa part de joyaux, toutes ont vu sortir des films qui outrepassaient les frontières du film de Dracula traditionnel et donnaient dans la comédie, la science-fiction, le western, et même, en 1975, dans la version pour malentendants : *Deafula* (voir chapitre 17). Les années 1960 et 1970 ont aussi été celles de l'apparition des vampires à la télévision, avec la série *Dark Shadows* et les films pour la télévision comme *Dracula*, en 1979, mettant en vedette Jack Palance. Les vampires travaillaient à se frayer un chemin dans nos salles de séjour — et le public en redemandait.

À partir de ce moment, Dracula et une foule de convertis allaient s'employer à voler partout où le cinéma les appellerait, qu'ils soient transformés en vampire égyptien (Catherine Deneuve dans *Les prédateurs*), en couvée d'adolescents tapageurs (*Génération perdue*), en chasseur de vampires (*Blade*), ou qu'ils continuent dans la foulée de l'incarnation de Vlad l'Empaleur, comme Bram Stoker l'a imaginé et comme Gary Oldman l'a interprété dans le *Dracula* de Coppola. Dans les chapitres qui suivent, nous vous présenterons la horde des vampires du grand écran, ainsi qu'une filmographie en deux parties qui vous incitera certainement à attraper votre cape et vos crocs. Mais d'abord, Dracula et ses comparses, puisque leur prestation est telle qu'elle a fait d'eux les plus illustres.

# Chapitre 15

# BUVEURS DE SANG LÉGENDAIRES

LES CHAPITRES 16 ET 17 vous proposent une filmographie vampirique complète dans laquelle nous soulignons un certain nombre d'œuvres allant du dramatique au comique, en passant par l'aventure-action et la science-fiction. Mais avant d'explorer le monde cinématographique des non-morts, nous avons un cercueil rempli d'exemples de performances et de films dignes de mention pour leurs personnages et les intrigues auxquelles ils donnent vie, ainsi que l'immortalité qu'ils confèrent au cinéma d'horreur. La majorité le reconnaîtra : cette brochette de vampires légendaires, comme Bela Lugosi et Christopher Lee, représente la crème de la crème du menu vampirique au cinéma, ou disons le groupe A… Le jeu de mots est volontaire.

# JE *FEUX* BOIRE VOTRE SANG !

Depuis les débuts du film de vampire, des dizaines d'acteurs et d'actrices ont relevé le défi et interprété les plus célèbres buveurs de sang de l'histoire. Certains, comme Bela Lugosi, Christopher Lee, Frank Langella et Gary Oldman, pour ne nommer qu'eux, ont laissé une marque permanente sur le genre. D'autres n'ont pas été aussi louangés par la critique. Cependant, il est juste de dire qu'interpréter un personnage aussi ancré dans le folklore, la littérature de fiction et le cinéma n'est pas une promenade de tout repos au cimetière.

Pour la majorité d'entre nous, choisir notre Dracula préféré s'apparente à choisir votre James Bond préféré. Certains préfèrent le légendaire Bela Lugosi, son style traditionnel et son allure de danseur de ballet ; d'autres penchent pour Christopher Lee, un Dracula séducteur, mais absolument impitoyable. Aujourd'hui, avec la sophistication grandissante du graphisme par ordinateur, des techniques de maquillage et du travail créatif de la caméra, les mordus de l'horreur ont la chance de s'en mettre plein la vue avec des vampires haut de gamme, tel Gary Oldman endossant avec subtilité le personnage d'un vampire qui passe de jeune homme à vieillard et se transforme également en rats et en loups. D'autres encore préfèrent Frank Langella, Willem Dafoe, Stuart Townsend, Jonathan Frid, John Carradine, Kate Beckinsale, Barbara Steele, George Hamilton, ou d'autres parmi les comédiens qui ont attrapé des fausses canines et y sont allés de leur meilleure interprétation de : « Je ne bois jamais… de vin ». Ou, dans le cas de Gerard Butler dans le très modernisé *Dracula 2000* : « Je ne bois jamais… de café ».

Sur le plan du panache et du talent artistique, il faut dire que les acteurs et les actrices qui ont joué le rôle d'un vampire ont apporté une certaine mesure de charme et de tics caractéristiques à leur *alter ego* non-vivant. Or, *tous* ces portraits — les bons, les laids et les mauvais — ont ajouté une autre facette au kaléidoscope du vampirisme au cinéma. En 1922, Max Schreck a créé un précédent dans *Nosferatu* avec son interprétation du comte Orlock, en établissant le fait que le vampire est une créature à la fois hideuse et prédatrice, ce qui constitue très clairement un hommage aux vampires de la tradition populaire. Probablement personne ne contestera le fait qu'Orlock devient de plus en plus grotesque et répugnant à mesure que le film progresse, par la magie de l'éclairage, du maquillage, ou de notre imagination. De son côté, entré en scène au moment où le muet cédait le pas au parlant, Lugosi a été avantagé par cette transition qui s'accordait davantage avec sa gestuelle. D'ailleurs, jumelée à ses grimaces caricaturales et menaçantes, cette gestuelle, dont on a dit qu'elle rappelait intentionnellement celle d'un danseur de ballet, a fait de lui un Dracula fort intense.

Pour beaucoup d'amateurs de films d'horreur, Christopher Lee est le comte Dracula par excellence ; son apparence sculpturale, ses manières impeccables de gentilhomme britannique et sa beauté agile ont fait de lui le parfait immortel. Avec son indéniable magnétisme sexuel et sa soif de sang fort justement interprétée, Lee a démontré de façon répétée, contrairement aux autres interprètes de Dracula, que son interprétation était une force sur laquelle il fallait compter. Concentrons-nous maintenant sur certains acteurs parmi les plus célèbres, à commencer par Bela Lugosi.

FOLKLORE
FANTASTIQUE

La version de 1931 de *Dracula* sortit le vendredi du week-end de la Saint-Valentin, un vendredi 13. Selon la rumeur, des spectatrices se sont évanouies dans les allées et des hommes sont sortis du cinéma en courant ! Décédé le 16 août 1956, Lugosi a été enterré dans son costume de Dracula, dernier hommage rendu à son interprétation légendaire.

## Bela Lugosi

Bela Lugosi présenta le comte Dracula au public pour la première fois en 1931. Première version cinématographique officielle d'après le roman de Stoker, ce film est considéré par plusieurs comme l'un des plus grands, sinon le plus grand, films de vampires de tous les temps. À n'en pas douter, Dracula était pour Lugosi le rôle de sa vie. Il lui assura une place au royaume de l'horreur cinématographique, même s'il fallut bien du temps pour en arriver là. Malgré la férocité avec laquelle la veuve du romancier, Florence Stoker, avait combattu pour que *Nosferatu*, la version « non autorisée » de 1922, soit détruit, elle céda finalement les droits du roman au studio Universal Pictures.

En fait, pour faire le film, Tod Browning s'appuya sur la production théâtrale écrite par Hamilton Deane, revue et corrigée par la suite par John Balderston pour la version américaine (voir chapitre 14). Par conséquent, le scénario fait appel à des éléments du roman de Stoker, mais s'autorise également quelques libertés artistiques avec les personnages et la progression de l'intrigue. Ainsi, dans la version de Browning, Renfield occupe le rôle principal, plutôt que «John» Harker dont le rôle est relativement effacé. Même s'il s'agissait d'une production à petit budget, *Dracula* est devenu pour Universal Pictures le film le plus profitable de l'année 1931.

Reprendre le rôle de Dracula dans ce premier long métrage représentait pour Lugosi une progression naturelle; en effet, il l'avait déjà interprété sur Broadway en 1927, dans l'adaptation américaine signée Deane et Balderston du succès original de Deane (voir chapitre 14). Aux yeux de plusieurs, les changements que Deane et Balderston ont apportés à l'apparence du monstre, en faisant d'un personnage hideux un vampire de salon éloquent et impeccablement vêtu, ont représenté un tournant dans l'évolution du vampire de Stoker. Finalement, ce sont cette transformation physique et l'interprétation de Lugosi qui ont donné le ton aux interprétations subséquentes de Dracula, c'est-à-dire une créature surnaturelle qui pourrait fort bien vivre parmi nous sans grands caractères distinctifs pour le priver de son humanité. Avec son accent hongrois et la lumière brillant sans relâche dans ses yeux, Lugosi allait graver dans la pierre la menace, l'obsession, le charme et la dépravation auxquels nous avons fini par nous attendre, venant de la plus maléfique créature de la nuit. Plusieurs répliques et pouvoirs célèbres attribués à Dracula dans la version de 1931 ont volontiers été imités ou légèrement modifiés dans de nombreux films de vampire subséquents.

## Christopher Lee

Pour beaucoup d'amateurs de vampires, la palme du buveur de sang revient à l'acteur légendaire Christopher Lee. Comptant plus de 260 films à son actif depuis ses débuts en 1948, Lee est l'un des acteurs les plus talentueux et les plus prolifiques de sa génération et l'une des plus grandes vedettes de l'histoire de l'horreur. Durant son extraordinaire carrière qui ne démontre d'ailleurs aucun signe d'essoufflement, Lee a interprété les rôles de Dracula, Frankenstein, la Momie, Sherlock Holmes, Fu Manchu et de douzaines de mécréants, de Rasputine à Francisco Scaramanga dans *L'homme au pistolet d'or*. Récemment, il était Saruman dans la trilogie du *Seigneur des Anneaux* et le comte Dooku dans deux épisodes de la Guerre des étoiles, *La revanche des Sith* et *L'attaque des clones*.

En fin de compte, Lee aura interprété Dracula 17 fois au cours de sa carrière, dont 7 fois pour Hammer Films : *Le cauchemar de Dracula* ; *Dracula, prince des ténèbres* ; *Dracula et les femmes* ; *Une messe pour Dracula* ; *Les cicatrices de Dracula* ; *Dracula 1973* et *Dracula vit toujours à Londres*. C'est l'amalgame des caractéristiques qu'il a données au personnage qui fait de Lee l'un des plus populaires, sinon le plus populaire, de tous les buveurs de sang de l'histoire du cinéma.

En tirant avantage de sa haute taille (il mesure 1,96 m), de sa beauté sombre et exotique, de son charme physique et de son intensité caractéristique, Lee a fait un prédateur animal de son Dracula, mais aussi une icône rusée au puissant magnétisme sexuel. Qu'il combatte Van Helsing ou complote pour mettre le grappin sur sa dernière conquête féminine, Christopher Lee, qui a interprété des monstres plus que tout autre acteur, a démontré que sa créature calculatrice possédait l'intellect, la ruse et la sensualité irrésistible auxquels les Dracula suivants ne pourraient qu'aspirer.

FOLKLORE
FANTASTIQUE

En plus d'être l'un des acteurs les plus prolifiques de l'histoire du cinéma, Christopher Lee est aussi mentionné dans le *Livre des records Guinness* : il détient le record de l'acteur ayant joué le plus grand nombre de scènes de combat à l'épée de toute l'histoire du cinéma. Ce n'est qu'en 2002, au moment du tournage de *L'attaque des clones*, deuxième épisode de la *Guerre des étoiles*, que Lee a cessé de faire ses propres cascades. Il avait 80 ans.

## Peter Cushing

Même si Peter Cushing interprète généralement le rôle d'Abraham Van Helsing, l'inégalable chasseur de vampires, il serait terriblement inapproprié de l'exclure de la liste des interprètes légendaires de Dracula, surtout en raison de sa longue association cinématographique avec Christopher Lee, un ami de toujours. Rares sont les associations de ce genre qui atteignent au statut de légende. Il y a eu Laurel et Hardy, Bogie et Bacall, Astaire et Rogers, et même Mickey et Minnie. Néanmoins, le domaine de l'horreur ne compte qu'un seul duo : Cushing et Lee. Ils ont tourné 19 films ensemble, mais ce sont les films de vampires qui les ont fait le mieux connaître.

Peu importe le rôle qu'il interprète, Cushing, gentilhomme britannique aux yeux bleus perçants et aux manières irréprochables, dégage toujours une aura de sécurité et de protection, ce qui représente tout un exploit dans un film de vampire. En vérité, la plupart du temps, c'est le Van Helsing de Cushing qui porte les films de Dracula, tandis que Lee s'investit plus dans l'intimidation physique de son personnage assoiffé de sang que dans ses répliques. Un élément distingue Cushing des acteurs ayant incarné Van Helsing avant lui, en particulier Edward Van Sloan (qui interprétait le rôle dans la version de 1931 de *Dracula*, et la suite sortie en 1936, *La fille de Dracula*) : il représente non seulement le parfait exemple de l'intellect aimable, mais déterminé, il apporte également sa présence physique au personnage. Athlétique et agile, Cushing est d'ordinaire la seule voix rationnelle des films de Dracula, et à ce titre, se charge généralement de régler le cas du buveur de sang *du jour*\*. Ce faisant, il déploie de grands efforts pour se colleter avec le ténébrion et a souvent été mordu par le fait même. Durant toute son illustre carrière qui s'est étendue de 1939 à 1986, Peter Cushing a incarné l'image même du professionnel ; il a interprété tous les rôles, du docteur Frankenstein à Sherlock Holmes, en passant par le docteur Who et Grand Moff Tarkin dans *La guerre des étoiles*. Christopher Lee pleure encore son décès survenu en 1994 ; il dit qu'il ne s'est jamais senti aussi ouvert, ni aussi près d'aucun autre de ses amis, qu'avec Cushing.

## Gary Oldman

Dans les annales de la légende du comte Dracula, Gary Oldman est sans doute l'un des plus grands interprètes de tous les temps, ne serait-ce que pour son interprétation du très vieux buveur de sang, véritable *tour de force*\*\* d'émotions qu'on s'attendrait à voir — mais qui n'ont pas toujours été mani-

---

\* En français dans le texte.
\*\* En français dans le texte.

festes — chez un prédateur éternellement consumé par la colère, la soif de vengeance, le désir, l'amour et le pouvoir. Dans la version que Francis Ford Coppola a tournée en 1992, la brillante interprétation d'Oldman illustre clairement les extrémités auxquelles l'immuable ténébrion est prêt à se rendre pour remédier ce qui est au mieux une histoire d'amour tragique ayant mal tourné. Dans le domaine du film de vampire, la version de Coppola est incontestablement l'une des plus réussies, de son aura d'élégance à sa distribution spectaculaire.

Malheureusement pour le Jonathan Harker de cette version (Keanu Reeves), Dracula a reconnu en sa fiancée Mina Murray (Winona Ryder) la réincarnation de sa femme. Dans cette célébration de l'horreur romantique et gothique, Oldman donne une performance extraordinaire par l'aisance avec laquelle il se transforme, de vieux vampire détraqué à jeune et beau prince Vlad, en passant par ses différentes incarnations de loup, de chauve-souris et de monstre grotesque aux canines pointues tout droit sorti du folklore. Ayant choisi de ne pas employer la technologie CGI, Coppola a insisté pour tourner son film en ayant recours à des illusions créées par la caméra, en utilisant avec brio des angles de caméra et des techniques de la vieille école qui se sont révélées admirablement réussies. D'entrée de jeu, le scénario s'est efforcé de conserver les meilleures parties de l'œuvre de Stoker et le film est formidablement avantagé par la présence de Gary Oldman et de Sir Anthony Hopkins qui, il faut le mentionner, est l'un des meilleurs acteurs à avoir relevé le défi que représente le rôle exigeant d'Abraham Van Helsing.

À l'instar de ses prédécesseurs accomplis, Oldman réussit à illustrer l'existence fondamentale de l'ultime ténébrion, en lui instillant une attitude pressante de charme intense et d'intelligence aiguisée qui démentent son extrême dépravité — caractéristique indéniable du prédateur. Faisant appel à l'histoire de Vlad l'Empaleur de Transylvanie, Oldman passe sans coup férir de l'homme à l'animal et de l'amoureux à l'assassin dans une interprétation absolument fascinante. Par ailleurs, l'acteur réussit à transmettre le sentiment de terrible solitude à laquelle l'immortalité condamne et suscite une empathie rarement éprouvée pour ce personnage au cinéma. Tout aussi remarquable et dans un effet de contraste saisissant, Hopkins comme Cushing délaissent le rôle de l'érudit un peu ennuyeux qui caractérisait le personnage de Van Helsing à ses débuts, et choisit de faire montre d'excentricité et d'une obsession qui, à son point culminant, rivalise avec celle de Dracula lui-même. Dans son rôle de chasseur, le Van Helsing de Hopkins éprouve un certain respect et une sorte d'empathie pour le prince déchu. Lorsque Mina lui fait remarquer qu'il admire le vampire, il répond que oui, « il était de son vivant un homme remarquable ».

**CRIS ET HURLEMENTS**

Coppola a finalement choisi Gary Oldman pour interpréter Dracula dans son film éponyme, mais plusieurs acteurs ont auditionné pour le rôle, y compris Viggo Mortensen, Gabriel Byrne, Antonio Banderas, Andy Garcia et Armand Assante. Par ailleurs, le rôle de Thomas Renfield, le disciple fou de Dracula, a d'abord été offert à Steve Buscemi qui l'a refusé. En fin de compte, c'est Tom Waits qui s'en est chargé avec un zèle délicieux.

Le magnétisme sexuel que Gary Oldman investit dans son rôle est un autre aspect de sa performance qui mérite d'être mentionné. Il y a dans le film une scène que l'on peut qualifier d'érotique et d'inattendue, lorsque le jeune prince Vlad rencontre Mina à Londres pour la première fois, lors d'une représentation au Cinématographe. Une fois la foule chaotique dispersée, Mina est confrontée à un loup blanc dont l'attaque est vite arrêtée par le prince. Mina s'approche alors de l'animal qu'elle caresse de sa main gantée. Vlad la rejoint et fait de même. Le ton est donné lorsqu'il déclare qu'« il y a beaucoup à apprendre des bêtes ». Encore une fois, ces bribes de sagesse et de compassion, mêlées à la férocité bouillonnante du prince, ajoutent de la profondeur au Dracula d'Oldman. À la fin, cette même compassion lui accorde la mort aux mains de sa bien-aimée princesse réincarnée, conclusion qui convient admirablement à sa longue et tumultueuse carrière de vampire.

## LE TEMPLE DE LA RENOMMÉE VAMPIRIQUE

Depuis les débuts du cinéma, des dizaines d'acteurs et d'actrices ont interprété des rôles de vampire ; bien que certains surpassent les autres de la cape et des canines, nous nous devons de mentionner quelques interprétations remarquables, en particulier la version télévisuelle américaine de 1973 de *Dracula*. Le film met en vedette Jack Palance, célèbre acteur de genre qui déclencha un nouvel engouement pour Dracula, tout comme Frank Langella après sa performance en 1979. Le rôle allait comme un gant à Palance. Avec son physique intimidant, son allure distinguée et sa voix menaçante, l'acteur donna un nouveau souffle à l'immortel mauvais garçon, grâce au scénario de Richard Matheson, auteur de *Je suis une légende*, et à la réalisation de Dan Curtis, qui nous donna aussi *Dark Shadows*.

## Frank Langella

En vedette dans la version de 1979, Frank Langella est considéré par plusieurs comme l'un des meilleurs interprètes de Dracula. Dans une ambiance edwardienne agrémentée par la présence de Sir Laurence Olivier, dans le rôle de Van Helsing, et de Donald Pleasence, dans celui du docteur Seward, le monstre suprêmement indulgent de Langella représente la quintessence du charme, de la séduction et de la manipulation démoniaque. Réalisé d'après l'adaptation scénique de Deane et Balterston (voir chapitre 14), le film flirte parfois avec le kitsch dans ses efforts pour faire revivre le Dracula de Lugosi, mais selon un angle décidément moderne, conçu pour garder les spectatrices au bord de la transe et de l'évanouissement.

## John Carradine

Le patriarche de la famille Carradine est l'un des acteurs les plus prolifiques de l'histoire. Il a interprété Dracula en de nombreuses occasions (seul Christopher Lee l'a interprété plus que lui), tant au théâtre qu'au grand et au petit écran, notamment dans les années 1940, dans *La maison de Frankenstein* et *La maison de Dracula*. En 1956, Carradine eut le privilège de jouer le rôle de Dracula pour la première fois à la télévision dans un épisode de *Matinee Theatre*. Par la suite, il reprit le rôle du buveur de sang dans les comédies *Billy le Kid contre Dracula* (1966) et *Nocturna* (1979), aussi intitulé *La petite-fille de Dracula*, tout en jouant dans un certain nombre de films de vampires de série B. Il suffit de dire que dans le temple de la renommée vampirique, Carradine fait partie de ceux qui donnent le plus la chair de poule.

### Willem Dafoe

Il est rare que la vedette d'un film d'horreur ou de science-fiction soit récompensée aux Oscars; c'est donc la preuve de l'excellence de la performance de Willem Dafoe dans *L'ombre du vampire* (2000), qui raconte le tournage du film *Nosferatu* en 1922 (voir chapitre 14). Dans le rôle de l'acteur Max Schreck, Dafoe fait preuve d'une profondeur d'introspection et de dépravation rarement illustrée au cinéma vampirique, ce qui contribue de façon subtile au revirement ultime de l'intrigue. En effet, l'obsession de Murnau de choisir le vampire «parfait» pour le rôle conduit le spectateur à l'inquiétante conclusion que Schreck a peut-être interprété le rôle à la perfection parce qu'il *était* réellement un vampire.

### Tom Cruise et Brad Pitt

En 1994, l'adaptation cinématographique longtemps attendue du roman d'Anne Rice, *Entretien avec un vampire : les chroniques des vampires*, a enfin vu le jour (voir chapitre 13). La production historique était somptueuse, mais la réaction du public a été mitigée. Les gens ont adoré ou détesté, et les adversaires du film affirment que Neil Jordan a finalement attribué les rôles principaux à Tom Cruise et à Brad Pitt dans un effort calculé pour attirer le public adolescent. Quoi qu'il en soit, troisième succès de salle de toute l'histoire du cinéma vampirique, *Entretien* reste fidèle au roman et illustre admirablement l'éternel drame du charmant, complexe et magnétique Lestat de Lioncourt, et de Louis de Pointe du Lac, son pupille réticent (voir chapitres 13 et 17).

### Stuart Townsend

Sorti en 2002, le film *La reine des damnés*, d'après *Les Chroniques des vampires* d'Anne Rice (mélange de *Lestat le vampire* et de *La reine des damnés*) nous a permis de revoir pour la deuxième fois le vampire le plus célèbre depuis le Dracula de Stoker. Cette fois, c'est Stuart Townsend qui endosse le rôle de Lestat, le vampire adoré. Sur bien des plans, il rend justice à la complexité intrinsèque du vampire dont le périple, dans cet épisode, commence lorsqu'il se réveille en vedette du rock et se termine lorsqu'il détruit Akasha, l'ancienne mère de tous les vampires. Townsend puise la profondeur qui manque à Cruise dans son arrogance de gothique à la mode et sa détermination à mettre tous les vampires du monde en colère en brisant le code de l'anonymat.

### Richard Roxburgh

Deuxième succès de salle de toute l'histoire du cinéma vampirique, *Van Helsing* (2004) a beaucoup à offrir avec son périple transylvanien rempli d'action, et surtout, l'excellente performance de l'acteur australien Richard Roxburgh. Aux prises avec Gabriel Van Helsing, son ennemi mortel — ou immortel, dans ce cas de figure —, Roxburgh est sans doute le meilleur Dracula que nous ayons vu depuis des années. Terrifiant dans sa dépravation émotionnelle et parfaitement manipulateur, il incarne un démon maléfique, frénétique dans la poursuite de son but qui consiste à déchaîner sa progéniture sur le monde, tout en jouant une dangereuse partie de traque-et-mords avec Van Helsing, dans un combat épique entre une chauve-souris et un loup-garou (voir chapitre 17).

### Wesley Snipes

Né d'une mère mordue par un vampire juste avec d'accoucher, Wesley Snipes apporte une nouvelle dimension au monde des vampires dans le rôle de Blade. Il est non seulement à moitié humain et à moitié vampire, mais il est aussi chasseur de vampires. Imaginé par Marvel Comics dans *The Tomb of Dracula*, un livre de bandes dessinées publié en 1973, Blade a l'avantage particulier d'être un « marcheur diurne », ce qui signifie qu'il n'a pas le soleil en aversion et ne souffre pas des rares contraintes — relatives — qui affectent en général le vampire ordinaire (voir chapitre 19). Foisonnant d'action, la trilogie de *Blade* illustre finalement le cas du vampire récalcitrant à l'extrême. Blade ne se nourrit pas de sang humain ou animal ; il s'injecte plutôt différents produits pour étancher sa soif.

### Gerard Butler

Gerard Butler endosse à son tour le rôle du ténébrion dans *Dracula 2000* de Wes Craven. Dans ce conte moderne à l'intrigue inspirée, le Dracula de

Butler affronte le duo formé par Van Helsing et Mary, sa fille sans méfiance. Contrairement aux buveurs de sang de la vieille époque, en général composés d'un amalgame de Vlad l'Empaleur et de son père Vlad Dracul, courtoisie de Stoker, Craven a choisi d'associer son vampire à une source biblique, Judas Iscariote, l'homme qui a trahi Jésus. Avec ses nombreux revirements et retournements, c'est l'un des meilleurs films de vampires de notre époque.

### Jonathan Frid

Grâce à son interprétation de Barnabas Collins dans *Dark Shadows*, feuilleton gothique télévisé durant les années 1970, Jonathan Frid a écarté la menace de l'annulation imminente de l'émission en illustrant l'aspect multidimensionnel — sinon kitsch — d'un vampire pris entre ses scrupules et ses pulsions primaires (voir chapitre 18). Premier vampire sérieux du petit éran, le personnage de Barnabas Collins a donné le jour à deux longs métrages; encore aujourd'hui, l'émission compte des milliers de fidèles admirateurs. Frid a même son propre site Web (*www.jonathanfrid.com*) et répond régulièrement aux commentaires de ses admirateurs ravis.

### William Marshall

Avant le vampire afro-américain de Wesley Snipes, il y eut le prince Mamuwalde, interprété par William Marshall. À la fin du XVIIIe siècle, le prince commet la grave erreur d'essayer de bannir le trafic d'esclave en confrontant Dracula. Mauvaise idée. Il se réveille en 1972 et se rend compte qu'il est devenu Blacula. Film de blaxploitation* classique, *Blacula* a suivi le mouvement pour les droits civiques, comme on le sait, mais Marshall mérite tout de même des applaudissements pour avoir interprété un vampire relativement kitsch avec dignité, panache et un charme un peu rude, qui lui ont valu de reprendre le rôle en 1973, dans *Scream Blacula Scream*.

### Anders Hove

Bien qu'il soit souvent classé comme un film de catégorie B en raison de sa sortie en vidéo, le film *Subspecies*, et par la suite la série éponyme,

---

* N.d.T. : Contraction de « black » et « exploitation ». Courant culturel et social propre au cinéma américain des années 1970 qui a revalorisé l'image des Noirs américains en les présentant dans des rôles dignes et de premier plan, et non plus seulement dans des rôles secondaires et de faire-valoir.

est unique en son genre dans sa volonté de troquer le Dracula traditionnel à l'élégance nonchalante contre les vampires plus typiques du folklore et le monstrueux comte Orlock de *Nosferatu*. Interprété par Anders Hove, le morbide vampire roumain Radu Vladislaus, avec ses longues canines, sa bouche baveuse, ses traits de mutant et sa voix grinçante, est *vraiment* une créature de cauchemar.

## Et voici les mariées !

Jusqu'à ce que le film de vampire entre dans l'ère moderne, les femmes étaient la plupart du temps reléguées au rôle de « mariées » de Dracula, en général choisies parmi un contingent de barmaids, de paysannes, de voyageuses, ou différents amalgames de Lucy Westenra et de Mina Murry, les personnages féminins de Stoker (voir chapitre 4). Selon la recette habituelle, une ou plusieurs femmes périssaient, soit parce qu'elles avaient été mordues, soit parce qu'elles étaient tuées par un chasseur de vampires. Par ailleurs, la dernière mariée recouvrait souvent son état humain au moment de la mort de Dracula. Néanmoins, au fil des années, une petite couvée d'actrices principales a rampé hors du cercueil pour lancer l'évolution de la femme vampire, elle-même une menace légitime et invétérée.

Au cours des décennies, certaines de ces actrices ont fait leurs débuts dans des rôles écrits à partir des crimes légendaires de la sanguinaire comtesse Erzébet Bathóry (voir chapitre 11), ou de Carmilla, la créature vampirique lesbienne de sinistre mémoire, rendue célèbre par la plume de Sheridan Le Fanu (voir chapitre 3). Il a fallu attendre les années 1970 pour que la femme vampire commence à apparaître régulièrement au grand écran. Cette évolution s'explique en partie par le fait que les cinéastes présentaient davantage de nudité et diversifiaient leurs approches en mélangeant le vampire féminin traditionnel à d'autres genres.

## Les premières vamps

Gloria Holden fut l'une des premières vamps du grand écran. Elle joua le rôle principal dans *La fille de Dracula* (1936), la suite du *Dracula* de Lugosi (voir chapitre 14). Dans le rôle de la comtesse Marya Zaleska, elle se montre glaciale et fascinante, ce qui n'est pas sans ses charmes manipulateurs. Contrairement aux femmes vampires contemporaines axées sur l'action, la comtesse est une créature vampirique réticente qui désire ardemment trouver un remède à son affliction maléfique. Au fond, l'interprétation de Holden fit savoir au monde du cinéma que les femmes vampires — équipées de leurs propres pièges séducteurs et de leurs propres capacités prédatrices — étaient en chasse.

### Maria Menado

Durant les années 1950, plusieurs femmes vampires sont sorties de leur cercueil. Maria Menado est rarement mentionnée comme personnage féminin principal, ce qui est probablement dû au fait que ses films n'ont pas été beaucoup distribués aux États-Unis. En 1957, elle interpréta le vampire antagoniste dans deux films malaisiens portant sur une revenante du folklore malaisien, *Pontianak* (*The Vampire*) et *Dendam Pontianak* (*Revenge of the Vampire*) (voir chapitre 2). Étant donné que les vampires vengeurs sont difficiles à tuer et faciles à réanimer, Menado revint d'entre les morts en 1958 dans *Sumpah Pontianak* (*The Vampire's Curse*), puis dans *Pontianak Kembali* (*The Vampire Returns*) en 1963.

**CRIS ET HURLEMENTS**

Annette Vadim, femme de Roger Vadim, fut l'un des vampires féminins les plus célèbres des années 1960. Elle était la vedette du film de son mari, *Et mourir de plaisir*. Aussi connu comme *Le sang et la rose*, le film est l'une des premières adaptations du *Carmilla* de Sheridan Le Fanu. D'autres vampires féminins ont fait leur apparition dans *Queen of Blood*, *Draculita* et *The Devil's Mistress*.

### Barbara Steele

Durant les années 1960, le réalisateur italien Mario Bava a produit un certain nombre de classiques de l'horreur, dont *Les trois visages de la peur*,

*La planète des vampires* et *Hercule contre les vampires*, mais c'est son film culte de 1960, *Le masque du démon*, communément intitulé *Dimanche noir*, qui a changé la donne pour le cinéma de vampires italien. En effet, c'est en 1956, sur le plateau du film *I Vampiri* (alias *Les vampires*) que le cinéaste devenu réalisateur a pris conscience du potentiel de Barbara Steele pour le film d'horreur.

Dans le double rôle de la princesse Asa Vajda et de Katia Vajda, Steele, une brune à la beauté frappante, offre une performance magistrale. Elle est à la fois la sorcière vampire et la virginale Katia dans ce terrifiant banquet stylé, romantique et sexuellement chargé de débauche vampirique se déroulant au XVII$^e$ siècle. Steele a ensuite joué le personnage principal dans l'un des classiques de Roger Croman, d'après l'œuvre d'Edgar Allen Poe, *The Pit and the Pendulum*, ainsi que dans *Le Spectre*, *The Long Hair of Death* et *Danse Macabre*.

## Ingrid Pitt

Durant les années 1970, Hammer Films a sorti une trilogie audacieusement érotique qui a eu beaucoup de succès. Conçus d'après *Carmilla*, les films s'intitulaient *The Vampire Lovers*, *Lust for a Vampire* et *Les sévices de Dracula*. Ces classiques du genre ont réussi à échapper aux censeurs en dépit d'une quantité appréciable de nudité et de titillations délibérées. Le premier lança la carrière d'Ingrid Pitt, une Polonaise d'une grande beauté, dans le cinéma d'horreur. Dans *The Vampire Lovers*, Pitt est Mircalla/Carmilla la vampire ; elle joue le rôle d'une buveuse de sang à la libido bouillonnante qui transforme trois de ses mariées en vampires, dans une illustration du jeu de pouvoir féminin ultime. Comme on pouvait s'y attendre, c'est finalement le général von Spielsdorf, interprété par Peter Cushing, qui fait — littéralement — perdre la tête à Mircalla.

Pitt a continué à ajouter à son curriculum d'actrice de genre en acceptant le rôle principal dans *La comtesse Dracula*, tourné en 1971 d'après l'histoire d'Erzébet Bathóry, telle que racontée par Valentine Penrose dans *La comtesse sanglante*. La même année, l'actrice a remis ses canines pour jouer dans *La maison qui tue* ; il s'agit d'une anthologie de l'horreur relativement comique dans laquelle elle tient le rôle principal dans l'épisode intitulé *The Cloak*.

# NYMPHETTES EN FOLIE ASSOIFFÉES DE SANG

Après les vampires exotiques et érotiques des années 1970, les deux décennies suivantes ont mis en scène un certain nombre de vamps coquines qui vont du théâtral au comique en passant par le surnaturel. Mentionnons, entre autres, Louise Fletcher dans *Mama Dracula* (1980), Mathilda May, entièrement nue dans *Lifeforce* (1985), Lauren Hutton dans *Once Bitten* (1985), Grace Jones dans *Vamp* (1986), Britt Ekland dans *Beverly Hills Vamp* (1989), Sylvia Kristal dans *Dracula's Widow* (1989), Anna Parillaud dans *Innocent Blood* (1992), Talisa Soto dans *Vampirella* (1996) et Denise Duff dans la série *Subspecies*.

Toutes ces fascinantes tigresses ont introduit dans le genre une nouvelle race de monstre féminin qui a fait cheminer l'idée que les femmes *peuvent* porter un film de vampire sur leurs épaules, peut-être même sans fioritures comme les tendances lesbiennes de Carmilla, ou le massacre d'innocents par la Bathóry dans une tentative démoniaque de conserver son apparence de jeunesse. Néanmoins, même si dans tous les films de cette période, quelques femmes vampires donnent un spectacle à vous glacer le sang, la plus illustre de toutes ces immortelles reste Catherine Deneuve.

## Catherine Deneuve

Légendaire ingénue française, Catherine Deneuve est sans conteste l'une des meilleures actrices de notre époque, que l'on pense à ses débuts en 1965 dans *Répulsion*, de Roman Polanski, à son rôle magistral de femme d'intérieur frigide qui se prostitue la nuit dans *Belle de jour* en 1967, ou à sa performance dans *Indochine*, rôle pour lequel elle a reçu l'Oscar de la meilleure actrice en 1992. Or, en 1983, Deneuve se transformait en une créature sensuelle d'un autre genre en devenant Miriam Blaylock, la femme vampire âgée de plusieurs millénaires, du film *Les prédateurs*, adapté du roman de Whitley Strieber, publié en 1981 (voir chapitre 13).

Comme toujours dans les adaptations de romans pour le cinéma, l'intrigue comporte des différences notables (surtout la fin), mais le film *Les prédateurs* se démarque des autres films du genre par l'aspect haute société stylée créé par le réalisateur Tom Scott (qui tourna ensuite *Top Gun* et *Jour*

*de tonnerre*, entre autres). On a beaucoup critiqué le film pour cette attention portée à la beauté visuelle, mais il n'y a finalement pas grand-chose à
redire du jeu glacial de Deneuve. Présentant un mélange torride de décadence et de férocité prédatrice, Miriam est une créature vampirique très
sophistiquée, quoique terrifiante sur le plan subliminal ; elle a un *je ne sais
quoi** de surnaturel qui, combiné à sa bisexualité intimidante, esquisse finement la psyché impitoyable d'une immortelle multimillénaire. Mettant également en vedette David Bowie dans le rôle de son amant « mourant », et
Susan Sarandon dans celui de remplaçante choisie par Miriam, ce film culte
est le plus souvent noté pour les scènes érotiques, mais de bon goût, entre
Deneuve et Sarandon.

### Kate Beckinsale

À la fin des années 1970, une poignée d'actrices d'élite, comme Sigourney
Weaver dans la série de films *Alien* et Linda Hamilton dans *Terminator*, ont
ouvert la porte à des héroïnes puissantes et aventurières dans le genre de
l'horreur et de la science-fiction. Dans le cas de Weaver et Hamilton, leur performance dans *Alien* et *Terminator* a valu à chacune l'Oscar de la meilleure
actrice. Ces deux pionnières, protagonistes d'avant-garde, ont donné vie à
l'idée que les filles pouvaient faire des films d'action qui marchaient, une
idée qui a fait son chemin dans le royaume des vampires. Avec l'arrivée des
superproductions d'après les grandes œuvres littéraires comme le *Dracula*
de Coppola en 1992, l'adaptation cinématographique des romans d'Anne
Rice, *Entretien avec un vampire* et *La reine des damnés*, et *Blade*, la série à
rallonge, le monde du cinéma vampirique était à la recherche de sang frais
du côté des femmes. Ayant trouvé Kate Beckinsale, il lui a offert le rôle principal de Selene dans *Underworld* (2003) et sa suite *Underworld : Évolution*
(2006) (voir chapitre 17).

Plus que la vamp moyenne ordinaire qui joue traditionnellement le rôle
de collation de minuit pour Dracula ou celui de son obsession, Selene sym-
bolise le pouvoir féminin du nouvel âge. Elle se lance au milieu d'une guerre
létale qui se poursuit depuis presque un millénaire entre les vampires et les
lycans (sans contredit les meilleurs loups-garous que vous verrez *jamais* se
transformer au grand écran). Le magnétisme sexuel bouillonnant de Selene

---

* En français dans le texte.

l'immortelle forme un contraste brillant avec son instinct de survie extrême de « marchande de mort », et les risques téméraires qu'elle prend au nom de la vengeance, en dépit des lois de sa couvée. L'arrivée dans ce *savoir-faire*[*] sanglant d'un protagoniste masculin, Michael, qui combat pour ne pas devenir un hybride, fait remonter en Selene des souvenirs de sa vie d'humaine. Bien que la suite, qui reprend l'intrigue où le précédent l'a laissée, n'arrive pas tout à fait à la cheville de l'original, il sert tout de même à établir qu'il n'y a rien de plus séduisant qu'un prédateur féminin dans un léotard en cuir, en particulier quand il sait faire la différence entre le bien et le mal et peut jouer le jeu des non-morts du début à la fin.

Le vampirisme d'action d'*Underworld* s'est révélé assez gagnant pour qu'on propose en 2006 aux cinéphiles le film *Ultraviolet*, dans lequel une femme singulièrement agressive et atteinte d'une peste vampirique, brillamment interprétée par Milla Jovovich, provoque le chaos dans une société futuriste déterminée à éliminer ceux de sa « race » (voir chapitre 17). Ces films en ont inspiré beaucoup d'autres, et plusieurs vampires portés sur l'action ont bientôt jailli de leur cercueil, comme Kristanna Loken, hybride d'humaine et de *dhampir* dans le film *BloodRayne* (2005), et Lucy Liu dans *Rise* (2007).

## LES VAMPIRES S'AMUSENT

Dans tous les genres cinématographiques, certains films se révèlent en fin de compte involontairement comiques, même si l'intention de départ était de présenter un drame et un suspense sérieux. Les films de vampires sont souvent les victimes de ce quiproquo, comme bien des films d'horreur et de science-fiction. Ainsi, *Planet Nine from Outer Space* et l'étrange *Atom Age Vampire* ne perdent rien au change dans l'interprétation chronologique — ils n'ont jamais rien eu à offrir. Heureusement, quelques comédies vampiriques, parodies et autres, ont été tournées dans le but avoué de faire rire et s'emploient à éclairer la mine éternellement sombre des enfants de la nuit.

Au fil des décennies, beaucoup de cinéastes ont essayé de tourner une comédie vampirique, certains avec des résultats involontairement comiques. Parmi les comédies les plus connues, mentionnons *Tempi duri per i*

---

[*] En français dans le texte.

*vampiri* (ou *Les temps sont durs pour les vampires*) (version de 1959), *Le bal des vampires* (1967), *Du sang pour Dracula* (1974), *Vampira* (1974), *Dracula, père et fils* (1976, d'après le roman de Claude Klotz, *Paris Vampire*), *Once Bitten* (1985), *Mr. Vampire* (1986), *I Married a Vampire* (1987), *My Grand-Father is a Vampire* (1991), *Innocent Blood* (1992), *Un vampire à Brooklyn* (1995), *Karmina* (1996) et *La reine des vampires* (1996).

**CRIS ET HURLEMENTS**

Plusieurs parodies de genre ont fait recette et donné lieu à des suites ou atteint le statut de film culte. L'équipe de scénarisation et de réalisation de Jim Abrahams et des frères David et Jerry Zucker a lancé sa rafale de parodies en 1980 avec *Y a-t-il un pilote dans l'avion?* Cet extravagant désastre aérien devenu film culte a d'abord été suivi en 1984 par *Top* Secret, puis en 1988 par le premier des trois *L'agent fait la farce,* et par deux épisodes des *Pilotes en l'air* en 1991 et 1993. La série des *Films de peur*, qui joue dans le registre horreur et science-fiction, est aussi très populaire et profitable.

La parodie comique sans doute la plus réussie sur le plan de la longévité est *Buffy contre les vampires* (1992), portant sur les exploits d'une meneuse de claques devenue chasseuse de vampires (voir chapitres 13 et 18). Le film était destiné à devenir une série télévisée qui a tenu l'affiche sept saisons à partir de 1997. De nos jours, les réalisateurs de comédie et de parodie du genre vampirique doivent relever un défi de taille, car ils sont à vrai dire tenus d'atteindre les normes élevées établies par *Frankenstein Junior*, le classique de 1974. Considéré par plusieurs comme la plus grande parodie d'horreur de tous les temps, le film de Mel Brooks a mis la barre extrêmement haute avec sa distribution spectaculaire, son scénario inoubliable et son panache comique d'une perfection absolue.

### Love at first bite

On le sait, il est difficile de plaire à tout le monde dans le monde subjectif de la comédie. Ce qu'un spectateur trouve hilarant ne fera même pas sourire son voisin de siège. Par contre, parmi les parodies, il en est une que beaucoup considèrent comme un classique du genre. *Love at First Bite* met en scène Dracula sous les traits éternellement bronzés de George Hamilton. Cette parodie de 1979 est faite sur mesure pour cet homme de haute taille, fringant et à l'élégance nonchalante. L'acteur ne représente certainement pas une menace pour les Dracula classiques, avec son interprétation caricaturale d'un nosferatu millénaire qui essaie de s'intégrer à la vie moderne à New York.

Sorti cinq ans après *Frankenstein Junior*, *Love at First Bite* était une tentative musclée pour donner aux films de vampires d'époque une approche distinctement moderne. Ainsi, lorsqu'on informe Dracula qu'il peut passer le reste de sa vie dans un studio avec sept dissidents et une seule toilette, il demande à Renfield (interprété par le comédien Arte Johnson) : «Qu'est-ce qu'un studio?», ce à quoi ce dernier réplique : «Qu'est-ce qu'une toilette?»

Ce sont des scènes semblables qui donnent à la parodie de vampires ses meilleurs moments. Après tout, lorsque le personnage principal est aussi vieux et aussi bronzé, on a beaucoup d'occasions d'avoir recours à la comédie. Quant au rôle légendaire de Dracula, peu d'amateurs oublieront jamais Hamilton se retirant dans son cercueil équipé d'une veilleuse, ou ses répliques classiques à l'accent prononcé, comme : «Enfants de la nuit… bouclez-la!» ou «Que diriez-vous de porter un habit de maître d'hôtel depuis 700 ans?»

## Mort et heureux de l'être

En 1995, près de 20 ans après l'explosion de *Frankenstein Junior* au grand écran, le réalisateur Mel Brooks plongea de nouveau dans le monde de l'horreur et lui donna un électrochoc en réalisant *Dracula : mort et heureux de l'être*. Profitant du succès que lui valait son retour d'incontournable acteur de parodie dans *Y a-t-il un pilote dans l'avion?*, la série *L'agent fait la farce* et deux *Films de peur* en succession, Leslie Nielsen montra les dents et endossa le rôle du comte loufoque, flanqué d'une formidable distribution comprenant Harvey Korman (docteur Seward), Steven Weber (Jonathan Harker), Amy Yasbeck (Mina), et Mel Brooks lui-même dans le rôle de Van Helsing.

**CRIS ET HURLEMENTS**

Pour la scène hilarante dans laquelle Harker transperce Lucy d'un pieu, la rumeur veut que Mel Brooks n'ait pas averti Steven Weber qu'il serait aspergé par plus de 750 litres de faux sang en tournant la scène. Résultat : une réaction classique de Weber et un dialogue hystérique au cours duquel, après avoir frappé Lucy deux fois, Brooks dit à Weber qu'elle « est presque morte », ce à quoi un Weber couvert de sang réplique qu'« elle l'est assez ».

Bien qu'il puise à la source d'une foule de classiques du genre, *Mort et heureux de l'être* est surtout axé sur la version de Browning, tournée en 1931, et sur celle de Coppola. Bien entendu, il faut ajouter que *Frankenstein Junior* est un film presque impossible à émuler, étant donné son statut de film culte et le fait qu'il reste mortellement hilarant encore aujourd'hui. Quoi qu'il en soit, *Mort* a ses bons moments, dont beaucoup sont dus à l'interprétation de Peter MacNicol. Dans le rôle de Renfield, celui-ci rend un hommage parfaitement comique à l'interprétation démente de Dwight Frye dans la version de 1931. MacNicol est absolument hilarant avec son incapacité à traverser la sinistre toile d'araignée qui barre l'escalier de Dracula, son habitude maniaque d'avaler des insectes et le dessin de *Smiley* qu'il trace dans les cendres du comte. Ce qui ne veut pas dire que Nielsen ne fait pas le poids dans le rôle de l'immortel comte. Son « chapeau » imitant la perruque outrageuse de Gary Oldman et sa façon de dire « Les enfants de la nuit… quels dégâts ils font ! » avant de glisser dans l'escalier sur un tas d'excréments de chauve-souris déclenchent des éclats de rire retentissants.

## TANT QU'IL Y AURA DES HOMMES

Dans les deux prochains chapitres, vous découvrirez le cimetière ultime du cinéma vampirique dans une filmographie en deux parties qui vous précipitera sûrement en ligne ou en catastrophe au club vidéo le plus proche. En tant que genre cinématographique, le film de vampire est incroyablement vaste, mais il vaut bien l'effort des amateurs qui apprécient les tentatives des cinéastes pour lâcher chaque année toutes sortes de vampires de leur cercueil dans nos salles de séjour. Dracula et ses semblables ne sont jamais plus impressionnants que lorsqu'ils volent au grand écran, dévoilent leurs canines mortelles et luisantes et se dissolvent dans notre esprit comme autant de brouillard dans une crypte abandonnée.

# Chapitre 16

# VAMPIRES AU CINÉMA : DU MUET AUX JOYEUSES ANNÉES 1960

EN PLUS D'UN SIÈCLE, l'industrie du cinéma a produit toutes sortes de films d'horreur, et une grande partie de ce corpus, historiquement significatif, est constituée de films sur les vampires et le vampirisme. De l'ère du muet à nos jours, le cinéma nous a présenté toute une gamme de buveurs de sang, du théâtral au terrifiant, en passant par le comique. Indépendamment de la décennie, chacun de ces films a apporté sa contribution au vampirisme, en rendant hommage tant aux œuvres littéraires qui leur servent de fondements qu'aux esprits créatifs qui ont conjuré certaines des créatures parmi les plus terrifiantes et les plus engageantes que le monde ait connues.

# VAMPIRES DU GRAND ÉCRAN

Depuis les débuts du cinéma muet, les vampires et le vampirisme sous ses différentes formes ont joué un rôle important dans l'histoire de l'horreur ; par ailleurs, la puissance des buveurs de sang ne donne aucun signe de vouloir s'évanouir au soleil dans un avenir rapproché. Bien que le genre ait certainement connu sa part de films de série B et de sang, de tripes et de sanies, plusieurs parmi les premiers classiques ont réussi dans leur simplicité à rendre le vampire crédible et absolument terrifiant. En vérité, plusieurs films de vampires du milieu du XXe siècle ont survécu aux outrages du temps ; des années après leur sortie, une foule d'autres sont par ailleurs devenus des films cultes. Les vampires contemporains sont encore plus fascinants et de nouvelles races de buveurs de sang sont récemment apparues avec un aplomb élégant.

En parcourant cette filmographie en deux parties, vous serez peut-être étonné de constater qu'il y a beaucoup de films de vampires sur le marché et qu'ils proposent un vaste éventail d'intrigues, que l'on pense aux adaptations du roman de Stoker ou aux autres produits dérivés, productions d'aventure-action extravagante, interprétations étrangères, et même à certaines parodies pour faire bonne mesure. Il faut ajouter qu'aux fins du présent ouvrage, nous avons choisi les films qui illustrent la gamme complète des efforts créatifs déployés par les cinéastes, des courts métrages muets aux superproductions à grand déploiement et à gros budget. Quelle que soit votre préférence en matière de cinéma, si vous aimez les vampires, *tous* ces films valent que vous y mordiez à belles dents.

Il faut mentionner ici un important aspect du genre : au fil des décennies, beaucoup de films de vampires ont été distribués sous des titres différents. Bien souvent, le titre qui leur est donné dans leur pays d'origine est changé au moment de leur sortie sur le marché international, mais ce n'est pas toujours le cas. Dans cette filmographie, nous présentons les films d'après leur titre le plus connu, en indiquant l'année de leur sortie et leurs acteurs principaux. Dans le présent chapitre, nous passons en revue les films de l'époque du muet jusqu'aux années 1960. Dans le chapitre suivant, nous présentons les films des années 1970 jusqu'au nouveau millénaire. Cela étant dit, nous vous présentons maintenant le vampire à travers les âges, vu par les yeux des cinéastes du monde entier.

# L'ÉPOQUE DU MUET

Par leur nature, les films muets sont des classiques et les films d'horreur ne font pas exception à la règle. Même si dans cette catégorie, le plus reconnaissable est le *Nosferatu* de F. W. Murnau, sorti en 1922 (voir chapitre 14), des douzaines d'autres témoignent des premières véritables étapes de l'évolution du vampire au cinéma, ainsi que des fondements des contraintes et des conflits sociopolitiques de l'époque. Hélas! Bon nombre de ces bijoux n'ont pas survécu aux ravages du temps et leur héritage, comme autant de vampires, est tombé en poussière. Quoi qu'il en soit, nous rendons hommage à la perspicacité et aux efforts créatifs de ces premiers cinéastes et de leurs acteurs, ainsi qu'à leur contribution au film de vampire.

Le premier film de vampire a été tourné en 1896; il s'agit d'un court métrage français de deux minutes intitulé *Le manoir du diable*. Court, mais horriblement agréable, le film met en vedette une chauve-souris qui se transforme en Méphistophélès. En dépit de sa brièveté, le film est considéré par plusieurs comme le premier du genre. Plusieurs douzaines d'autres allaient suivre au cours des deux décennies suivantes, et leur réalisation allait révéler un contraste intéressant entre les cinéastes européens et les cinéastes américains de l'époque : les Européens choisissaient de se concentrer sur le film artistique et expressionniste, alors que les Américains se lançaient dans la production de films d'action.

Le contingent international de films muets illustre une variété d'intrigues en provenance de la Suède (*Le vampire*), de la France (*Le manoir du diable* et *Le vampire*), de l'Allemagne (*Nosferatu, une symphonie de la terreur*, ainsi que deux versions d'*Alraune*), de la Hongrie (*Alraune* et *Drakula*), de l'Autriche (*Lilith und Ly*), de la Russie (*Dracula*), de l'Inde (*The Wife and the Vampire*) et de la Pologne (*Les vampires de Varsovie*). Ces premiers films étrangers ont ouvert la voie à plusieurs entreprises internationales qui ont incité le Mexique, et surtout l'Italie à entrer dans la crypte cinématographique du vampire.

L'un des films les plus remarquables de l'époque du muet est *Londres après minuit*, suspense d'horreur tourné par le réalisateur Tod Browning en 1927. Browning fait partie des réalisateurs qui ont réussi la transition du muet au parlant et on le considère souvent comme l'un des plus grands réalisateurs de films muets en Amérique. Son succès est en partie dû à son association avec Lon Chaney Senior, acclamé pour son interprétation de Quasimodo dans *Notre-Dame de Paris* (1923) ainsi que pour plusieurs autres films muets qui lui ont valu le surnom de « l'homme aux mille visages ». Chaney a certainement prouvé la pertinence de son surnom dans *Londres après minuit* dans lequel, vêtu d'un haut-de-forme et d'une cape noire, il apparaît la bouche remplie de dents pointues, les yeux exorbités et les paupières tombantes.

Réalisé d'après un scénario original de Browning, *Londres après minuit* est un mystère de Scotland Yard, un film que plusieurs spécialistes considèrent par jeu comme le premier « faux » film de vampire, étant donné que Chaney y joue le double rôle de l'inspecteur Burke et d'un mystérieux vampire créé dans le cadre d'un subterfuge complexe, élaboré pour démasquer un meurtrier. Le film a été repris par Browning en 1935, et est devenu *La marque du vampire*, avec Lionel Barrymore et Bela Lugosi.

**CRIS ET HURLEMENTS**

Avec l'arrivée du film parlant, Tod Browning a été appelé à réaliser en 1931 la *pièce de résistance** des films de vampires, c'est-à-dire *Dracula*. Curieusement, le réalisateur voulait que ce soit Lon Chaney Senior qui joue le rôle du comte de sinistre mémoire, mais celui-ci mourut en 1930, et ce fut finalement l'acteur hongrois Bela Lugosi qui obtint le rôle.

Malgré certains efforts cinématographiques dans les deux premières décennies du XXe siècle, la majorité considère que c'est seulement à partir de 1992 que le premier véritable vampire à part entière a fait son apparition captivante au grand écran dans *Nosferatu, eine Symphone des Grauens*. Illustration classique du vampire de la tradition populaire, plutôt qu'image suave et élégante des vampires du futur, ce film est un incontournable dans toute collection de films de vampires (voir chapitre 14). On ne saurait sous-estimer la signification de *Nosferatu* pour ce genre cinématographique. En dépit de la valeur assez grossière de la production, le comte Orlock était et restera un amalgame choquant de prédateur surnaturel et de pervers sexuel subversif. Dans le rôle du vampire monstrueux, Max Schreck est terrifiant à tous points de vue.

Les films muets sur les vampires et le vampirisme comprennent :

---

* En français dans le texte.

✝ *Le manoir du diable* (1896, France) Jeanne d'Alcy, George Méliès

✝ *Vampire of the Coast* (1909)

✝ *The Vampire* (1910) Charles Clary, Margarita Fischer
(d'après un poème de Rudyard Kipling)

✝ *The Vampire's Trail* (1910)

✝ *In the Grip of the Vampire* (1913)

✝ *Vampyren*, ou *Le vampire* (1913, Suède)
Lili Bech, Nils Elffors, Victor Sjöström

✝ *Vampire of the Desert* (1913) Helen Gardner, Tefft Johnson, Harry T. Morey

✝ *La Torre dei vampiri*, ou *La tour du vampire* (1913, Italie)
Alfredo Bertone, Giulietta De Riso, Oreste Grandi

✝ *The Forest Vampires* (1914) Walter Edwards,
J. Barney Sherry, Clara Williams

✝ *The Vampire's Trail* (1914) Alice Joyce, Alice Jollister, Harry F. Millarde

✝ *Embrasse-moi idiot* (1915) Theda Bara, Edward José, Mabel Frenyear

✝ *The Devil's Daughter* (1915) Theda Bara, Paul Doucet, Victor Benoît

AMUSE-GUEULE
MORDANT

Le terme « vamp » ne s'est pas toujours appliqué au vampire typique du cinéma — du moins pas à l'époque du muet. L'actrice Theodosia Goodman, mieux connue sous le nom de Theda Bara, a été l'une des premières *sex-symbols* de l'industrie du cinéma. En fait, ses personnages de femme fatale étaient tellement populaires que la rumeur veut que ce soit elle qui ait immortalisé la « vamp » au grand écran. Dans son cas, cependant, cela avait plus à voir avec ses personnages, qui vidaient les coffres ou le cœur de ses cibles amoureuses !

✝ *Saved from the Vampire* (1915) Clarence Barr, Madge Kirby, Florence Lee

✝ *Les vampires* (1915, France) Musidora, Édouard Mathé, Marcel Lévesque

✝ *The Vampire* (1915) Olga Petrova, Vernon Steele, William A. Morse

✝ *Was She A Vampire ?* (1915) Edna Maison

✝ *Nächte des Grauens*, ou *Nuit d'horreur* (1916)
Emil Jannings, Laurence Köhler, Werner Krauss

✟ *A Vampire Out of Work* (1916) Josephine Earle
✟ *An Innocent Vampire* (1916) Arthur Albertson,
Rose Melville, Henry Murdock
✟ *The Kiss of a Vampire* (1916) Kenneth Hunter, Virginia Pearson
✟ *The Latest in Vampires* (1916) Harry Myers,
Rosemary Theby, Sidney Bracey
✟ *Mr. Vampire* (1916) Francis Ford, Roberta Wilson, Jack Holt
✟ *The Mysteries of Myra* (1916) Jean Sothern,
Howard Estabrook, Allan Murnane
✟ *She Was Some Vampire* (1916) Billyl Franey,
Gale Henry, Milburn Morante
✟ *The Village Vampire* (1916) Fred Mace, Anna Luther, Earle Rodney
✟ *Jerry and the Vampire* (1917) George Ovey, Goldie Colwell, Janet Sully
✟ *To Oblige a Vampire* (1917) Eddie Lyons, Lee Moran, Edith Roberts
✟ *Alraune* (1918, Hongrie) Karoly Arnyai, Géza Erdélyi, Gyula Gál
✟ *Alraune*, ou *Sacrifice* (1918, Allemagne) Gustav Adolf Semler, Hild Wolter
✟ *Mutt and Jeff Visit the Vampire* (1918) Theda Bara, Bud Fisher
✟ *Lilith und Ly* (1919, Autriche) Elga Beck, Ernst Escherich, Franz Kammauf

**CRIS ET HURLEMENTS**

Tournée en 1919, la version autrichienne de *Lilith und Ly* propose un revirement intéressant, lorsque son protagoniste tombe amoureux d'une statue de Lilith qu'il anime à l'aide d'un rubis. Or, il s'avère que Lilith est une créature vampirique qui s'emploie dès lors à drainer la vie de son sauveur et de Ly, sa compagne.

✟ *Dracula* (1920, Russie)
✟ *Drakula* (1921, Hongrie)
✟ *The Blonde Vampire* (1922) De Sacia Mooers,
Joseph W. Smiley, Charles Craig
✟ *Nosferatu, eine Symphone des Grauens*, ou *Nosferatu :
une symphonie de la terreur* (1922, Allemagne) Max
Schreck, Gustav von Wangenheim, Greta Schröder

- ✝ *The Last Man on Earth* (1924) Earle Foxe, Grace Cunard, Gladys Tennyson
- ✝ *Les vampires de Varsovie* (1925, Pologne) Oktawian Kaczanowski, Halina Labedzka
- ✝ *Prem Ane Vaasna*, ou *The Wife and the Vampire* (1925, Inde)
- ✝ *Londres après minuit* (1927) Lon Chaney, Marceline Day, Henry B. Walthall
- ✝ *Alraune*, ou *Unholy Love* (1928, Allemagne) Brigitte Helm, Paul Wegener, Iván Petrovich

**FOLKLORE FANTASTIQUE**

Bien que l'intrigue de *The Last Man on Earth* (1924) ressemble à celle du roman de Richard Matheson publié en 1954, *Je suis une légende*, il n'y a aucun lien entre les deux. Dans le premier cas, une peste opportunément appelée «homicide» a éradiqué tous les hommes de la planète, à l'exception d'Elmer Smith, un bouseux des monts Ozark maintenant à la merci de la population féminine. On a tourné une nouvelle version du film en 1933, en Espagne ; cette fois, la peste était «masculinicide» et le film souffrait de la présence du même médecin malveillant, le docteur Prodwell, dont le nom semble sorti tout droit d'un film de James Bond !

# LES ANNÉES 1930 : NAISSANCE DE DRACULA

On discute souvent à savoir quel film marque la véritable «naissance» du film de vampire ; or, même si plusieurs font remarquer que *Nosferatu* a été le premier à suivre, même sans autorisation, le *Dracula* de Bram Stoker, il ne devrait pas y avoir matière à débat. La première interprétation officielle du comte classique et de sa torride histoire transylvanienne revient à Bela Lugosi qui apporta au traditionnel Dracula porté à l'écran en 1931 tout le panache dont il pouvait faire preuve (voir chapitre 15). En dépit des nombreuses versions subséquentes, le jeu de Lugosi dans le rôle de Dracula est significatif sur plusieurs plans. En effet, ce film présente pour la première fois plusieurs caractéristiques du buveur de sang, comme sa capacité à se transformer en chauve-souris, en loup, en brouillard et en poussière, le fait qu'il déteste les miroirs, ainsi que les répliques qui deviendront synonymes du personnage. Aucun amateur de vampires n'oubliera *jamais* la voix diabolique et très accentuée de Lugosi lorsqu'il déclare : «Je ne bois jamais… de vin ».

Dans les années 1930, le cinéma fut aussi témoin de l'apparition d'une femme vampire remarquable, mais sous-estimée. Il s'agit de Gloria Holden qui apparut au grand écran pour la première fois en 1936 dans *La fille de Dracula*. Reprenant le récit précisément là où la version de Lugosi l'avait laissé, Holden joue le rôle de la comtesse Marya Zaleska, l'une des premières dans la longue lignée de ceux qu'on finira par connaître sous le nom de *vampires récalcitrants*, c'est-à-dire ceux et celles qui cherchent à briser le sortilège de l'immortalité. On ne fait pas souvent grand cas de cette suite apparemment fondée sur un récit de Bram Stoker, *L'invité de Dracula* (plusieurs spécialistes affirment que le scénario serait l'œuvre originale de Garrett Fort, qui a aussi signé la version de 1931 de *Dracula*). En dépit de son budget visiblement fort maigre, le film est un exemple élégant qui aura eu l'avantage d'avancer la cause de la future couvée de femmes vampires (voir chapitre 15).

FOLKLORE
FANTASTIQUE

> Même si la version de 1931 de *Dracula* souffre de la médiocre qualité de production qui caractérise plusieurs des premiers films, plusieurs raisons expliquent le succès de la version mettant Lugosi en vedette, entre autres, l'accueil extraordinaire réservé aux versions scéniques de *Dracula* durant les années 1920 (voir chapitre 14).

Plusieurs autres films des années 1930 sont dignes de mention. Le premier, *Vampyr*, tourné en 1932 par le réalisateur Carl Theodor Dreyer, propose une intrigue étrange et plutôt cryptique d'après *Carmilla*, de Sheridan Le Fanu (voir chapitre 3). L'année suivante, le public se délecta de *The Vampire Bat*, mettant en vedette Lionel Atwill, Fay Wray, le jeune Melvyn Douglas et Dwight Frye, dans une interprétation particulièrement démente de Renfield, l'esclave de Bela Lugosi dans la version de 1931 de *Dracula*. En

1935, la nouvelle version de *Londres après minuit*, de Ted Browning, sortit sous le titre *La marque du vampire*. Les films des années 1930 incluent :

✞ *Alraune*, ou *Daughter of Evil* (1930) Brigitte Helm,
  Albert Bassermann, Harald Paulsen

✞ *Vampiresas* (1930) Antonio Ozores, Lina Morgan, Yves Massard

✞ *Dracula* (1931) Bela Lugosi, Helen Chandler,
  David Manners, Edward Van Sloan

✞ *Drácula* (1931, Mexique) Carlos Villarías, Pablo Álvarez
  Rubio, Barry Norton, Lupita Tovar

✞ *Vampyr*, ou *L'étrange aventure de David Gray* (1932,
  Allemagne) Julian West, Maurice Schutz, Rena Mandel

✞ *El Ultimo varon sobre la Tierra*, ou *The Last Man on Earth* (1933,
  Mexique) Raul Roulien, Rosita Moreno, Mimi Aguglia

✞ *The Vampire Bat* (1933) Lionel Atwill, Fay Wray, Melvyn Douglas

✞ *Condemned to Live* (1935) Ralph Morgan,
  Maxine Doyle, Pedro de Cordoba

✞ *La marque du vampire* (1935) Lionel Barrymore,
  Elizabeth Allan, Bela Lugosi, Lionel Atwill

✞ *La fille de Dracula* (1936) Gloria Holden,
  Otto Kruger, Marguerite Churchill

✞ *El Baúl macabro*, ou *The Macabre Trunk* (1936, Mexique)
  Ramón Pereda, René Cardona, Manuel Noriega

✞ *Le retour du docteur X* (1939) Humphrey Bogart,
  Rosemary Lane, Wayne Morris

**CRIS ET HURLEMENTS**

Vous êtes un amateur de *Casablanca* et du *Faucon maltais* ? Accrochez-vous à votre cape, car croyez-le ou non, Humphrey Bogart s'est commis dans le rôle d'un vampire zombie dans le film *Le retour du docteur X* (1939). Eh oui ! Les cheveux striés d'une mèche blanche, Bogie interprète un meurtrier exécuté et réanimé qui présente l'avantage additionnel d'être un vampire. Petite anecdote : à l'origine, le rôle était destiné à Boris Karloff.

# LES ANNÉES 1940 : COMÉDIE DE L'HORREUR

Au début des années 1940, le genre souffrit de quelques escapades coquines et amusantes (dont certaines ne se voulaient pas vraiment comiques), mais fut aussi favorisé par la présence de quelques grands acteurs qui reprirent chacun leur tour le rôle de Dracula. Reprenant le rôle dans plusieurs films, dont *The Devil Bat*, *Spooks Run Wild* et *Le retour du vampire*, Lugosi joua même le vampire dans *Deux nigauds contre Frankenstein*. De ces films, seul *Le retour* offre à l'acteur un rôle dans lequel il peut mordre à belles dents. Il interprète le vampire Armand Tesla, initialement tué durant le blitz de Londres en 1918, puis exhumé et réanimé durant la Deuxième Guerre mondiale. Fait significatif, ce film marque la première rencontre du vampire et du loup-garou au cinéma.

Lon Chaney visita aussi la crypte du distingué vampire, en interprétant le comte moustachu Alucard (palindrome, quelqu'un ?) dans *Le fils de Dracula*. La décennie fut très occupée pour l'acteur qui interpréta le monstre à trois reprises, en jouant le rôle du célèbre loup-garou Lawrence Talbot dans *Deux nigauds contre Frankenstein*, *La maison de Frankenstein* et *La maison de Dracula*. Par ailleurs, ces deux farces nous ont fait connaître une autre légende vampirique du grand écran : John Carradine, sans conteste l'un des plus épouvantables Dracula parmi les classiques (voir chapitre 15). Les drames et comédies d'horreur des années 1940 comprennent :

✟ *The Devil Bat* (1940) Bela Lugosi, Suzanne Kaaren, Dave O'Brien, Hal Price
✟ *Spooks Run Wild* (1941) Bela Lugosi, Leo Gorcey, Dennis Moore
✟ *Dead Men Walk* (1943) George Zucco, Mary Carlisle, Nedrick Young
✟ *Le train des épouvantes* (1943) Henriette Gérard, Murdock MacQuarrie, Paul Wegnener
✟ *Le fils de Dracula* (1943) Lon Chaney Junior, Robert Paige, Louise Allbritton, Evelyn Ankers
✟ *La maison de Frankenstein* (1944) John Carradine, Boris Karloff, Lon Chaney Junior, Lionel Atwill
✟ *Le retour du vampire* (1944) Bela Lugosi, Matt Willis, Frieda Inescort, Nina Foch

✝ *La maison de Dracula* (1945) Lon Chaney Junior, John Carradine, Lionel Atwill

✝ *L'île des morts* (1945) Boris Karloff, Ellen Drew, Marc Cramer

✝ *Memorias de una Vampiresa* (1945, Mexique) Manuel Noriega, Clifford Carr, Adriana Lamar

✝ *The Vampire's Ghost* (1945) John Abbott, Roy Barcroft, Peggy Stewart

✝ *Devil Bat's Daughter* (1946) Rosemary La Planche, John James, Michael Hale

✝ *The Face of Marble* (1946) John Carradine, Claudia Drake, Robert Shayne

✝ *The Spider Woman Strikes Back* (1946) Brenda Joyce, Gale Sondergaard, Kirby Grant, Rondo Hatton

✝ *Valley of the Zombies* (1946) Robert Livingston, Adrian Booth, Ian Keith

✝ *Deux nigauds contre Frankenstein* (1948) Bud Abbott, Lou Costello, Lon Chaney Junior, Bela Lugosi

AMUSE-GUEULE MORDANT

**Une forme de *vrykolakas* grec a fait ses débuts au cinéma en 1945 dans le film *L'île des morts*, mettant en vedette Boris Karloff. L'intrigue se déroule durant la première guerre balkanique de 1912. Karloff joue le rôle d'un général grec fictif, tué dans ses tentatives peu judicieuses pour protéger les habitants d'un îlot grec de la propagation d'une peste. On soupçonne la belle incarnation d'un *vrykolakas* d'être en cause, mais elle se révèle finalement innocente (voir chapitre 2).**

# LES ANNÉES 1950 : CHAUVE-SOURIS DE L'ENFER

Arrivant à la suite d'une décennie de films de vampires d'une excentricité classique, les années 1950 s'ouvrirent avec éclat et continuèrent dans la même veine. Un important contingent de films étrangers fit sa marque sur la tradition vampirique et l'on assista à une renaissance du film de vampire, bastion de l'industrie cinématographique. Des films comme *I Vampiri*, de Ricardo Freda (1956), sur la légende de la monstrueuse comtesse Erzébet Bathóry (voir chapitre 11), signalent l'émergence d'une tradition italienne dans le film de ce genre. En 1958, *Blood of the Vampire* allait aussi servir à faire connaître la ravissante Barbara Steele. Par la suite, Steele allait devenir l'une des plus grandes reines hurlantes du film d'horreur et l'incarnation même de la sorcière-vampire dans le film culte de Mario Bava, *Black Sunday*, sorti en 1960 (voir chapitre 15).

Si les années 1950 ont vu la sortie de nombreux films de vampires, l'un d'eux se démarque de tous les autres, de la cape et des canines, et se résume en deux mots : Christopher Lee. En 1958, Lee se dressa dans son cercueil et fit ses débuts de vampire dans *Le cauchemar de Dracula* (aussi intitulé *Dracula*), une production du studio Hammer. Lee venait de terminer, en 1957, le tournage de *Frankenstein s'est échappé*, dans lequel il interprétait la créature, et Peter Cushing, le baron Victor Frankenstein. Lee et Cushing se retrouvèrent dans *Le cauchemar*. Le résultat fut l'un des meilleurs films de Dracula jamais produits et la naissance de ce que beaucoup considèrent comme l'association la plus épique de toute l'histoire de l'horreur (voir chapitre 15). Le film représenta aussi un tournant pour Hammer, car il lui permit d'assurer sa prééminence dans le film d'horreur, prééminence qu'il conserverait durant plus d'une décennie.

Très différent du comte de Bela Lugosi dans la version de 1931, Lee, avec sa chevelure grisonnante, ses yeux rouges et ses envoûtements sanguinaires, campait un Dracula épatant. Son athlétisme, ses audacieuses pulsions sexuelles et ses instincts animaux primaires donnèrent une nouvelle vie au personnage et fournirent un adversaire admirable au Van Helsing de Cushing, tout aussi provocant et proactif. Le public fut charmé par l'interprétation du réalisateur Terence Fisher et son illustration sociale de la chute de l'aristocratie au XIX<sup>e</sup> siècle. Parmi les films des fabuleuses années 1950 :

- ✝ *La Chose d'un autre monde* (1951) Kenneth Tobey, Margaret Sheridan, James Arness
- ✝ *Batula*, ou *Fearless Fosdick meets Dracula* (1952) Film de marionnettes écrit par All Capp
- ✝ *Old Mother Riley Meets the Vampire* (1952) Arthur Lucan, Bela Lugosi, Dora Bryan
- ✝ *El Vampiro negro*, ou *The Black Vampire* (1953, Argentine) Olga Zubarry, Roberto Escalada, Georges Rivière

✝ *Drakula Istanbul'da*, ou *Dracula in Istanbul* (1953, Turquie)
Atif Kaptan, Annie Ball, Bülent Oran

✝ *I Vampiri*, ou *The Devil's Commandment* (1956, Italie)
Gianna Maria Canale, Carlo D'Angelo, Dario Michaelis

✝ *Pitié pour les vamps* (1956, France) Viviane Romance, Giselle Pascal

✝ *Kyuketsuki-ga*, ou *The Vampire Moth* (1956, Japon)
Ryo Ikebe, Asami Kuji, Akio Kobori

✝ *Blood of Dracula* (1957) Sandra Harrison, Louise Lewis, Gail Ganley

✝ *La fille du Dr Jekyll* (1957) Gloria Talbott, John Agar, Arthur Shields

✝ *Not of This Earth* (1957) Paul Birch, Beverlyl Garland, Morgan Jones

✝ *Dendam Pontianak*, ou *Revenge of the Vampire* (1957, Singapour)
Maria Menado, Puteh Lawak, S. M. Wahid

✝ *Space Ship Sappy* (1957) Moe Howard, Larry Fine, Joe Besser

✝ *El Vampiro, ou The Vampire* (1957, Mexico) Germán
Robles, Abel Salazar, Adriadna Welter

✝ *El Vampiro*, ou *The Vampire* (1957) John Beal, Coleen Gray, Kenneth Tobey

FOLKLORE
FANTASTIQUE

Il faut mentionner à propos de cette décennie la critique élogieuse qui a accueilli le film de Howard Hawks à sa sortie en 1951. *La Chose d'un autre monde* traverse les frontières du vampirisme traditionnel et amalgame l'horreur et la science-fiction dans un mélange qui fait grand usage du vampirisme en mettant en scène des pestes et des monstres hideux buveurs de sang. Une nouvelle version a été réalisée en 1982 par John Carpenter ; bien qu'elle mette en scène un extraterrestre assoiffé de sang, cette version est souvent classée dans le genre science-fiction général. De son côté, Hawks a suivi les critères du genre. Classique incontestable, *La Chose d'un autre monde* est une créature végétative assoiffée de sang (rôle muet interprété par James Arness), réanimée du tombeau de son vaisseau spatial extraterrestre tombé dans l'Arctique.

✝ *Pontianak*, ou *The Vampire* (1957, Singapour)
Maria Menado, M. Amin, Salmah Ahmad

✝ *Anak Pontianak*, ou *Son of the Vampire* (1958, Singapour)
Kemat Bin Hassan, Hasimah, Haj Sattar

✝ *El Ataúd del Vampiro*, ou *The Vampire's Coffin* (1958, Mexique)
Germán Robles, Abel Salazar, Ariadna Welter

✝ *Le sang du vampire* (1958) Donald Wolfit, Vincent Ball, Barbara Shelley

✝ *El Castillo de los monstruos*, ou *Le château des monstres* (1958,
Mexique) Germán Robles, Antonio Espino, Evangelina Elizondo

✝ *Le cauchemar de Dracula* (1958) Christopher Lee, Peter
Cushing, Michael Gough, Melissa Stribling

✝ *It! The Vampire From Beyond Space* (1958) Marshall
Thompson, Shawn Smith, Ray Corrigan

✝ *The Return of Dracula* (1958) Francis Lederer,
Norma Eberhardt, Ray Stricklyn

✝ *Sumpah Pontianak*, ou *The Vampire's Curse* (1958)
Maria Menado, Mustaffa Maarof, Salmah Ahmad

✝ *Curse of the Undead* (1959) Eric Fleming,
Michael Pate, Kathleen Crowley

✝ *First Man Into Space* (1959) Marshall Thompson, Marla Landi, Robert Ayres

✝ *Plan Nine From Outer Space* (1959) Gregory Walcott,
Mona McKinnon, Duke Moore

✝ *Onna kyuketsuki*, ou *The Woman Vampire* (1959, Japon)
Shigeru Amachi, Keinosuke Wada, Junko Ikeuchi

✝ *Tempi duri per i vampiri*, ou *Les temps sont durs pour les vampires*
(1959, satire italienne) Christopher Lee, Renato Rascel, Sylva Koscina

## LES ANNÉES 1960 : RENAISSANCE DU PLUS FORT

Le succès que remporta Christopher Lee avec son interprétation de Dracula
insuffla une nouvelle vie au film de vampire et durant les deux décennies
qui suivirent, vampires, coquins, et créatures vampiriques de tout acabit illu-
minèrent le grand écran avec style, humour et une grande liberté créatrice.
Le vampire du grand écran put ainsi poursuivre son massacre tout au long
des années 1960, car des cinéastes de partout à travers le monde s'appro-
prièrent chacun leur tour la légende de Dracula.

En 1960, Peter Cushing reprit le rôle d'Abraham Van Helsing dans *Les maî-tresses de Dracula*, un classique du studio Hammer. Mais cette fois, le monstre immortel adopta une apparence dont on discute encore l'efficacité aujourd'hui. Dans le rôle du diabolique baron Meinster, David Peel crée un contraste frappant avec le grand Dracula, sombre et mortel de Christopher Lee. Peel avait les cheveux blonds et les yeux bleus; pour les cinéphiles, il n'était tout simplement *pas* Christopher Lee. Néanmoins, *Les maîtresses* reste un film culte, ne serait-ce qu'en raison de la présence de Cushing qui ajoute encore à son interprétation de Van Helsing, qu'il joue avec la classe et l'instinct aiguisé d'un véritable chasseur de vampires (voir chapitre 15). Lee, déterminé à devenir la vedette de l'horreur de sa génération, revint à ses racines transylvaniennes en 1966. Il s'associa de nouveau à Terence Fisher pour tourner *Dracula, prince des ténèbres*, en plus de participer à une poignée d'autres films : *Le château des morts-vivants*, *Le train des épouvantes*, *Theatre of Death*, *Le vampire et le sang des vierges* et *Dracula et les femmes*. Pour une vraie dose de vampirisme classique à la façon des *Swinging Sixties*, ne manquez pas de visionner :

☦ *l'erede di Santana Seddok*, ou *Le monstre au masque* (1960, Italie) Alberto Lupo. Susanne Loret, Sergio Fantoni

☦ *La Maschera del demonio*, ou *Le masque du démon* (1961, Italie) Barbara Steele, John Richardson, Ivo Garrani

☦ *Et mourir de plaisir* (1960, France) Mel Ferrer, Elsa Martinelli, Annette Vadim

☦ *Les maîtresses de Dracula* (1960) Peter Cushing, Yvonne Monlauer, David Peel

☦ *L'Amante del vampiro*, ou *La maîtresse du vampire* (1960, Italie) Hélène Rémy, Maria Luísa Rolado, Tina Gloriani

☦ *Akui ggot*, ou *The Bad Flower* (1961, Corée du Sud) Ye-chun Lee, Geum-bong Do, Seon-ae Ko

☦ *Maciste contro il Vampiro*, ou *Goliath and the Vampires* (1961, Italie) Gordon Scott, Guido Celano, Gianna Maria Canale

☦ *El Mundo de los vampiros*, ou *Le monde des vampires* (1961, Mexique) Mauricio Garcés, Erna Martha Bauman, Silvia Fournier

☦ *El Vampiro sagriento*, ou *The Bloody Vampire* (1962, Mexique) Carlos Agostí, Begoña Palacios, Erna Martha Bauman

✟ *Santo vs. las mujeres vampiro*, ou *Superman contre les femmes vampires* (1962, Mexique), Santo, Lorena Velásquez, María Duval

✟ *Échenme al vampiro*, ou *Bring Me the Vampire* (1963, Mexique) Pompín Iglesias, Joaquín García Vargas, Fernando Soto

✟ *La Casa de los espantos*, ou *House of Frights* (1963, Mexique) Pompín Iglesias, Joaquín García Vargas, Fernando Soto

✟ *The Horror of It All* (1963) Pat Boone, Erica Rogers, Dennis Price

✟ *Le baiser du vampire* (1963) Clifford Evans, Edward de Souza, Noel Willman, Jennifer Daniel

✟ *Pontianak Kembali*, ou *The Vampire Returns* (1963, Singapour) Maria Menado, Malik Selamat

✟ *Six femmes pour l'assassin* (1964) Cameron Mitchell, Eva Bartok, Thomas Reiner

✟ *Kulay dugo ang gabi*, ou *The Blood Drinkers* (1964, Philippines) Ronald Remy, Amalia Fuentes, Eddie Fernandez

✟ *Danza macabra*, ou *Danse macabre* (1964, Italie) Barbara Steele, Georges Rivière, Margarete Robsahm

**CRIS ET HURLEMENTS**

Selon la rumeur, Christopher Lee n'aurait pas aimé le scénario de *Dracula, prince des ténèbres*. Il jugeait les dialogues atroces et refusa de prononcer une seule de ses répliques. Si la rumeur est vraie, cela expliquerait pourquoi il ne dit pas un mot du film : il se contente de cracher et de siffler méchamment, se faisant comprendre grâce au regard fixe qui le caractérise et à ses cabotinages d'immortel mauvais garçon.

✟ *Il Castello dei morti vivi*, ou *Le château des morts-vivants* (1964, Italie) Christopher Lee, Gaia Germani, Philippe Leroy

✟ *Der Fluch der grünen Augen*, ou *The Curse of the Green Eyes* (1964, Allemagne) Adrian Hoven, Erika Remberg, Carl Möhner

✟ *Le dernier homme sur la terre* (1964) Vincent Price, Franca Bettoia, Emma Danieli

✟ *Terror in the Crypt* (1964) Adriana Ambesi, Christopher Lee, Ursula Davis

✟ *Il Vampiro dell'opera*, ou *L'orgie des vampires* (1964, Italie) Marco Mariani, Giuseppe Addobbati, Barbara Howard

- ✟ *The Bloodless Vampire* (1965, Philippines) Charles McCauley, Helen Thompson
- ✟ *Orgies noires* (1965) William Sylvester, Hubert Noël, Carole Gray, Tracy Reed
- ✟ *Le train des épouvantes* (1965) Peter Cushing, Christopher Lee, Donald Sutherland
- ✟ *Terrore nello spazio*, ou *La planète des vampires* (1965, Italie) Barry Sullivan, Norma Bengell, Angel Aranda
- ✟ *Le vampire de Düsseldorf* (1965, France) Robert Hossein, Marie-France Pisier, Roger Dutoit
- ✟ *Billy the Kid versus Dracula* (1966) John Carradine, Chuck Courtney, Melinda Plowman

**FOLKLORE FANTASTIQUE**

En 1964, le légendaire maître de l'horreur, Vincent Price, interpréta le rôle principal dans *Le dernier homme sur la terre*, d'après le roman de Richard Matheson, *Je suis une légende*. Matheson participa d'ailleurs à l'écriture du scénario. Price jouait le rôle de Robert Neville, combattant des vampires morts-vivants. En 1971, Charlton Heston reprit le rôle dans *Le survivant*, puis ce fut au tour de Will Smith, en 2007, dans la superproduction *Je suis une légende*.

- ✟ *Carry On Screaming* (1966) Harry H. Corbett, Kenneth Williams, Jim Dale
- ✟ *The Devil's Mistress* (1966) Joan Stapleton, Robert Gregory, Arthur Resley
- ✟ *Dracula, prince des ténèbres* (1966) Christopher Lee, Barbara Shelley, Andrew Keir
- ✟ *In the Hand of Night,* ou *Beast of Morocco* (1966) William Sylvester, Diane Clare, Aliza Gur
- ✟ *Queen of Blood,* ou *Planet of Blood* (1966) John Saxon, Basil Rathbone, Judi Meredith
- ✟ *La Sorella di Satana*, ou *Satan's Sister* (1966, Italie) Barbara Steele, John Karlsen, Ian Ogilvy
- ✟ *Theatre of Death*, ou *Blood Fiend* (1966) Christopher Lee, Julian Glover, Lelia Goldoni

- ✝ *Track of the Vampire*, ou *Blood Bath* (1966) William Campbell, Lori Saunders, Marissa Mathes
- ✝ *Die Schlangengrube und das Pendel*, ou *Le vampire et le sang des vierges* (1967, Allemagne) Christopher Lee, Lex Barker, Karin Dor
- ✝ *A Taste of Blood* (1967) Bill Rogers, Elizabeth Wilkinson, Otto Schlessinger
- ✝ *Le train des épouvantes* (1967) Lon Chaney Junior, John Carradine
- ✝ *El Imperio de Drácula*, ou *The Empire of Dracula* (1967, Mexique) Lucha Villa César del Campo, Eric del Castillo
- ✝ *Le bal des vampires* (1967) Jack McGowran, Roman Polanski, Sharon Tate
- ✝ *Le vampire a soif* (1968) Peter Cushing, Robert Flemying, Wanda Ventham
- ✝ *Carmilla* (1968, Suède) Monica Nordquist, Birger Malmsten
- ✝ *Dracula et les femmes* (1968) Christopher Lee, Rupert Davies, Veronica Carlson
- ✝ *Le viol du vampire* (1968, France) Solange Pradel, Bernard Letrou, Catherine Deville
- ✝ *Blood of Dracula's Castle* (1969) Alexander D'Arcy, John Carradine, Paula Raymond

**CRIS ET HURLEMENTS**

Pouvez-vous deviner quelle actrice britannique célèbre a interprété le rôle de la fille de Van Helsing dans l'un des derniers films de Christopher Lee pour le studio Hammer? Croyez-le ou non, Joanna Lumley a joué la fille de Peter Cuhing, Jessica Van Helsing, dans le film *Dracula vit toujours à Londres* (1973). Dans le film, Dracula imagine un plan démoniaque visant à lâcher un fléau biologique sur le monde. Lumley est bien connue pour son personnage de Patsy, la blonde alcoolique, obsédée par le sexe et accro à la nicotine de la populaire série *Absolutely Fabulous*.

## DE LA DAMNATION À LA DÉCADENCE

À partir de ses débuts dans le muet jusqu'aux *Swinging Sixties*, le personnage du vampire s'est bonifié jusqu'à devenir le protagoniste des films de grande écoute. Dans le prochain chapitre, nous verrons que son évolution s'est poursuivie si rapidement que Darwin lui-même doit maintenant se retourner dans sa tombe. Depuis les années 1970, on a ouvert une boîte de Pandore remplie de vampires et de vampirisme — il n'y a plus moyen de refermer le couvercle.

# Chapitre 17

# VAMPIRES AU CINÉMA : DES ANNÉES 1970 AU NOUVEAU MILLÉNAIRE

COMME NOUS L'AVONS APPRIS AU CHAPITRE PRÉCÉDENT, le vampire au cinéma est un sujet vaste et riche sur le plan historique. Nous passons maintenant à une époque plus récente qui couvre les années 1970 à aujourd'hui, et qui a été témoin d'une explosion surnaturelle étonnante de vampires s'étant frayé un chemin partout, de l'horreur à la comédie. Dans le corpus des films des trois dernières décennies, le plus impressionnant, outre leur nombre effarant, reste l'immortalité du vampire lui-même qui continue d'offrir duplicité, hémoglobine et humour rusé à des générations d'admirateurs fascinés.

## LE VAMPIRE ET LE CINÉMA MODERNE

Dans l'histoire du cinéma, le film de vampire est immortel puisque le premier remonte à 1896, à l'époque du muet. Des années 1930 aux années 1960, le genre s'est affirmé, en partie grâce aux cinéastes, tant américains qu'internationaux, qui ont largement exploité le personnage historique créé par Bram Stoker, et aussi à l'émergence du studio Hammer Films qui a produit des films d'horreur à la chaîne (voir chapitre 15). Au début des années 1970, la tendance s'est maintenue en dépit de la diminution de la qualité des productions de ce studio, et au cours des décennies suivantes, une progression naturelle a hissé les vampires et le vampirisme jusqu'à de nouveaux sommets d'intrigue, de violence, de comédie et de proportions surnaturelles.

## LES ANNÉES 1970 : AMOUR, DÉSIR ET RIDICULE

Comme tout ce qui touche les années 1970, le genre vampirique de cette décennie propose un vaste méli-mélo de films offrant du divertissement d'épouvante pour tous les goûts. À vrai dire, les années 1970 ont donné lieu à un nombre absolument faramineux de films de vampire, du Dracula traditionnel au fléau sanglant postapocalyptique, en passant par les batailles épiques entre Frankenstein et le Loup-garou, les vampires kitsch, le vampirisme mâtiné de kung-fu, la blaxploitation, une comédie musicale, et même une adaptation de *Dracula* pour les malentendants. Cette grande variété indique qu'il y avait tellement de films de vampire en production que les cinéastes étaient en voie de saigner le genre à mort trop vite.

Pour commencer, la décennie nous a fait connaître un autre vampire féminin de la couvée du studio Hammer : l'ineffable beauté polonaise Ingrid Pitt, qui a dévoilé ses canines pour la première fois dans le film *The Vampire Lovers* en 1970 et récidivé en 1971 dans l'un des quatre contes de *La maison qui tue*. La même année, Pitt a mordu encore une fois dans le genre en interprétant le rôle principal dans *La comtesse Dracula* (voir chapitre 15). Christopher Lee, Peter Cushing et John Carradine ont aussi été très présents durant ces 10 ans, comme plusieurs autres acteurs qui ont fait leurs débuts dans le rôle de Dracula, par exemple, Klaus Kinski en 1979, dans la nouvelle version de *Nosferatu*.

Parmi les acteurs qui accomplissent un *tour de force*[*] dans la foule prestigieuse qui prête ses talents au monde des non-vivants, mentionnons Jonathan Frid, dans le rôle de Barnabas Collins (version dérivée de *House of Dark Shadows*, sortie en 1970) ; Robert Quarry, dans *Comte Yorga, vampire* (1970) et *Le retour du comte Yorga* (1971) ; Jack Palance, dans la première version télévisée du *Dracula* de Bram Stoker (1973) ; Udo Kier, dans *Du sang pour Dracula* (1974), bizarre excursion de chasse à la vierge ; un David Niven hilarant, dans le rôle du « Vieux Dracula » dans *Vampira* (1974) ; et finalement, Louis Jourdan, dans le rôle de *Count Dracula*, dans la série *Great Performances* (1977).

**CRIS ET HURLEMENTS**

Le premier buveur de sang afro-américain avec du coffre a montré les dents pour la première fois, en 1972, dans *Blacula*, un classique de la blaxploitation. Il a récidivé l'année suivante dans la suite *Scream Blacula Scream*. William Marshall interprète Blacula dans les deux films ; il est entouré d'une distribution d'acteurs afro-américains qui se sont servis de ce tremplin pour se propulser vers de nouveaux sommets (voir chapitre 15).

Dans cette ribambelle de vampires assoiffés de sang, il faut mentionner deux acteurs souvent encensés pour leur interprétation dans deux films de 1979. Le premier est George Hamilton qui tient le rôle caricatural du comte dans *Love at First Bite*, 10e succès de salle de toute l'histoire du cinéma vampirique. Ceux qui ont vu ce film culte ne sont pas près d'oublier la façon dont Hamilton lance la célèbre réplique de Dracula aux « enfants de la nuit ». « Enfants de la nuit, dit-il d'un accent parfait, bouclez-la ! » (voir chapitre 15). La seconde interprétation de l'année est celle de Frank Langella dans *Dracula*, 18e succès de salle de toute l'histoire du cinéma vampirique. Ce film est généralement considéré comme l'un des meilleurs du genre ; dans le rôle du comte, Langella est d'une rare intensité dans cette nouvelle version

---

[*] En français dans le texte.

du *Dracula* de 1931 qui mettait en vedette Bela Lugosi, d'après l'adaptation d'Hamilton Deane et John L. Balderston (voir chapitre 14).

Un autre film culte a illuminé le grand écran durant cette décennie, en proposant un nouveau point de vue sur le chasseur de vampires et en établissant la norme pour tous ceux qui suivraient. Sorti en 1974, *Capitaine Kronos, tueur de vampires* met en vedette le fringant acteur allemand Horst Janson dans le rôle du suave et élégant Kronos, et John Cater dans le rôle de son faire-valoir bossu, le professeur Grost. Ce film est particulièrement amusant et mémorable en raison de l'amalgame de genres concocté par le réalisateur Brian Clemens ; il s'agit en effet d'une sorte de Western assaisonné d'un soupçon de mystère traditionnel, de romantisme, de science-fiction et de combats d'escrime à la Monte-Cristo, mêlé à une bonne dose de coups de théâtre et de clichés.

Dans le film, Kronos doit résoudre plusieurs assassinats dont le responsable est un vampire capable de passer inaperçu dans la société parce qu'il n'est pas affecté par la lumière du soleil. Notons que Clemens a été scénariste principal et producteur adjoint de la très populaire série des années 1960, *Chapeau melon et bottes de cuir* ; ce qui a beaucoup influencé l'intrigue plutôt allègre et les détails humoristiques et ironiques qui ponctuent le film. *Capitaine Kronos* est un incontournable pour les mordus des vampires. Si vous avez envie de bons frissons, d'un peu d'hémoglobine et de quelques fous rires, ne manquez pas les films fantastiques, artistiques, kitsch ou vamps des années 1970, dont :

✞ *Suceurs de sang* (1970) Peter Cushing, Patrick McNee, Patrick Mower
✞ *Nachts, wenn Dracula erwacht*, ou *Les nuits de Dracula* (1970, Allemagne) Christopher Lee, Klaus Kinski, Herbert Lom
✞ *Comte Yorga, vampire* (1970) Robert Quarry, Roger Perry, Michael Murphy
✞ *La comtesse Dracula* (1970) Ingrid Pitt, Nigel Green, Sandor Elès
✞ *Guess What Happened to Count Dracula ?* (1970) Des Roberts, Claudia Barron, John Landon
✞ *Horror of the Blood Monsters* (1970) John Carradine, Robert Dix, Vicki Volante
✞ *House of Dark Shadows* (1970) Jonathan Frid, Grayson Hall, Kathryn Leigh Scott

✝ *Vampire sterben nicht*, ou *Jonathan* (1970, Allemagne)
Jürgen Jung, Hans-Dieter Jendreyko, Paul Albert Krumm

✝ *Les cicatrices de Dracula* (1970) Christopher
Lee, Dennis Waterman, Jenny Hanley

✝ *Une messe pour Dracula* (1970) Christopher Lee,
Geoffrey Keen, Gwen Watford,

✝ *The Vampire Lovers* (1970) Ingrid Pitt, George Cole,
Peter Cushing, Kate O'Mara

✝ *Blood Thrist* (1971) Robert Winston, Yvonne Nielson, Judy Dennis

✝ *Dracula contre Frankenstein* (1971) J. Carrol Naish,
Lon Chaney Junior, Zandor Vorkov

✝ *La maison qui tue* (1971, Angleterre) Christopher Lee,
Peter Cushing, Denholm Elliott, John Bennett

✝ *Lust for a Vampire* (1971) Ralph Bates, Barbara Jefford, SuzannaLeigh

✝ *Night of Dark Shadows* (1971) Jonathan Frid,
Grayson Hall, David Selby

✝ *Le survivant* (1971) Charlton Heston, Anthony Zerbe, Rosalind Cash

✝ *Le retour du comte Yorga* (1971) Robert Quarry,
Mariette Hartley, Roger Perry

✝ *Les sévices de Dracula* (1971) Peter Cushing, Damien
Thomas, Madeleine et Mary Collinson

✝ *La noche de Walpurgis*, ou *The Werewolf versus the Vampire Women*
(1971, Espagne) Paul Naschy, Gaby Fuchs, Barbara Capell

✝ *Blacula* (1972) William Marshall, Vonetta McGee, Denise Nicholas

**CRIS ET HURLEMENTS**

Même si la critique n'a pas acclamé *Vampira* (aussi appelé «*Old Dracula*»), cette comédie de 1974 est un incontournable pour les admirateurs de David Niven. Dans le rôle du «Vieux Dracula», Niven est en quête d'un groupe sanguin très rare pour réanimer son épouse vampire bien-aimée (Teresa Graves). Bien entendu, après une erreur habituelle et attendue de l'assistant idiot, l'immortelle chérie de Dracula constate à son réveil qu'à la suite de la transfusion, elle est devenue une créature vampirique afro-américaine!

✝ *La fille de Dracula* (1972, Mexique) Britt Nichols,
Anne Libert, Howard Vernon

✝ *Deathmaster* (1972) Robert Quarry, John Fiedler, Bill Ewing

✝ *Dracula 73* (1972) Christopher Lee, Peter Cushing,
Stephanie Beacham, Christopher Neame

✝ *Drácula contra Frankenstein*, ou *Dracula contre Frankenstein*
(1972, Mexique) Dennis Price, Howard Vernon, Britt Nichols

✝ *El Gran Amor del conde Drácula*, ou *Le grand amour de Dracula*
(1972, Mexique) Paul Naschy, Haydée Politoff, Rosanna Yanni

✝ *La Notte dei diavoli*, ou *Night of the Devils* (1972, Italie)
Gianni Garko, Agostina Belli, Maria Monti

✝ *Dossiers brûlants* (1972) Darren McGavin, Simon Oakland, Carol Lynley

✝ *La Saga de los Drácula*, ou *Saga of the Draculas* (1972)
Tina Sáinz, Tony Isbert, Helga Liné

✝ *Dracula* (1973) Jack Palance, Simon Ward, Nigel Davenport

**CRIS ET HURLEMENTS**

Les cinéastes n'ont pas souvent l'occasion de repousser les limites dans l'industrie du film populaire ; or, c'est exactement ce que le film *Deafula* a fait en 1975. *Deafula* est le bébé de son réalisateur, scénariste et vedette, Peter Wolf Wechsberg (inscrit comme Peter Wolf au générique), lui-même malentendant. Incontesté dans cette approche unique, *Deafula* est le premier long métrage à se dérouler entièrement dans le langage des signes. Le personnage de Deafula, interprété par Wechsberg, est étudiant en théologie ; il devient lentement vampire et comprend qu'il a été mordu par un vrai buveur de sang durant son enfance.

✝ *Il Plenilunio delle vergini*, ou *Les vierges maudites de Dracula*
(1973, Italie) Sara Bay, Mark Damon, Esmeralda Barros

✝ *La Tumba de la isla maldita*, ou *Hannah, Queen of the Vampires*
(1973, Espagne) Andrew Prine, Patty Shepard, Mark Damon

✝ *Ceremonia sangrienta*, ou *Cérémonie sanglante* (1973, Espagne)
Lucia Bosé, Espartaco Santoni, Ewa Aulin

✝ *Lemora : A Child's Tale of the Supernatural* (1973)
Lesley Gilb, Cheryl Smith, William Whitton

✝ *Dracula vit toujours à Londres* (1973) Christopher Lee,
Peter Cushing, Michael Coles, Joanna Lumley

✝ *Scream, Blacula, Scream* (1973) William Marshall,
Don Mitchell, Pam Grier

✝ *Allen and Rossi Meet Dracula and Frankenstein* (1974)
Marty Allen, Steve Rossi

✝ *Barry McKenzie Holds His Own* (1974, Australie) Barry
Crocker, Barry Humphries, Donald Pleasence

✝ *Blood* (1974) Allan Berendt, Hope Stansbury, Patricia Gaul

✝ *Du sang pour Dracula* (1974) Joe Dallesandro, Udo Kier, Arno Juerging

✝ *Capitaine Kronos, tueur de vampires* (1974)
Horst Janson, John Cater, Shane Briant

✝ *Chosen Survivors* (1974) Jackie Cooper, Alex Cord,
Bradford Dillman, Diana Muldaur

✝ *Chi o suu bara*, ou *The Evil of Dracula* (1974, Japon)
Toshio Kurosawa, Kunie Tanaka, Katsuhiko Sasaki

✝ *Les enfants de Frankenstein* (1974) William Smith,
Michael Pataki, Lyn Peters

✝ *La légende des sept vampires d'or* (1974, vampirisme kung fu!)
Peter Cushing, David Chiang, Julie Ege

✝ *Son of Dracula* (1974, comédie musicale) Harry Nilsson,
Ringo Starr, Dennis Price, Peter Frampton, Keith Moon

✝ *Vampira* (1974) David Niven, Teresa Graves, Peter Bayliss

✝ *Vampyres* (1974) Marianne Morris, Anulka Dziubinska, Murray Brown

✝ *Deafula* (1975) Peter Wolf, Gary R. Holstrom, Lee Darel

✝ *Dracula père et fils* (1976, France) Christopher Lee,
Bernard Menez, Marie-Hélène Breillat

✝ *Count Dracula* (1977) Louis Jourdan, Frank Finlay, Susan Penhaligon

✝ *Martin* (1977) John Amplas, Lincoln, Maazel, Christine Forrest

✝ *Docteur Dracula* (1978) John Carradine,
Don « Red » Barry, Larry Hankin

✝ *Zoltan, le chien sanglant de Dracula* (1978) Michael
Pataki, Jan Shutan, Libby Chase, José Ferrer

✟ *Dracula* (1979) Frank Langella, Laurence Olivier,
Donald Pleasence, Kate Nelligan

✟ *Dracula Bites the Big Apple* (1979) Peter Loewy, Barry Gomolka

✟ *Love at First Bite* (1979) George Hamilton,
Susan Saint James, Richard Benjamin

✟ *Nocturna* (1979) Yvonne De Carlo, John Carradine, Nai Bonet

✟ *Nosferatu : Phantom der Nacht*, ou *Nosferatu, fantôme de la nuit*
(1979, Allemagne) Klaus Kinski, Isabelle Adjani, Bruno Ganz

✟ *Salem's Lot* (1979) David Soul, James Mason, Lance Kerwin

✟ *Vlad Tepes*, ou *Vlad the Impaler : The True Life of Dracula* (1979,
Roumanie) Ferenc Fábián, Emanoil Petrut, Alexandru Repan

## LES ANNÉES 1980 : PARADIS DE L'HORREUR

Bien que le film d'horreur ait continué sa progression fulgurante durant les années 1980, avec une nouvelle race de goûles et de mutants maléfiques comme Michael Myers, Freddy Krueger et Jason Vorhees dans leur première apparition ou la énième reprise de leur rôle, le film de vampire a pour sa part offert un melting-pot de buveurs de sang de différents univers. Dépourvus du charme classique de leurs prédécesseurs des années 1950, 1960 et 1970, les vampires des années 1980, comme autant de chansons disco, sont souvent laissés dans l'ombre. (En fait, si vous possédez un exemplaire de *Transylvania 6-5000*, vous avez probablement des chaussures à plate-forme dans votre penderie.)

Néanmoins, comme pour tous les films de genre de l'époque, des bijoux brillent dans l'ombre, dont plusieurs sont des classiques. Parmi eux, mentionnons *Les prédateurs*, sorti en 1983, conte artistique et exagérément somptueux d'après le roman éponyme de Whitley Strieber, publié en 1981 (voir chapitre 13). Il met en vedette l'intemporelle Catherine Deneuve dans le rôle de Miriam Blaylock, vampire extraterrestre impitoyable de très lointaines origines égyptiennes qui vit à New York à notre époque. Son amant John, interprété par David Bowie, est l'un des nombreux hommes qui ont partagé sa vie au fil des siècles ; des partenaires à qui elle a promis la vie éternelle, mais qui vieillissent rapidement sans finir par mourir. Vampire spectaculaire, Deneuve est sans conteste l'une des meilleures actrices dans le rôle d'une buveuse de sang (voir chapitre 15).

Parmi les films de vampires des années 1980, une poignée figure toujours sur la liste des meilleurs films de tous les temps, y compris la comédie *Once Bitten* mettant en vedette Jim Carrey (1985), la parodie *Transylvania 6-5000* avec Jeff Goldblum, et l'épouvantable couvée de buveurs de sang sudistes présentés dans *Aux frontières de l'aube*, film de Kathryn Bigelow sorti en 1987. Par ailleurs, *Génération perdue* est un film qui a fait recette en 1987. Réalisé par Joel Schumacher, le film, qui comporte assurément plus de comédie que de drame, raconte l'affrontement de vampires adolescents et de chasseurs de vampires du même âge, dans une petite communauté de la côte surnommée « la capitale du crime ». Incontestablement film culte, *Génération perdue* a dégagé un bénéfice brut de 32 millions de dollars. Voici les films des années 1980 :

✝ *Dracula's Last Rites* (1980) Patricia Hammond,
  Gerald Fielding, Victor Jorge
✝ *Mama Dracula* (1980) Louise Fletcher, Maria
  Schneider, Marc-Henri Wajnberg
✝ *Le club des monstres* (1980) Vincent Price,
  John Carradine, Donald Pleasence
✝ *Desire, the Vampire* (1982) Dorian Harewood,
  David Naughton, Marilyn Jones
✝ *Les prédateurs* (1983) Catherine Deneuve,
  David Bowie, Susan Sarandon
✝ *Blood Suckers from Outer Space* (1984)
  Pat Paulsen, Thom Meyer, Laura Ellis
✝ *A Polish Vampire in Burbank* (1985) Mark Pirro,
  Lori Sutton, Bobbi Dorsch
✝ *Evils of the Night* (1985) Neville Brand, Aldo Ray,
  John Carradine, Tina Louise, Julie Newmar
✝ *Vampire, vous avez dit vampire ?* (1985) Roddy McDowall,
  Chris Sarandon, William Ragsdale
✝ *Lifeforce* (1985) Steve Railsback, Peter Firth, Mathilda May
✝ *Once Bitten* (1985) Lauren Hutton, Jim Carrey, Cleavon Little

- ✝ *Transylvania 6-5000* (1985) Jeff Goldblum, Geena Davis, Joseph Bologna, Carol Kane
- ✝ *Banpaia hanta*, ou *Vampire Hunter D : chasseur de vampires* (1985, film d'animation japonais) Kaneto Shiozawa, Michael McConnohie
- ✝ *Demon Queen* (1986) Mary Fanaro, Clifton Dance
- ✝ *Geung si sin sang*, ou *Mr. Vampire* (1986, Hong Kong) Ching-Ying Lam, Siu-hou Chin, Ricky Hui
- ✝ *As Sete Vampiras*, ou *Les sept vampires* (1986, Brésil) Alvamar Taddei, Andréa Beltrão, Ariel Coelho

**CRIS ET HURLEMENTS**

L'année 1985 a marqué la sortie de ce festival de l'horreur kitsch qu'est *Vampire, vous avez dit vampire ?*, mettant en vedette Roddy McDowall dans le rôle d'une ex-vedette de l'horreur, William Ragsdale dans celui de l'admirateur adolescent, et Chris Sarandon, ex-mari de Susan Sarandon, dans celui du « véritable » vampire que les deux premiers doivent convaincre. Grand succès commercial, le film a rapporté près de 25 millions de dollars et s'est classé 16e succès de salle de toute l'histoire du cinéma vampirique. Sortie en 1989, la suite n'a pas reçu un aussi bon accueil, mais reste classée dans les 50 premiers films de sa catégorie.

- ✝ *Vamp* (1986) Grace Jones, Chris Makepeace, Dedee Pfeiffer, Billy Drago
- ✝ *La créature du cimetière* (1987) Silvio Oliviero, Helen Papas, Cliff Stoker
- ✝ *I Married a Vampire* (1987) Rachel Gordon, Brendan Hickey, Ted Zalewski
- ✝ *Génération perdue* (1987) Jason Patric, Corey Haim, Kiefer Sutherland, Dianne Weist
- ✝ *The Monster Squad* (1987) André Gower, Robby Kiger, Stephen Macht
- ✝ *Aux frontières de l'aube* (1987) Adrian Pasdar, Lance Henriksen, Bill Paxton
- ✝ *Nightmare Sisters* (1987) Linnea Quigley, Brinke Stevens, Michelle Bauer
- ✝ *A Return to Salem's Lot* (1987) Michael Moriarty, Ricky Addison Reed, Samuel Fuller

✞ *Dance of the Damned* (1988) Starr Andreeff, Cyril O'Reilly, Debbie Nassar

✞ *A cena col il vampiro*, ou *Le château de Yurek* (1988, Italie)
George Hilton, Patrizia Pellegrino, Riccardo Rossi

✞ *Vampire… vous avez dit vampire ? II* (1988) Roddy
McDowall, William Ragsdale, Julie Carmen

✞ *My Best Friend Is a Vampire* (1988) Robert Sean
Leonard, Rene Auberjonois, Cheryl Pollack

✞ *Not of This Earth* (1988) Traci Lords, Arthur Roberts, Lenny Juliano

✞ *Teen Vamp* (1988) Clu Gulager, Karen Carlson, Beau Bishop

✞ *The Understudy : The Graveyard Shift II* (1988)
Wendy Gazelle, Mark Soper, Silvio Oliviero

✞ *Vampire at Midnight* (1988) Jason Williams, Gustav Vintas, Lesley Milne

✞ *Kyūketsuki Miyu*, ou *Princesse vampire Miyu* (1988, Japon) Naoko
Watanabe, Annemarie Zola, Marie Louise Thompson, Ian Mackinnon

✞ *Beverley Hills Vamp* (1989) Britt Ekland,
Eddie Deezen, Tim Conway Junior

✞ *Dracula's Widow* (1989) Sylvia Kristel, Josef Sommer, Lenny von Dohlen

✞ *Prête à tout* (1989) Brendan Hughes, Sydney Walsh, Amanda Wyss

✞ *Embrasse-moi, vampire* (1989) Nicolas Cage,
Maria Conchita Alonso, Jennifer Beals

# LES ANNÉES 1990 : DE LA RAGE À LA RICHESSE

Après une décennie de cinéma vampirique décidément chaotique, les années 1990 étaient fin prêtes pour le retour d'un nosferatu qui ramènerait le monde des non-morts à ses racines. Heureusement, c'est exactement ce à quoi nous avons eu droit. Un film des années 1990 répond à cette description, et c'est bien la version que Francis Ford Coppola a tirée du *Dracula* de Bram Stoker en 1992. Cette relecture stylisée et intense du chef-d'œuvre de Stoker comporte une distribution exceptionnelle et l'interprétation géniale qu'il donne du prince Vlad fait de Gary Oldman l'un des meilleurs vampires jamais apparus au grand écran (voir chapitre 15).

Dans cette version, l'histoire de Dracula commence en 1462, en Transylvanie, avec la tragédie et la transformation de Vlad l'Empaleur. Nous sommes ensuite transportés à la fin du XIX<sup>e</sup> siècle, alors que Jonathan Harker (Keanu Reeves) est retenu captif et que Dracula s'embarque pour Londres afin de retrouver la fiancée de Harker, Mina, réincarnation d'Elisabeta, l'épouse bien-aimée de Vlad. Au fil de l'intrigue, Vlad rencontre les personnages traditionnels de Stoker et affronte Abraham Van Helsing, un rôle qui ne pouvait convenir à nul autre qu'au brillant Anthony Hopkins. Il faut également souligner que dans le rôle de Renfield, Tom Waits est peut-être l'interprète le plus sous-estimé du film. Avec son esthétique visuelle époustouflante, son intrigue serrée, ses scènes d'action et son puissant courant sexuel latent, cette version de *Dracula* est un incontournable pour tous les amateurs de vampires.

Deux ans plus tard, en 1994, nous avons eu droit à une autre superproduction de vampires : l'adaptation tant attendue du roman et succès de librairie d'Anne Rice, *Entretien avec un vampire : les chroniques des vampires*. L'auteure a eu quelques commentaires acerbes en public au moment de l'annonce de la distribution finale, mais les a retirés après avoir visionné le film. Que l'on soit en accord ou non avec le choix de Tom Cruise et Brad Pitt, il faut admettre que le premier donne une interprétation généreuse, sinon exacte, de Lestat, le vampire le plus célèbre de ce monde et des autres, à l'exception du Dracula de Stoker (voir chapitres 13 et 15). Troisième film ayant fait recette de toute l'histoire du cinéma vampirique, *Entretien* a rapporté 105 millions de dollars, comparativement au film de Coppola, qui s'est classé 4<sup>e</sup> avec plus de 82 millions de dollars de recettes. *Entretien* est fidèle au roman et riche d'interactions nourries par l'arrogance de Lestat, la pensivité de Louis et l'attitude malveillante de leur fille Claudia (Kirsten Dunst).

FOLKLORE FANTASTIQUE

La distribution d'*Entretien avec un vampire* fait l'objet de spéculations depuis sa publication en 1976. À la fin des années 1970, la rumeur voulait que John Travolta ait été choisi comme personnage principal. Rice elle-même a mentionné au fil des ans les noms de Rutger Hauer, Jeremy Irons et Daniel Day-Lewis. On raconte aussi que le rôle de Lestat a été offert à Johnny Depp.

Les années 1990 nous ont aussi fait connaître *Buffy contre les vampires,* un film qui allait donner naissance à une franchise fort populaire. Sorti en 1992, le long métrage met en vedette Kristy Swanson, Donald Sutherland, et Rutger Hauer. Il fait partie des 20 premiers succès de salle de toute l'histoire du cinéma vampirique et a contribué à lancer la carrière de Sarah Michelle Gellar, ainsi que la populaire franchise télévisée (voir chapitres 13 et 18). Un autre trio de films de vampires a explosé au grand écran dans les années 1990, l'original et ses deux suites ayant été réalisés l'un à la suite de l'autre. *From dusk till dawn* (1996), de Robert Rodriguez, donne un nouveau sens à l'expression «hémoglobinomane»; il met en vedette trois types sans méfiance, interprétés par Harvey Keitel, George Clooney et Quentin Tarantino, qui tentent de s'échapper d'un bar de routier mexicain perdu au fond de nulle part. Les deux suites sont sorties en 1999.

L'année 1998 a marqué l'arrivée d'un hybride mi-humain mi-vampire follement innovateur et très populaire dans le rang de ceux qui s'attachent à botter sérieusement l'arrière-train de certains vampires. Comme la plupart de ses congénères, il n'a qu'un prénom — Blade — et c'est une force avec laquelle il faut compter (voir chapitre 15). Mettant en vedette Wesley Snipes, *Blade* est l'adaptation du personnage qui a d'abord fait son apparition en juillet 1973 dans *Tomb of Dracula,* l'une des bandes dessinées de *Marvel Comics* (voir chapitre 19). Dans le film, le combat de Blade contre un réseau clandestin maléfique de vampires purs et durs nous le présente comme un héros réticent, mais indispensable. Il le reprend d'ailleurs dans les deux suites, *Blade II* (2002) et *Blade : Trinity* (2004). Cela dit, nous vous présentons maintenant les films des années 1990.

✝ *Carmilla* (1990) Roy Dotrice, Meg Tilly, Ione Skye, Roddy McDowell
✝ *Daughter of Darkness* (1990) Mia Sara,
   Anthony Perkins, Robert Teynolds
✝ *Nightlife* (1990) Ben Cross, Maryam D'Abo, Keith Szarabajka
✝ *Le baiser du vampire* (1990) George Chakiris,
   Wings Hauser, Pamela Ludwig
✝ *Rockula* (1990) Dean Cameron, Toni Basil, Bo Diddley, Thomas Dolby
✝ *Sundown : The Vampire in Retreat* (1990) David Carradine,
   Morgan Brittany, Bruce Campbell, Maxwell Caulfield

✟ *Transylvania Twist* (1990) Robert Vaughn, Teri Copley, Steve Altman

✟ *Children of the Night* (1991) Karen Black, Peter DeLuise, Ami Dolenz

✟ *Kingdom of the Vampire* (1991) Matthew Jason Walsh, Cherie Petry, Shannon Doyle

✟ *My Grandfather Is a Vampire* (1991, Nouvelle-Zélande) Al Lewis, Justin Gocke, Milan Borich

✟ *Son of Darkness : To Die for II* (1991) Michael Praed, Jay Underwood, Scott Jacoby

✟ *Subspecies* (1991) Anders Hove, Angus Scrimm, Laura Mae Tate

✟ *Dracula* (1992) Gary Oldman, Anthony Hopkins, Winona Ryder

✟ *Buffy contre les vampires* (1992) Kristy Swanson, Donald Sutherland, Rutger Hauer

AMUSE-GUEULE MORDANT

Aujourd'hui, le terme *Buffyvers* est communément utilisé pour désigner la franchise spectaculaire dérivée de la sortie, en 1992, du film *Buffy contre les vampires*, dont la série télévisée de longue durée s'est inspirée. Le Buffyvers propose un éventail gigantesque de sites et de clubs d'admirateurs, la gamme de tous les produits dérivés possibles et imaginables, ainsi que des douzaines de romans-feuilletons mettant en vedette l'adorable fille-qui-a-tout, aussi chasseuse de vampires de son état (voir chapitres 13 et 18).

✟ *Innocent Blood* (1992) Anne Parillaud, Chazz Palminteri, Anthony LaPaglia, Robert Loggia

✟ *Tale of a Vampire* (1992) Julian Sands, Suzanna Hamilton, Kenneth Cranham

✟ *Blood in the Night* (1993) Teggie Athnos, Mark Moyer, David Laird Scott

✟ *Bloodstone : Subspecies II* (1993) Anders Hove, Denice Duff, Kevin Blair

✟ *City of the Vampires* (1993) Matthew Jason Walsh, Anne-Marie O'Keefe

✟ *Cronos* (1993) Federico Luppi, Ron Perlman, Claudio Brook

✟ *Darkness* (1993) Gary Miller, Michael Gisick, Randall Aviks

✟ *Dracula Rising* (1993) Christopher Atkins, Stacey Travis, Doug Wert

✟ *Un vampire récalcitrant* (1993) Adam Ant, Kimberly Foster, Roger Rose

✟ *Project Vampire* (1993) Myron Natwick, Brian Knudson, Mary Louise Gemmil

✟ *To Sleep With a Vampire* (1993) Scott Valentine, Charlie Spradling

✟ *Bloodlust : Subspecies III* (1994) Anders Hove, Denice Duff, Kevin Blair

✟ *Entretien avec un vampire* (1994) Tom Cruise, Brad Pitt, Kirsten Dunst

✟ *Addicted to Murder* (1995) Mick McCleery, Laura McLauchlin, Sasha Graham

✟ *Dracula, mort et heureux de l'être* (1995) Leslie Nielsen, Peter MacNicol, Harvey Korman, Amy Yasbeck

✟ *Embrace of the Vampire* (1995) Alyssa Milano, Martin Kemp

✟ *Un vampire à Brooklyn* (1995) Eddie Murphy, Angela Bassett, Allen Payne

✟ *From dusk till dawn* (1996) Harvey Keitel, George Clooney, Quentin Tarantino

✟ *La reine des vampires* (1996) John Kassir, Dennis Miller, Erika Eleniak

✟ *Karmina* (1996) Isabelle Cyr, Robert Brouillette, Yves Pelletier

✟ *Vampirella* (1996) Talisa Soto, Roger Daltrey, Richard Joseph Paul

✟ *An AmericanVampire Story* (1997) Trevor Lissauer, Johnny Venokur, Adam West

✟ *Journal intime d'un vampire* (1997) David Gunn, Kirsten Cerre, Starr Andreeff

✟ *Addicted to Murder : Tainted Blood* (1998) Sasha Graham, Mick McCleery, Sarah K. Lippmann

✟ *Blade* (1998) Wesley Snipes, Stephen Dorff, Kris Kristofferson

✟ *Vampires* (1998) James Woods, Daniel Baldwin, Sheryl Lee

✟ *Modern Vampires* (1998) Casper Van Dien, Rod Steiger, Kim Cattrall, Udo Kier

✟ *Subspecies 4 : Bloodstorm* (1998) Anders Hove, Denice Duff, Jonathon Morris

✟ *Teenage Space Vampires* (1998) Robin Dunne, Mac Fyfe, James Kee

✟ *La sagesse des crocodiles* (1998) Jude Law, Elina Löwensohn, Timothy Spall

✟ *La nuit des chauves-souris* (1999) Lou Diamond Phillips, Dina Meyer, Bob Gunton

✝ *Cold Hearts* (1999) Marisa Ryan, Robert Floyd, Amy Jo Johnson
✝ *From dusk till dawn 2 : Texas blood money* (1999)
Robert Patrick, Bo Hopkins, Duane Whitaker
✝ *From dusk till dawn 3 : The Hangman's daughter* (1999)
Marco Leonardi, Michael Parks, Temuera Morrison
✝ *Carmilla*, ou *J. Sheridan Le Fanu's Carmilla* (1999)
Stacia Crawford, Marina Morgan, Bootsie Cairns

**CRIS ET HURLEMENTS**

*Vampires*, le film réalisé par John Carpenter en 1998 (*John Carpenter's Vampires* en anglais), propose un revirement intéressant à l'énigme que doit généralement résoudre le chasseur de vampires typique. Jack Crow (James Woods) est un envoyé du Vatican, déterminé à venger la mort de ses parents aux mains d'un vampire. Il doit se hâter de découvrir un certain crucifix avant qu'un maléfique vampire du XIVe siècle ne s'en empare et n'acquière le pouvoir de vivre sous le soleil.

## LE NOUVEAU MILLÉNAIRE, UNE RÉVOLUTION SURNATURELLE

Le nouveau millénaire a entraîné dans son sillage une nouvelle souche de cinéma vampirique. Même si beaucoup de films et de cinéastes rendent hommage à leurs distingués prédécesseurs en conservant une certaine part de la légende de Dracula, plusieurs dans cette nouvelle mouture proposent des revirements particulièrement bienvenus, comme des monstres plus gros et plus hideux, grâce aux techniques innovatrices de l'imagerie de synthèse, aux films d'animation japonais bien léchés, et à quelques héroïnes férues d'action qui n'hésitent pas à botter certains arrière-trains.

En 2000, les amateurs de vampires ont pu se délecter de *L'ombre du vampire*, qui rend hommage à *Nosferatu*, le classique muet de 1922. Willem Defoe joue le rôle de Max Schreck, l'acteur qui interprète le comte Orlock dans *Nosferatu*. L'intrigue porte sur les difficultés qui auraient affecté la relation de Schreck et du réalisateur de *Nosferatu*, F. W. Murnau (interprété par John Malkovich, parfaitement épouvantable), durant le tournage. En fait, l'interprétation de Dafoe est tellement intense qu'il a été reçu l'Oscar du meilleur acteur, ce qui est loin d'être la norme pour ce genre de film (voir chapitre 15).

Bien qu'il ait été descendu en flammes par la critique lors de sa sortie sur grand écran en 2004, *Van Helsing* a prouvé qu'il ne tirait pas au flan sur le plan des recettes en récoltant plus de 120 millions de dollars, devenant ainsi le 2ᵉ succès de salle de toute l'histoire du cinéma vampirique. Empruntant très peu à l'héritage du personnage de Van Helsing créé par Peter Cushing et Edward Van Sloan, Hugh Jackman, bourreau des cœurs australien, se transforme en superhéros d'aventure aux proportions surnaturelles. Comme divertissement et pour la fête visuelle créée par les effets spéciaux, *Van Helsing* est une aventure surnaturelle stupéfiante.

**CRIS ET HURLEMENTS**

Rappelant *La maison de Dracula* et *La maison de Frankenstein*, deux films sortis dans les années 1940, *Van Helsing* met en vedette la triade un brin kitsch du Loup-garou, de Frankenstein et du comte Dracula. Chacun est en mission pour trouver un remède à son problème… la procréation, dans le cas de Dracula.

Conçu au départ comme un film d'action, ce festival de l'horreur au rythme rapide et furieux nous montre un Van Helsing secrètement employé par le Vatican à la fin du XIXᵉ siècle, *troubadour*\* plutôt ambivalent du monde des ténèbres. Le mercenaire Gabriel Van Helsing a la tâche peu enviable de pourchasser la *crème de la crème*\*\* des criminels paranormaux, dont un Mr. Hyde drôlement baraqué, un Frankenstein plutôt sympathique et, bien entendu, Dracula lui-même. Dans ce qui s'avère finalement un combat épique entre un loup-garou et un vampire, Van Helsing, aidé de la princesse tzigane Anna Valerious (Kate Beckinsale), s'aventure en Transylvanie

---

\* En français dans le texte.
\*\* En français dans le texte.

pour combattre le comte Vladislaus Dracula, interprété avec conviction par Richard Roxburgh (voir chapitre 15). Un élément de l'intrigue rend le rôle de Jackman assez mystérieux : à force de railleries, Dracula aide Van Helsing à retrouver le souvenir de sa « naissance », une révélation qui aura des conséquences, disons, éternellement angéliques. Même s'il a été boudé par la critique, *Van Helsing* prouve encore une fois que le concept légendaire de Bram Stoker continue d'être une source d'inspiration, tout en gardant les amateurs de vampires fermement cloués au bord de leur cercueil.

Dans les années 2000, nous avons fait la connaissance d'une nouvelle sorte de femme vampire, lorsque Kate Beckinsale s'est transformée pour deux épisodes au grand écran en Selene, guerrière rebelle et vedette d'*Underworld* (2003) et d'*Underworld : Évolution* (2006), classés respectivement neuvième et septième sur la liste des succès de salle de toute l'histoire du cinéma vampirique (voir chapitre 15). Dans le même ordre d'idée, mais avec une tournure résolument futuriste et science-fiction, mentionnons l'interprétation de Milla Jovovich dans *Ultraviolet*, un *tour de force* [*] sorti en 2006. Dans le film qui se déroule au XXIe siècle, Violet est seule au milieu d'une guerre que se livrent un gouvernement totalitaire et une faction d'individus ayant tiré le mauvais numéro dans une expérience d'arme biologique qui s'est traduite par une maladie ressemblant au vampirisme. Avec son style roman illustré, ses couleurs primaires et son aura rappelant *La Matrice* et *Aeon Flux*, *Ultraviolet* est au dire de tous l'un des films les plus savoureux et les plus époustouflants qui soient. Dans le rôle de l'« hémophage » infectée, Violet n'a qu'un but : protéger un jeune garçon et venger les siens. Les amateurs de vampires auront intérêt à rechercher la version intégrale du film qui insiste davantage sur l'aspect vampirique de l'intrigue.

La troisième version du roman de Richard Matheson, publié en 1954, *Je suis une légende*, est un autre amalgame d'horreur vampirique et de science-fiction. Il aura fallu attendre cette troisième version pour traduire vraiment l'idée de Matheson. En effet, dans la version de 2007, l'interprétation que donne Will Smith du virologue militaire Robert Neville a fait de *Je suis une légende* un énorme succès commercial. Le film a rapporté 256 millions de dollars, ce qui en fait le premier et le plus grand succès de salle de toute l'histoire du cinéma vampirique.

---

[*] En français dans le texte.

FOLKLORE
FANTASTIQUE

> *Je suis une légende* n'est pas le seul roman de Matheson adapté pour le grand écran. *L'Homme qui rétrécit, Échos, Le Croque-mort s'en mêle, La maison des damnés, Au-delà de nos rêves, Le jeune homme, la mort et le temps* (sorti sous le titre *Quelque part dans le temps*) et *Duel* ont tous été portés avec succès au grand écran. Plusieurs des nouvelles de l'auteur ont aussi été adaptées pour *La quatrième dimension*, y compris *La troisième à partir du soleil, La poupée à tout faire* et le classique *Cauchemar à 20 000 pieds* qui faisait partie de la série télévisée ainsi que du long métrage.

On attend avec impatience la sortie de l'adaptation cinématographique du roman de Stephenie Meyer, *Twilight*, à l'hiver 2008*. Variation contemporaine sur le thème de *Roméo et Juliette*, le film met en vedette Bella, une jeune étudiante de lycée amoureuse d'Edward, un jeune homme d'une grande beauté qui est aussi, tel en va le destin, un vampire. Cela dit, jetons un coup d'œil à la liste des films de vampire que le nouveau millénaire nous a offerts jusqu'ici :

✝ *Addicted to Murder 3 : Blood lust* (2000) Mick McCleery, Nick Kostopoulos, Cloud Michaels

✝ *Blood : The Last Vampire* (2000, film d'animation) Youki Kudoh, Saemi Nakamura, Joe Romersa

✝ *Blood* (2000) Adrian Rawlins, Lee Blakemore, Phil Cornwell

✝ *Dark Prince : The True Story of Dracula* (2000) Rudolf Martin, Jane March, Christopher Brand

✝ *Dracula 2000* (2000) Gerard Butler, Christopher Plummer, Jonny Lee Miller, Justine Waddell

✝ *Le petit vampire* (2000) Jonathan Lipnicki, Richard E. Grant, Alice Krige

✝ *Mom's Got a Date with a Vampire* (2000) Matt O'Leary, Laura Vandervoort, Myles Jeffrey

✝ *L'ombre du vampire* (2000) Willem Dafoe, John Malkovich, Udo Kier, Cary Elwes

---

\* N.d.T. Film non paru à l'époque de la première édition de ce livre.

FOLKLORE
FANTASTIQUE

*Underworld* (2003) et sa suite *Underworld : Évolution* (2006) met en vedette Kate Beckinsale dans le rôle de l'héroïne vampire Selene. Dans la mythologie grecque, Selene est la déesse de la Lune dans toutes ses phases et représente la plénitude de la vie. Selene est aussi le nom du vampire dans *La Ville Vampire,* œuvre du romancier et dramaturge français Paul Féval, publiée en 1867, qui raconte les aventures d'une bande de chasseurs de vampires dirigée par Ann Radcliffe, célèbre auteure de romans gothiques.

✟ *Vampire Hunter D : Bloodlust* (2000, film d'animation japonais)
Hideyuki Tanaka, Ichirô Nagai, Kôichi Yamadera

✟ *Fangs* (2001) Corbin Bernsen, Tracy Nelson, Whip Hubley

✟ *Les vampires du désert* (2001) Kerr Smith, Brendan Fehr, Izabella Miko

✟ *Herushingu*, ou *Hellsing* (2001, film d'animation japonais)
Jôji Nakata, Yoshiko Sakakibara, Fumiko Orikasa

✟ *Jésus Christ chasseur de vampires* (2001)
Phil Caracas, Murielle Varhelyi, Ian Driscoll

✟ *Blade II* (2002) Wesley Snipes, Kris Kristofferson, Leonor Varela

✟ *La reine des damnés* (2002) Stuart Townsend,
Lena Olin, Marguerite Moreau, Vincent Perez

✟ *Vampire Clan* (2002) Drew Fuller, Alexandra Breckenridge,
Timothy Lee DePriest

✟ *Vampires : Los Muertos* (2002) Jon Bon Jovi,
Cristián de la Fuente, Natasha Wagner

✟ *Dracula 2 : Ascension* (2003) Jennifer Kroll,
Jason Scott Lee, Craig Sheffer

✟ *Chin gei bin*, ou *The Twins Effect* (2003, Chine)
Ekin Cheng, Charlene Choi, Jackie Chan

✟ *Vampires Anonymous* (2003) Paul Popowich,
Michael Madsen, Judith Scott

✟ *Vlad* (2003) Billy Zane, Paul Popowich, Francesco Quinn

✟ *Underworld* (2003) Kate Beckinsale,
Scott Speedman, Michael Sheen, Bill Nighy

✝ *Blade : Trinity* (2004) Wesley Snipes, Kris Kristofferson, Dominic Purcell, Jessica Biel

✝ *Dracula 3000* (2004) Casper Van Dien, Erika Eleniak, Coolio

✝ *Thralls* (2004, Canada) Lorenzo Lamas, Leah Cairns, Siri Baruc

✝ *La secte des vampires* (2004) Kevin Dillon,
Vanessa Angel, Lance Henriksen

✝ *Vampires vs Zombies* (2004) Bonny Giroux,
C. S. Munro, Maritama Carlson

✝ *Van Helsing* (2004) Hugh Jackman, Kate Beckinsale, Richard Roxburgh

✝ *BloodRayne* (2005) Kristanna Loken, Michael
Madsen, Matt Davis, Udo Kier

✝ *Vampires 3 : La dernière éclipse du soleil* (2005) Colin
Egglesfield, Stephanie Chao, Roger Yuan

✝ *Bram Stoker's Way of the Vampire* (2005) Rhett
Giles, Paul Logan, Andreas Beckett

✝ *Trinity Blood* (2005, série d'animation japonaise)
Hiroki Touchi, Mamiko Noto, Takako Honda

✝ *Dnevnoy dozor*, ou *Day Watch* (2006, Russie)
Konstantin Khabensky, Mariya Poroshina, Vladimir Menshov

✝ *Frostbiten*, ou *Tale of Vampires* (2006, Suède) Petra Nielsen,
Carl-Åke Eriksson, Grete Havnesköld

✝ *Hellsing Ultimate OVA Series* (2006, série d'animation japonaise)
Jôji Nakata, Yoshiko Sakakibara, Fumiko Orikasa

✝ *Ultraviolet* (2006) Milla Jovovich, Cameron Bright, Nick Chinlund

✝ *Underworld : Évolution* (2006) Kate Beckinsale,
Scott Speedman, Tony Curran

**CRIS ET HURLEMENTS**

Sorti en 2007, le film *30 jours de nuit*, d'après une bande dessinée romanesque en trois numéros, propose une prémisse intéressante. Qu'arriverait-il à une ville de l'Arctique si elle restait un mois dans le noir en hiver ? La réponse : le chaos, en particulier quand une bande de vampires sans pitié arrive dans le seul but d'égorger toute la population.

✝ *BloodRayne II : Deliverance* (2007) Natassia Malthe,
Zack Ward, Michael Paré

✝ *Je suis une légende* (2007) Will Smith, Alice Braga,
Abby (dans le rôle de Sam le chien)

✝ *The Irish Vampire Goes West* (2007) Ken Baker,
Paul A. Hardiman, James Coughlan

✝ *Rise* (2007) Lucy Lio, Robert Forster, Cameron Richardson

✝ *30 jours de nuit* (2007) Josh Hartnett, Melissa George, Danny Huston

✝ *Blood : The Last Vampire* (2008) Gianna Jun,
Allison Miller, Masiela Lusha

✝ *L'invité de Dracula* (2008) Wes Ramsey,
Andrew Bryniarski, Kelsey McCann

✝ *The Thirst : Blood War* (2008) Tony Todd, A. J. Draven, Jason Connery

✝ *Morse* (2008, Suède) Kåre Kedebrant, Lina Leandersson, Per Ragnar

✝ *Génération perdue 2 : la tribu* (2008) Tad Hilgenbrink,
Angus Sutherland, Autumn Reeser

✝ *Twilight, chapitre I : Fascination* (2008) Kristen Stewart,
Robert Pattinson, Taylor Lautner

## Du grand au petit écran

Étant donné le généreux apport des vampires au cinéma, ce n'était qu'une question de temps avant que Dracula et ses congénères n'apparaissent dans nos salles de séjour. Dans le prochain chapitre, nous étudierons l'évolution des vampires à la télévision, de leur présence dans les films pour la télé et les miniséries à l'existence de nosferatus pour enfants, en passant par certaines des séries les plus aimées de l'histoire de la télévision.

# Chapitre 18

# Vampires du petit écran

COMME ON LE VOIT EN ÉTUDIANT L'HISTOIRE incroyablement riche du film de vampire, le public n'a pas tellement envie que les vampires du grand écran soient condamnés à une mort précoce. Il en va de même à la télévision où des douzaines de méchants buveurs de sang et de femmes vampires magnifiques se sont frayé un chemin hors de leur caveau pour pénétrer dans nos foyers. Même s'il y a toujours eu des vampires à la télé, il leur aura fallu attendre les deux dernières décennies pour obtenir un public immortel. Dans ce chapitre, nous étudions de plus près les personnages surnaturels des heures de grande écoute, ainsi que les vampires du petit écran au talent incisif qui nourrissent notre fascination semaine après semaine.

## Premiers vampires au petit écran

Comme nous l'avons appris dans les chapitres précédents, le vampire a clairement laissé sa marque — de dents — au cinéma, avec une tradition qui remonte à l'époque du muet. De ce fait, on comprend facilement pourquoi à l'arrivée de la télévision, les vampires sont devenus de plus en plus visibles, lorsque les classiques sont finalement entrés dans nos salles de séjour. À mesure que les vampires pénétraient dans les foyers, les programmateurs de télévision orientaient leur tir et ciblaient plusieurs personnages et séries qui ont servi à faire connaître le vampire au public et à lui faire accepter sa présence dans toutes les émissions, des dessins animés aux films pour la télévision, en passant par les séries hebdomadaires, et même, dans un feuilleton gothique demeuré célèbre. En effet, c'est un feuilleton qui donna un coup de sang aux téléspectateurs et leur fit d'abord entrevoir combien le vampire télévisuel pouvait se révéler fascinant. Cependant, la première fois que le public goûta aux vampires au petit écran, ce fut sous la forme d'une comédie mettant en scène une famille loufoque connue simplement comme *The Munsters*.

## The Munsters

L'année 1964 marque l'apparition de deux des familles les plus originales et les plus inoubliables du petit écran : l'excentrique et macabre famille Addams, et l'adorable et loufoque tribu *The Munsters*. La série rend hommage au film d'horreur en parodiant certains personnages et concepts parmi les plus délicieux ; durant deux ans, les deux familles ont fait rire le public aux éclats, en l'initiant par leur vision à un humour que la plupart des individus jugeraient horrifiant. À n'en pas douter, *The Munsters* fournissait un cadre brillant pour faire accepter l'idée des vampires comme personnages principaux. Fred Gwynne, Al Lewis, Yvonne De Carlo, Butch Patrick et Pat Priest étaient respectivement transformés en Frankenstein, en vampires père et fille, en fils de loup-garou et en nièce tout à fait humaine.

Les *Munsters* habitaient une maison étrange, le 1313 allée du Moqueur, et possédaient tout ce qu'un monstre peut souhaiter : un grand-père qui se suspendait aux solives comme une chauve-souris, une chauve-souris apprivoisée répondant au nom d'Igor, un dragon appelé Spot, et même une voiture, « Drag-u-la », probablement en hommage au patronyme du grand-père et au nom de jeune fille de Lily, Dracula. John Carradine, légendaire interprète de Dracula, fit même quelques apparitions dans la série, dans le rôle d'un des patrons d'Herman, employé dans un funérarium. Le début de l'émission était franchement hilarant, car Lily parodiait l'ouverture de l'émission de Donna Read, donnant à penser que les *Munsters* formaient une famille américaine tout à fait ordinaire. La série n'a tenu l'antenne que deux saisons, comme *La famille Addams*, mais elles ont toutes deux laissé une marque indélébile dans l'histoire de la télévision et des reprises sont encore diffusées quotidiennement aujourd'hui. Fait encore plus spectaculaire, Herman Munster s'est classé 19e sur la liste des « 50 pères les plus formidables de tous les temps » de *TV Guide*, dans son numéro de juin 2004.

# DARK SHADOWS

En 1966, les téléspectateurs ont découvert un nouveau type de vampire, d'une race plus sombre et plus théâtrale, dont le passé sinistre allait finir par le transformer en vampire récalcitrant typique. Ce buveur de sang est Barnabas Collins, vedette d'un feuilleton gothique télévisé intitulé *Dark Shadows*. Certes, il est de notoriété publique que les feuilletons ont un nombre incalculable d'adeptes et d'admirateurs suspendus à chaque mot, geste, entrevue et apparition à des congrès de leurs idoles. Or, *Dark Shadows* faillit passer à côté de la fanfare, car l'émission fut menacée d'annulation après six mois. C'est alors qu'on introduisit un élément surnaturel avec l'arrivée de Barnabas à Collinwood. Diffusé l'après-midi en semaine sur la chaîne ABC, de juin 1966 à avril 1971, *Dark Shadows* est devenu une série culte qui jouit toujours de son immortalité, grâce à d'importants sites d'admirateurs dans Internet, des cercles d'admirateurs, des associations, des congrès, des audiodramatiques sur CD, des DVD, des reprises, et deux longs métrages, *House of Dark Shadows* (1970) et *Night of Dark Shadows* (1971). La série a donné naissance, en 1991, à une nouvelle version télévisée qui a connu une fin précoce, à des livres de bandes dessinées et à une flopée de romans-feuilletons.

Entre autres aspects, *Dark Shadows* reste une œuvre unique par son style feuilleton télévisé et son format en temps réel, les trajectoires complexes de ses personnages qui se recoupent, ses voyages dans le temps, ses séances spirites, son univers parallèle, ses fantômes, sorcières et loups-garous, ainsi que pour ses scènes oniriques et fantastiques qui transportent le récit du Collinsport, Maine, d'aujourd'hui, à ses racines coloniales de la fin du XVIIIe siècle et au-delà. La distribution des intrigues qui ont composé plus de 1200 épisodes a exigé des acteurs qu'ils jouent plusieurs rôles — généralement celui de leurs ancêtres — et ils ont tiré de la série tout le pathos qu'ils pouvaient. La série était tellement avant-gardiste que l'étrange bande sonore de Robert Cobert s'est classée dans les 20 premières au palmarès de 1969, et que l'une des pièces a valu à son compositeur une nomination aux Grammy's.

## Le phénomène Collinwood

La série s'ouvre au moment où la gouvernante Victoria Winters arrive au domaine de Collinwood pour s'occuper du jeune David Collins. Entrée dans une famille excentrique et secrète, Victoria est témoin de phénomènes bizarres presque aussitôt après son arrivée. Cette découverte ouvre la porte au sombre drame qui suivra. Après 6 mois et des cotes d'écoute languissantes, le créateur de *Dark Shadows*, Dan Curtis, eut l'idée d'ajouter un vampire de 200 ans au mélange ; en dépit de son côté radical pour l'époque, son initiative audacieuse renversa complètement la vapeur pour la série. Jonathan Frid, l'acteur qui a bâti toute sa carrière sur ce monstre, est apparu pour la première fois dans la série dans l'épisode 211, sous les traits de Barnabas Collins, un vampire tiré de son sommeil qui émerge de sa tombe pour semer le chaos sur une nouvelle génération. Esprit torturé, Barnabas s'immisce dans la vie de la riche famille Collins, en prétendant être un parent perdu de vue depuis longtemps. À partir de là, l'histoire présente plus de revirements et de rebondissements qu'une route dans les montagnes suisses.

## Restauration de *Dark Shadows*

L'émission fut retirée de l'antenne en 1971, mais le cercle de ses admirateurs réclama inlassablement son retour. L'émission fut partiellement souscrite en 1975 et diffusée sous souscription jusqu'aux années 1990. Les épisodes furent ensuite cédés à la chaîne Sci Fi qui les diffusa durant les trois années suivantes. En 1991, 20 ans après l'annulation de la série, NBC a diffusé une nouvelle version à une heure de grande écoute, mais elle n'a pas fait long feu. Réalisée encore une fois par Dan Curtis, et mettant en vedette Ben Cross dans le rôle de Barnabas, Jean Simmons, Lysette Anthony et Barbara Steele, la reine du hurlant des années 1960 (voir chapitre 15), cette nouvelle version était une série hebdomadaire à gros budget. Cependant, l'époque signa sa disparition, puisque la couverture de la guerre du Golfe prit le pas sur sa diffusion et que des horaires erratiques contribuèrent à son trépas inévitable après seulement une douzaine d'épisodes. Bien entendu, le fait que la série s'est terminée sur un moment de suspense insoutenable a particulièrement mis en colère les téléspectateurs. Avec un peu de chance, leurs incantations seront entendues par le comédien Johnny Depp qui aimait tellement *Dark Shadows* lorsqu'il était enfant qu'il affirme avoir voulu *être* Barnabas Collins. Le souhait de Depp pourrait bien être exaucé : il a en effet annoncé qu'il interpréterait le rôle que Jonathan Frid a rendu légendaire dans le long métrage *Dark Shadows* dont sa société de production a acheté les droits en juillet 2008.

**CRIS ET HURLEMENTS**

Saviez-vous que l'une des premières actrices à faire partie de l'équipe des *Drôles de dames* a joué dans *Dark Shadows* ? En effet, Kate Jackson a interprété le rôle de Daphne Harridge dans 70 épisodes de la série, de 1970 à 1971. Dana Elcar participait aussi à la série dans laquelle il jouait le rôle du shérif Patterson. Il est bien connu pour son personnage de Pete Thornton, de la populaire série *MacGyver*, qu'il a interprété durant sept saisons à partir de 1985.

## VAMPIRES ADAPTÉS POUR LA TÉLÉ

Au fil des décennies, des douzaines de films de vampire pour la télé ont été diffusés au petit écran, mélanges de genres qui vont de la comédie *Munster, Go Home !* (1996) à *Mom's Got a Date With a Vampire* (2000). À vrai dire, il ne se passe pas une semaine sans qu'un film de vampire ne soit diffusé à la télé. Mesurée à l'aune des classiques, leur qualité fera toujours l'objet de discussions. Comme dans tous les genres, on trouve néanmoins toujours quelques joyaux cachés dans une montagne de zircons.

### The Night Stalker

Dans le domaine vampirique télévisuel, le premier joyau est un film pour la télévision, diffusé en 1972, que rien au départ ne destinait à engendrer une série télévisée de fin de soirée extrêmement populaire. Le film s'intitulait *The Night Stalker* et mettait en vedette le populaire acteur Darren McGavin dans le rôle de Carl Kolchak, un journaliste intrépide, empoté et d'une persévérance à toute épreuve, qui attire les créatures surnaturelles maléfiques comme un cadavre pourrissant attire les *vrykokolas* (voir chapitre 2). Téléthéâtre scénarisé par Richard Matheson, l'auteur de *Je suis une légende*, d'après un roman de Jeff Rice, et réalisé par Dan Curtis, le créateur de *Dark Shadows*, le bien nommé *Night Stalker* (qui désigne sans doute autant le protagoniste que l'antagoniste) a été un grand succès pour la chaîne ABC. Dans le film éponyme, Kolchak affronte un ancien vampire roumain, Janos Skorzeny, qui rode dans Las Vegas et suce le sang d'une douzaine de jeunes femmes avant que Kolchak ne réussise à l'éliminer en lui enfonçant un pieu dans le cœur.

L'année suivante, en 1973, McGavin refait équipe avec Curtis, Matheson et Rice pour le tournage d'une autre aventure de Kolchak, *The Night Strangler*. En 1974, la série *Kochak : The Night Stalker* fait ses débuts à la télé ; le troisième épisode, intitulé *Le Vampire*, rend hommage aux connaissances vampiriques de Kolchak, en mettant en scène une prostituée transformée en vampire qui se déchaîne dans la ville de Las Vegas. En septembre 2005, une nouvelle version de *Night Stalker* a pris l'antenne, avec Stuart Townsend, vedette de *La reine des damnés* dans le rôle principal, mais la série a été retirée de l'antenne après seulement six épisodes. À n'en pas douter, Kolchak lui-même aurait affirmé qu'il est préférable de taire *certaines* choses.

### Le retour de Dracula

Jack Palance est un autre joyau scintillant au firmament de la télévision vampirique. En 1973, il a mis la cape et les canines pour jouer Dracula dans une version très réussie du roman de Stoker, conçue par le duo qui nous a donné *Night Stalker*, le réalisateur Dan Curtis et l'écrivain Richard Matheson. Au dire de plusieurs, Palance est l'un des meilleurs interprètes du légendaire buveur de sang. Sa voix rauque et sa présence physique imposante lui donnent une maîtrise et une assurance que seule une poignée d'interprètes ont été en mesure de canaliser dans ce rôle (voir chapitre 15).

En 1977, un autre vampire remarquable est apparu au petit écran : le célèbre acteur français Louis Jourdan, qui interprétait le rôle principal dans *Count Dracula*, une version produite par la BBC pour sa série *Great Performances*. Dans cette version très fidèle au roman, en fait bien davantage que la plupart des adaptations, Jourdan insuffle à son rôle plusieurs des mêmes subtilités données au personnage par Frank Langella en 1979 (voir chapitre 15).

**CRIS ET HURLEMENTS**

> Au fil des ans, plusieurs émissions parmi les mieux cotées et diffusées dans des créneaux de pointe ont présenté des vampires ; en effet, *Alfred Hitchcock présente*, *Night Gallery*, *Les contes de la crypte*, *Tales from the Darkside*, *La quatrième dimension*, *Des agents très spéciaux*, *Starsky et Hutch*, *The Hardy Boys/Nancy Drew Mysteries*, *Buck Rogers au XXVᵉ siècle*, *CSI : Crime Scene Investigation*, *Sabrina, l'apprentie sorcière*, *Aux frontières du réel* et *Preuve à l'appui* ont toutes ouvert leurs portes aux immortels non-morts.

### Beaucoup de chance

L'année 1979 a marqué la diffusion à une heure de grande écoute de la première de *Salem*, spectacle vampirique extravagant d'après l'œuvre de Stephen King, dans lequel un écrivain revient dans son village natal pour découvrir qu'il se trame quelque chose d'étrange dans la maison hantée sur la colline. Mettant en vedette David Soul, James Mason et Lance Kerwin, *Salem* est devenu un film culte du genre vampirique, comme bien des adaptations des histoires d'horreur de King (voir chapitre 13). En 1990, Ben Cross a repris du service dans le rôle de Vlad et donné la réplique à Maryam D'Abo, dans le rôle de la créature vampirique Angelique, dans la comédie noire *Vampyre*. Écrite par Anne Beatts, auteure de *Saturday Night Live* et récipiendaire d'un Emmy, cette aventure amusante met en scène Angelique qui se réveille à Mexico après avoir rompu avec Vlad et dormi 100 ans, pour apprendre que les vampires sont simplement considérés comme des « personnes malades ». Bien entendu, en tombant amoureuse de son médecin, elle crée un triangle amoureux, un revirement qui procure aux cinéphiles une pinte de bon sang.

## VAMPIRES DES CRÉNEAUX DE POINTE

Étant donné la nature des vampires, en particulier leur soif de sang, leur propension à l'érotisme et au meurtre, il est facile de comprendre pourquoi les enfants de la nuit ont de la difficulté à passer la barrière des pontes, et surtout des censeurs de la télévision. En ce qui a trait au succès prolongé du genre à la télé, *Dark Shadows* remporte incontestablement la palme de la plus longue diffusion à ce jour. Quelques autres séries ont tenté de se relever d'entre les morts, mais leur succès a été de courte durée. Mentionnons *Dracula : The Series* (1990), *Kindred : le clan des maudits* (d'après le jeu de rôle *Vampire : la mascarade*), et plus récemment, une seule saison, en 2007, de la série dramatique *Moonlight*, mettant en vedette un vampire détective privé.

Néanmoins, quelques séries ont entre-temps obtenu un succès « mordant » et leurs personnages, acquis l'immortalité télévisuelle. Des émissions comme *Le justicier des ténèbres*, *Angel* et *Buffy contre les vampires* ont engendré des romans-feuilletons, des livres de bandes dessinées, des manuels, des sites virtuels très populaires pour les admirateurs, des cercles d'admirateurs, des sociétés, en plus de lancer des franchises complètes offrant figurines à tête branlante, figurines des personnages, magazines, jeux vidéos, congrès et tout le toutim (voir chapitre 19).

### Le justicier des ténèbres

Une série vampirique qui a formidablement marché à la télé se mérite aussi une cote élevée sur le plan de l'affection. En 1989, la chaîne CBS a diffusé un téléthéâtre intitulé *Nick Knight* qui nous a fait connaître un vampire récalcitrant parmi les plus torturés jamais conçus. Le film met en vedette

Rick Springfield, musicien et coqueluche du feuilleton *General hospital*, dans le rôle d'un vampire de 400 ans, employé comme détective à Los Angeles, qui cherche à résoudre une vague de meurtres sordides où les victimes ont été vidées de leur sang. En 1992, le pilote a été refait et transformé en une série de fin de soirée, *Le justicier des ténèbres*. L'affable acteur gallo-canadien Geraint Wynn Davies interprète le rôle principal, celui du détective aux homicides, Nicholas Knight. Production canadienne, d'abord et avant tout, l'intrigue s'écarte du pilote en plusieurs points : l'action se déroule à Toronto, et Nicholas a 800 ans, ce qui ne contribue qu'à ajouter à son extrême dérision et à son angoisse existentielle devant le fait qu'il doit expier son passé meurtrier et se guérir de son vampirisme. Il est aidé dans sa quête par la pathologiste Natalie Lambert (Catherine Disher), sa confidente mortelle, qui contraste avec Janette (Deborah Duchene), sa confidente vampire et son ex-amante.

Le créateur de Nick, le monstrueusement philosophe et sinistre Lucien LaCroix, brillamment interprété par Nigel Bennett, est aussi présent pour compliquer la situation durant les trois saisons de la série. Ancien général de l'armée romaine, créé durant l'éruption du Vésuve à Pompéi, LaCroix est âgé de 2000 ans et méprise visiblement la quête que Nick a entrepris pour obtenir l'absolution et retrouver son humanité. Il illustre magnifiquement le mésusage du pouvoir vampirique et son utilité possible, appliqué à la création d'une meilleure société. Comme beaucoup de vampires traditionnels, ceux de la série sont dotés d'une force surhumaine, d'un puissant pouvoir d'hypnose et de sens très aiguisés ; ils ont le soleil et les pieux dans le cœur en aversion. Ils sont aussi capables de voler, de se déplacer à une vitesse fulgurante et de régénérer leurs tissus.

**CRIS ET HURLEMENTS**

On peut dire que les admirateurs de la série *Le justicier des ténèbres* sont les plus dévoués et les plus fervents du monde. En plus d'une occasion, leur ferveur a évité l'annulation de la série. En 1995, un groupe de lobbyistes, *Friends of Forever Knight*, sont allés jusqu'à pétitionner l'association des programmateurs de télévision américaine qui se sont dits épatés et étonnés de leur professionnalisme et des efforts qu'ils déployaient pour sauver la série.

Outre les triangles amour et haine, et les antagonistes vampiriques, il est indubitable que la série a trouvé sa place dans le cœur des amateurs de vampires grâce au chassé-croisé entre Nick et LaCroix. En effet, les jeux que LaCroix joue avec les mortels l'amènent à travailler au noir comme animateur de radio nocturne, sous le sobriquet de *Nightcrawler*. Il profite du cadre de ses émissions pour éclairer le comportement de Nick, sa situation pathétique et son combat pour maîtriser sa rage et sa soif de sang. Endoctriné au sein des non-morts par LaCroix en 1228, Nicholas de Brabant reste l'un des vampires les plus visibles parmi ceux du petit écran.

## Buffy contre les vampires

Quand on pense aux filles-qui-ont-tout et qui deviennent chasseuses de vampires, Buffy est le seul nom qui nous vient à l'esprit. En 1992, l'écrivain Joss Whedon nous a fait connaître Buffy Summer, meneuse de claques égocentrique, écervelée et accro du lèche-vitrine, dans le long métrage *Buffy contre les vampires*. Kitsch et charmant, le film met en vedette Kristy Swanson, Donald Sutherland et Rutger Hauer dans le rôle du méchant Lothos. Même s'il a été un succès de salle, le film été un échec dans l'esprit de Whedon, car l'auteur n'avait pas l'intention de créer une aventure d'horreur au lycée, mais un extraordinaire personnage féminin, l'incarnation même de la détermination.

Cinq ans plus tard, en 1997, Whedon a pu tenter sa chance comme producteur délégué de la série *Buffy contre les vampires*, diffusée en première sur la petite chaîne WB Network. Durant sept saisons, la série gagnante d'un Emmy nous a offert une Buffy (Sarah Michelle Gellar) en pleine possession de ses moyens, bottant toutes sortes d'arrière-trains vampiriques et démoniaques dans sa ville natale de Sunnydale et ailleurs, mais surtout autour de la « bouche de l'enfer », un portail vers les géhennes qui s'ouvre sous le lycée de la ville de Sunnydale, en Californie. Si l'on prend la métaphore au pied de la lettre, on ne peut qu'être amusé de la dichotomie créée par la correspondance lycée et enfer.

Au fil des situations comiques, kitsch ou dramatiques, des terreurs paranormales et des recours aux arts martiaux pour venir à bout de douzaines de vampires et autres mécréants, Buffy rencontre Angel, interprété par

David Boreanaz, toujours charmant, mais dont le côté vampirique malfaisant montre ses dents hideuses la nuit où Buffy et lui cèdent à la passion. Tragique et métaphorique dans ce qu'elle sous-tend, cette rencontre du vampire et de la tueuse a été un tel succès qu'elle a donné naissance à une version dérivée, intitulée simplement *Angel* (voir chapitre 13).

### Angel

*Angel* a été diffusé en première sur la chaîne WB. La série porte sur les succès, et l'âme excessivement torturée d'Angelus, un vampire de 200 ans qui a passé son premier siècle à tuer avec témérité et abandon. Cependant, une bande de Tziganes déterminés à se venger lui a redonné son âme humaine, maintenant fermement ancrée dans son corps de vampire. Anomalie remarquable dans la tradition populaire vampirique, Angel est tourmenté par le souvenir de ses actes meurtriers; comme il se sent poussé à aider les autres, il devient détective privé dans un effort pour soulager son angoisse permanente et ses remords incessants. Avec le créateur de *Buffy*, Joss Whedon, à la barre, David Boreanaz brille dans le rôle de la créature torturée dont les prises de conscience et les souvenirs sombres, les assassinats, illustrent la dichotomie d'un vampire récalcitrant d'une part, mais d'autre part peu désireux de renoncer à l'immortalité, car il souhaite continuer à s'amender auprès des êtres humains.

De facture plus sombre que *Buffy*, *Angel* profite de la présence de certains personnages de la série qui l'a engendrée, y compris celle de Buffy. Conçue comme une série comme la plupart des feuilletons, avec des épisodes autonomes qui ajoutent à la solidité de l'intrigue à long terme, la série *Angel* est tenue de respecter les mêmes normes que celles des autres vampires du petit écran, tels Nick Knight et Mick St. John, de *Moonlight*, à savoir qu'en dépit de sa nature maléfique, le vampire doit avoir l'intention de faire le bien. Dans le royaume vampirique, cette intention place Boreanaz et son *alter ego* angélique dans une classe à part. Diffusée durant cinq saisons, la série a acquis l'immortalité télévisuelle à l'instar de *Buffy*. Après son annulation, les adieux ambigus d'Angel se sont traduit en 2007 par une série de bandes dessinées, *Angel : After the Fall*, que l'on doit à la colère des admirateurs de la série devant la disparition de leur émission favorite.

AMUSE-GUEULE MORDANT

Bien qu'il ne soit pas inscrit au dictionnaire, le mot *Elvira* désigne par définition une beauté classique ultrakitsch aux cheveux de jais, vêtue d'une petite robe noire courte et moulante au décolleté plongeant, qui fait son numéro de vampire avec un aplomb immortel et un plaisir incroyable. À Elvira, alias la comédienne Cassandra Peterson, nous disons ceci : ma chère, vous êtes *la meilleure* de toutes les hôtesses vampiriques des créneaux de pointe et vous serez à jamais immortalisée dans le royaume des vampires sous les traits de la plus grande maîtresse des ténèbres de toutes !

### True Blood

Même si elle vient de commencer, la chaîne HBO fonde de grands espoirs — sanglants — sur sa nouvelle série vampirique *True Blood*, d'après la série Sookie Stackhouse de l'écrivaine Charlaine Harris (voir chapitre 13). Au moment de sa première en septembre 2008, *True Blood* nous a fait connaître les résidents de Bon Temps, ville fictive de Louisiane où vivent l'excentrique Sookie Stackhouse, serveuse télépathe malgré elle — interprétée par Anna Paquin, gagnante d'un Oscar —, et l'homme dont elle est amoureuse, Bill Compton (Stephen Moyer) qui s'adonne à être un vampire de 173 ans. Bien entendu, le fait que Bill ait 148 ans de plus que Sookie a peu d'importance, si l'on considère le fait que les vampires sont maintenant acceptés dans la société grâce à l'invention d'un substitut sanguin par des scientifiques japonais. Après la diffusion des deux premiers épisodes, nous avons appris que *True Blood* reviendrait pour une deuxième saison.

## NOSFERATU POUR LES ENFANTS

Bien que les vampires traditionnels de la littérature et du cinéma soient généralement considérés comme trop effrayants pour les jeunes enfants, quelques émissions de télévision ont présenté des personnages vampiriques dans des dessins animés comme *Scooby Doo*, ou dans *Sesame Street* où l'adorable Count von Count, le *Muppet* violet, enseigne l'art de compter aux tout-petits depuis le début des années 1970. Créé un peu à l'image du Dracula de Lugosi, le comte a de longues canines pointues, un monocle, une chouette barbichette et l'indispensable cape noire. Son besoin obsessif de compter — intentionnel ou non — rappelle la populaire pratique de la tradition populaire qui consistait à employer des graines pour occuper les vampires (voir chapitre 9).

## Comte Mordicus

L'un des dérivés les plus innovateurs à la légende de Dracula est le dessin animé britannique *Comte Mordicus*, dérivé du populaire dessin animé de 1981-1992, *Dare Dare motus*. Vedette d'une parodie évidente de Dracula revue et corrigée pour les enfants, Mordicus est un canard vampire végétarien obsédé par la gloire qui réside, naturellement, au château Mordicus avec son serviteur, un vautour maladroit prénommé Igor et une gouvernante tout aussi inepte répondant au nom de Nounou. Mordicus est devenu végétarien lors du rituel ayant mené à sa résurrection. Nounou ayant tendu à Igor une bouteille de ketchup plutôt qu'une bouteille de sang, le vampire loufoque est plus enclin à manger végé que carnivore. Il y a aussi le docteur Von Goosewing, une oie allemande chasseuse de vampires qui se lance à la poursuite de Mordicus chaque fois qu'il s'échappe pour courir la gloire. Entre 1988 et 1993, 65 épisodes ont été créés, de même qu'une version des folles aventures du canard vampire chez Marvel Comics.

## The Groovy Goolies

Les années 1970 étaient les seules à pouvoir offrir une émission avec le mot *groovy* dans le titre, ce qui est le cas du dessin animé *The groovy Goolies*, mettant en vedette une bande de monstres. Dérivés du très populaire *Archie Show*, puis combinés à *Sabrina, l'apprentie sorcière* avant d'avoir leur propre émission, les Goolies forment un groupe bigarré et habitent le palais des horreurs. Entre autres personnages, il y a Bella la spectracle, Drac, Momie, Hagatha, Franklin Frankenstein dit «Frankie», Wolfgang Wolfman dit «Wolfie», un docteur Jeckyll et Hyde bicéphale et un squelette animé qui se prend pour Napoléon. Puisant surtout à la source des films d'horreur classiques du studio Universal, l'émission a été diffusée en 1971 et plusieurs émissions spéciales ont été présentées au fil des ans. Bien entendu, comme il s'agit d'un groupe de monstres, chacun des 16 épisodes se termine par une chanson de rock originale des Groovie Goolies.

## CROCS FLAMBOYANTS

Même si la littérature et le folklore nous offrent la possibilité de nous faire une image mentale des vampires les plus romantiques et les plus mons-trueux de l'histoire de la fiction, ce sont finalement le cinéma et la télévision qui leur ont donné un visage. Dans ce cas de figure… doté de crocs pointus. Comme nous l'avons vu dans notre étude des vampires du cinéma et de la télévision, ces monstres présentent toute la gamme des interprétations sur les plans physique, spirituel et émotionnel, mais peu importe à quel point elles sont effrayantes, elles ne sont pas le reflet de la réalité. N'est-ce pas?

Dans le prochain chapitre, nous étudierons les vampires d'aujourd'hui et apprendrons que les adhérents à la sous-culture vampirique actuelle se prennent réellement pour des vampires, de leurs fringues gothiques à leur dentition sophistiquée.

# Chapitre 19

# VAMPIRISME CONTEMPORAIN

L A PLUPART DES GENS CROIENT QUE LES VAMPIRES N'EXISTENT PAS, mais un nombre croissant d'individus d'avis contraire adoptent un style de vie vampirique impliquant le fétichisme du sang ou certains aspects du vampirisme magnétique, astral ou psychique. Dans ce chapitre, nous étudions les différents types de vampires, ainsi que l'éventail des pratiques vampiriques, des commerces, des interactions dans l'Internet, des jeux, des livres de bandes dessinées et de tous les objets imaginables, des crocs aux capes à la Bela Lugosi.

# CATÉGORIES DE VAMPIRES

En abordant le sujet des vampires dans le cadre d'une conversation ordinaire, on peut affirmer que la majorité des gens pensent à Dracula, ou du moins au Dracula de salon, interprété par Bela Lugosi, en 1931. Cette généralisation appelle inévitablement une question : « Tous les vampires ne sont-ils pas identiques ? » En un mot, non. Ils ne le sont pas. La majorité a en commun des caractéristiques de base — soif de sang, combinaison de différents pouvoirs et de faiblesses hérités des vampires du folklore et de la littérature et du cinéma des débuts —, mais à l'instar des êtres humains, chaque vampire a sa propre croix à porter et ses propres méthodes dans sa folie. Ne perdons pas cette idée de vue en étudiant les types de vampires les plus courants, mais qui ne font pas partie des vampires traditionnels.

# LE VAMPIRE EXOTIQUE ÉROTIQUE

Par leur nature, les vampires sont des créatures intolérablement érotiques, dotés de pouvoirs hypnotiques grâce auxquels ils sont capables de plier à peu près n'importe qui à leurs désirs, sexuels ou autres. Après tout, mordre quelqu'un dans le cou est en soi un geste très érotique, personnel et sexuel. Plusieurs éléments concourent à l'aura de « romantisme » du vampire. D'abord, si la proie est consentante, l'idée romantique de l'immortalité agit comme un attrait. Ensuite, le syndrome mauvais garçon et mauvaise fille répond au côté rebelle et sauvage de l'humain, et à la conviction qu'on doit déterminer par soi-même ce qui est bon pour soi en expérimentant ce qu'on sait très bien être mauvais. On affirme souvent que les personnes mordues contre leur gré sont violées — approchées sexuellement et forcées contre leur gré. Cela classe clairement le vampire dans la catégorie des déviants sexuels et cadre tout à fait avec sa personnalité obsessive de traqueur lorsqu'il poursuit une victime — en particulier une épouse ou un compagnon de vie.

## Tendances homoérotiques

Le sujet de la sexualité vampirique en est un qui fait encore l'objet de débats passionnés. Sont-ils hétérosexuel(le)s, homosexuel(le)s ou bisexuel(le)s? La réponse la plus prudente est : les trois. Bien que la majorité des vampires fassent peu de cas de leur préférence sexuelle lorsqu'ils tuent, plusieurs ont tendance à être obsédés par un sexe ou l'autre. On constate cependant dans beaucoup d'exemples littéraires et cinématographiques qu'ils ont tendance à choisir des compagnons de même sexe. C'est particulièrement évident chez plusieurs protagonistes des chroniques vampiriques d'Anne Rice, par exemple. Magnus choisit Marius qui choisit Lestat qui endoctrine Louis. Bien qu'aucun ne rebute à prendre la vie de l'un ou l'autre sexe, ils choisissent souvent pour compagnons, ou «enfants» comme ils le disent souvent, un individu du même sexe. Est-ce une relation amoureuse? Bien sûr. Ont-ils des relations sexuelles? Parfois. Alors que le roman d'amour vampirique typique tend à tourner autour d'une relation hétérosexuelle classique ou autour de variantes comme le vampire et le chasseur de vampires, le concept d'une compagnie homoérotique, bien que généralement non sexuelle, insuffle une nuance passionnelle caractéristique.

## Vampires lesbiennes

En 1872, Sheridan Le Fanu créa non seulement la femme vampire, mais la créature vampirique lesbienne dans son roman *Carmilla* (voir chapitre 3). Dans ce cas de figure, la créature vampirique Carmilla, qui se fait passer pour la diabolique comtesse Mircalla Karnstein, fit prendre conscience à son fervent lectorat que le mal séducteur n'était pas l'apanage du soi-disant sexe fort. Carmilla *est* la mère de tous les vampires féminins et la norme à laquelle tous les modèles subséquents se sont conformés. Elle possède non seulement les traits essentiels du vampire, mais son jeu audacieux pour séduire Laura, l'objet de son obsession, se déroule avec lenteur et une intensité qui amène au comble de l'excitation :

«On eût cru voir se manifester l'ardeur d'un amant. J'en étais fort gênée, car cela me semblait haïssable et pourtant irrésistible. Me dévorant des yeux, elle m'attirait vers elle, et ses lèvres brûlantes couvraient mes joues de baisers tandis qu'elle murmurait d'une vois entrecoupée : «Tu es mienne, tu seras mienne, et toi et moi nous ne ferons qu'une à jamais! « »

Beaucoup protesteront que la perspective d'une séduction lesbienne vampirique est le produit d'un fantasme masculin, une probabilité qui s'avère encore aujourd'hui dans la littérature et le cinéma vampiriques. Nul doute que les psychologues pourraient s'essouffler des heures à avancer des théories sur le sujet, mais les rêveries fantasmatiques des hommes sur les rencontres lesbiennes de deux belles femmes sont un élément courant de la psyché masculine qui ajoute un intérêt incommensurable à la tension engendrée par de telles scènes dans la littérature et au cinéma. Même en sachant que l'une des femmes désire à tout prix ravir l'essence et la vie de sa partenaire, plusieurs souhaitent quand même prendre part à l'expérience. Dans tous les sens, la description de ces scènes invite au voyeurisme vampirique.

# VAMPIRISE-MOI ÇA !

Plusieurs théories complexes postulées au début du XX$^e$ siècle ont évolué et nous offrent aujourd'hui des arguments à l'appui de l'existence des vampires, ainsi que des explications quant à ce qui a pu les engendrer. Plusieurs de ces concepts obscurs, mais plausibles ont intégré la culture moderne et sans doute alimenté notre intérêt avide, ainsi que notre acceptation de l'invraisemblance que présente l'existence d'entités aussi exotiques et dérangeantes. Pour la personne relativement saine d'esprit, l'idée même que des revenants quittent leur tombe pour déambuler parmi nous à notre insu est en soi absurde, mais les arguments selon lesquels l'univers est beaucoup plus compliqué qu'on peut l'imaginer sont difficiles à contrer. C'est un fait : l'univers est compliqué, et nous sommes plusieurs à croire à une forme de vie après la mort en raison de nos convictions religieuses ou spirituelles. Cette combinaison de vérités fondamentales inhérentes à la condition humaine pourrait contribuer à entrouvrir la porte à l'idée terrifiante de l'existence possible — seulement possible — de certains phénomènes spirituels inexplicables. Or, les théoriciens du vampirisme psychique ne sont que trop heureux de combler ces lacunes.

## Le vol du corps astral

Écrivaine renommée et occultiste, Dion Fortune a été l'une des premières à parler de vampirisme psychique, du début au milieu du XX$^e$ siècle, en

Angleterre. Comme beaucoup de théoriciens de l'occulte du temps, Fortune croyait que l'être humain est formé de deux entités distinctes : le corps physique et le corps spirituel, ou *astral*. Dans le cas d'un décès normal, les deux entités meurent. Mais dans son livre *Psychic Self-Defense*, Fortune cite le cas de soldats d'Europe de l'Est, tués durant la Première Guerre mondiale. Certains parmi eux pratiquaient la magie noire et purent ainsi éviter la « seconde mort », qu'elle désigne comme la mort du corps astral. Selon elle, « ils se sont accrochés à leur double éthérique en vampirisant le blessé… en se nourrissant systématiquement de son énergie éthérique ». En ce qui concerne le sort des victimes des vampires, Fortune ajoute que « la personne vampirisée est drainée de sa vitalité ; elle devient un vide psychique qui doit absorber l'énergie des personnes avec qui elle entre en contact afin de réapprovisionner sa source vitale épuisée ».

FOLKLORE FANTASTIQUE

> Des crocs aux lentilles cornéennes de théâtre, en passant par les capes et la laque blanche pour les cheveux, le marché du matériel vampirique propose une foule d'accessoires à effets spéciaux qui vous donneront froid dans le dos. Vous allez à la chasse ? Vous trouverez sur le marché des trousses de destruction vampirique qui comprennent des crucifix, pieux et maillets, des potions spéciales pour repousser ces créatures nocturnes empoisonnantes, et des parfums à l'ail grâce auxquels vous embaumerez le répulsif pour vampires de dame nature.

Dans ses écrits, Fortune suggère que certains deviennent des vampires en pratiquant délibérément la magie noire et d'autres parce qu'ils en sont victimes. Elle croyait que le véritable vampirisme était rare en Europe de l'Ouest, mais restait persuadée que l'Europe de l'Est représentait le siège de la « magie noire » et était la contrée d'origine naturelle du vrai vampire.

### Non-mort et pas saigné

Dans cet éventail de théories sur le vampirisme psychique, l'un des concepts familiers est que certains individus aux intentions douteuses sont capables de drainer l'énergie de leurs victimes sans les tuer, à leur insu et sans leur consentement. Appelés « vampires praniques », « vampires empathiques », « parasites énergétiques » et « psy-vamps » (aussi épelé « psi-vamps »), ces individus relatent souvent leurs « exploits » en manifestant une certaine satisfaction de soi, et affirment qu'ils ne font que revenir à une forme traditionnelle de relation innocente et spirituelle avec leur prochain.

Cet argument s'appuie en partie sur l'idée que les populations ont été transformées en zombis sans âme par un monde scientifique et technologique industrialisé et étroitement contrôlé, et que l'échange naturel d'énergie spirituelle entre humains a été éliminé. Pour atteindre un équilibre naturel avec l'univers, ces vampires psychiques croient que la condition humaine « normale » consiste pour certains à renoncer à leur énergie et à d'autres à en profiter. Si vous avez un jour la sensation hérissante que quelqu'un vous dévisage et semble essayer de lire vos pensées, soyez sur vos gardes : il se pourrait qu'un vampire psychique essaie en fait de drainer jusqu'à la dernière goutte de votre énergie psychique.

## C'EST QUOI, TON GENRE ?

Dans le monde des bizarreries psychologiques crues, le concept de *fétichisme du sang* s'apparente à la lubie d'un esprit dément. Selon qu'on ingère du sang par obsession, ou parce que cela fait partie de son style de vie, certaines variations sur le thème sont déclenchées par des désirs et des besoins distincts. Le *sanguinarien* désire psychologiquement ingérer du sang pour se maintenir en santé ; il arrive d'ordinaire à ses fins sans faire de mal à quiconque. Par contre, celui qui souffre de *vampirisme clinique* est persuadé qu'il a besoin de sang pour survivre ; il cherchera à s'en procurer par tous les moyens et ira jusqu'à tuer pour en obtenir. Cette forme est généralement associée à des problèmes psychologiques graves et beaucoup plus complexes, comme la schizophrénie ; c'est rarement le seul diagnostic en cause.

Ceux qui, ayant mordu à belles dents dans le style de vie vampirique, se désignent souvent, du moins par écrit, comme des *vampyres* et souhaitent se comporter comme un vampire ou en devenir un, peuvent satisfaire leur désir en entrant en relation avec d'autres individus aux tendances similaires. Comme pour la plupart des groupes aux centres d'intérêt commun, l'Internet est un média de choix pour partir en quête de compagnons. Dans certains groupes, le vampirisme actif est pratiqué par les membres qui jouent le rôle de vampires ou de donneurs; les différentes formes de saignée engagent rarement une véritable morsure. En général, les donneurs s'entaillent la peau avec une lame de rasoir et le «vampire» suce le sang de la blessure. Dans les réseaux sociaux, plusieurs participent uniquement à titre de donneurs. On désigne parfois les donneurs sous le nom de *cygnes* et on les divise en catégories :

✝ **Cygnes noirs :** famille et amis des membres, n'ayant rien à voir avec les activités vampiriques.
✝ **Cygnes écarlates :** donneurs qui participent aux saignées.
✝ **Cygnes de cristal :** membres qui ne donnent que de l'énergie psychique ou spirituelle.
✝ **Cygnes d'ambre :** touche-à-tout, le cygne d'ambre donne à tout venant.

**CRIS ET HURLEMENTS**

Petite observation anodine sur le style de vie des vampires, plus précisément sur les «bars à sang» où les aspirants vampires se rendent pour avaler un petit verre de… rouge. Depuis la diffusion de la série *True Blood* sur la chaîne HBO, qui porte sur les vampires du Sud profond des États-Unis, un vrai bar à sang connaît un succès commercial retentissant à Shreveport, en Louisiane. La décoration du *Fangtasia* porte entièrement sur des thèmes associés au genre et les propriétaires affirment qu'ils sont de vrais vampires. En fait, ils sont de *vrais* as du marketing!

## Clavardage mordant

Pour ceux qui s'intéressent aux vampires en général et ceux qui sont intrigués par la culture vampirique actuelle, l'incroyable matériel technologique qui trône sur votre bureau est un portail vers les ténèbres. Allez-y! Tapez «vampires» dans votre moteur de recherche favori et vous aurez plus de 24 millions de pages Web au bout des doigts. L'Internet est une véritable mine d'or pour faire des recherches sur la tradition populaire, la recherche, la fiction et le cinéma, et pour rencontrer des admirateurs de vampires en quête de compagnie. Dans les clavardoirs, vous rencontrerez en ligne des amis avec qui vous pourrez partager vos intérêts, mais nous vous en implorons, nous vous en supplions : soyez très prudent dans vos relations virtuelles. Par la nature du sujet, l'intérêt pour les vampires exige d'explorer le côté obscur ; or, il y a dans les forums et les clavardoirs de *vrais* psychopathes qui pourraient se révéler de véritables prédateurs dans tous les sens du terme. Assurez-vous d'explorer les nombreux sites qui traitent de sécurité dans l'Internet et informez-vous. Voici l'adresse d'un site sur la sécurité qui traite précisément de vampires : *www.drinkdeeplyanddream.com/realvampire/internet/safety.html.*

**CRIS ET HURLEMENTS**

Sorti en 1983, *Les prédateurs* a employé la musique vampirique actuelle de façon fort amusante dans le générique du début et les premières scènes, tandis que le vampire Miriam et son amant John traquent leur dîner dans un club gothique. Durant les scènes de séduction et de meurtre, on entend Bauhaus chanter *Bela Lugosi's Dead*, création de 1979 du groupe de rock gothique.

## MUSIQUE POUR LES ENFANTS DE LA NUIT

Les vrais vampires n'ont peut-être pas réussi à infiltrer notre société, mais il est manifeste que l'intérêt qu'on leur porte a touché virtuellement toutes les facettes du monde du divertissement, y compris le monde de la musique. Pour les amateurs de classique, les bandes-son originales de plusieurs films de vampire présentent des orchestrations absolument renversantes. Parmi les meilleures, citons le *Dracula* de Coppola, *Les prédateurs*, *Entretien avec un vampire* et *Blade.* Sur la scène musicale plus *edge*, dans le genre rock gothique mordant, plusieurs groupes investissent leurs énergies directement dans le vampirisme, par exemple, Cradle of Filth, Blook Lust et Dead by Dawn. On trouve aussi sur le marché une compilation sur CD, *Dracula : King of Vampires*, qui regroupe plus d'une douzaine de groupes gothiques ayant à leur actif des chansons qui rendent hommage à notre buveur de sang préféré et à ses proches.

# JOUER AU VAMPIRE DANS L'INTERNET

Les jeux vidéo ont envahi le cyberespace et proposent un éventail étonnant de frissons et de sueurs froides. Ils vous offriront la rencontre la plus intime que vous n'aurez jamais avec les enfants de la nuit ; en compagnie d'autres rôlistes en chasse, vous pourrez traquer — et tuer — ces personnifications du mal, en adoptant vous-même les traits d'un mort-vivant. Voici certains jeux vidéo parmi les plus populaires :

- ✝ *Buffy the vampire slayer*
- ✝ *Buffy the vampire slayer : Chaos Bleeds*
- ✝ *Dark Watch*
- ✝ *Lunar Knights : Vampire Hunters*
- ✝ *Vampire Hunter D*
- ✝ *Vampire Rain : Altered Species*
- ✝ *Vampire Night*
- ✝ *Vampire : The Masquerade — Bloodlines*
- ✝ *Vampire : The Masquerade — Redempton*

FOLKLORE
FANTASTIQUE

L'engouement des dernières années pour tout ce qui touche aux vampires s'est aussi traduit, ce qui n'est pas surprenant, par une production incroyable d'art vampirique par certains portraitistes extrêmement talentueux du monde des non-morts. Bien entendu, les calendriers richement illustrés sont *de rigueur** dans la tanière de tout vampire ou admirateur de vampires qui se respecte, et les affiches représentent les morts-vivants rappelleront à vos amis « de jour » que dans le monde des ténèbres, vous n'êtes pas un débutant.

# LE CÔTÉ OBSCUR DES BANDES DESSINÉES

Oubliez *Superman*, *Batman* et les *4 Fantastiques*, et ne prenez surtout pas un exemplaire d'*Archie* et de sa joyeuse bande du lycée de Riverdale. Les

---

\* En français dans le texte.

bandes dessinées vampiriques ont explosé sur le marché ; elles font un malheur et constituent un divertissement dans lequel voudra mordre n'importe quel enthousiaste assoiffé de sang, qui le feuillettera sous les couvertures à la lumière d'une lampe de poche. Blade compte parmi les héros les plus durables du genre ; son personnage a d'ailleurs été adapté à une trilogie de films très réussis qui se sont succédé à partir de 1998 (voir chapitre 15). Blade a fait ses débuts dans la bande dessinée en 1973, dans un rôle de soutien chez Marvel Comics, dans le numéro intitulé *Tomb of Dracula*. Il a poursuivi sa carrière en enchaînant les séries, parfois comme vedette, parfois avec un partenaire. En septembre 2008, il était d'ailleurs en vedette dans le livre de bandes dessinées *Captain Britain and MI : 13*.

Vampirella est un personnage de BD très connu. Sa carrière a commencé en 1969 et s'est poursuivie durant 112 numéros. À l'origine, Vampirella était une extra-terrestre fuyant la destruction de sa planète et venue sur Terre pour faire le bien. Parmi les vampires et les séries bien connus des bandes dessinées, mentionnons *Dracula*, *Midnight Sons*, *Morbius*, *Spider* et *Baron Blood*, en plus des innombrables personnages de vampires mis en vedette dans l'univers prolifique et « marveleux » de Marvel Comics.

## SOIF D'AMOUR

Même si la littérature et le folklore nous offrent la possibilité de nous faire une image mentale des vampires les plus romantiques et les plus monstrueux de l'histoire de la fiction, ce sont finalement le cinéma et la télévision qui leur ont donné un visage. Dans ce cas de figure… doté de crocs pointus. Comme vous l'avez probablement appris en lisant cet ouvrage, les immortels enfants de la nuit présentent toute la gamme des interprétations sur les plans physique, spirituel et émotionnel et métaphorique, mais peu importe à quel point elles sont effrayantes, elles ne sont pas le reflet de la réalité. N'est-ce pas ?

Maintenant que vous avez lu tout ce qui précède à propos des immortels, il est temps d'examiner les hauts et les bas de la vie des non-morts. Aimeriez-vous vraiment être vampire ? Quels sont les contraintes et les avantages de l'état ? Comment savoir si votre voisin est un vampire ? Tout cela, et plus encore, dans le prochain chapitre.

# Chapitre 20

# ALORS, VOUS VOULEZ
# DEVENIR VAMPIRE ?

VEC SON RÉPERTOIRE DE TALENTS SURHUMAINS et son style de vie présentant un attrait hors de ce monde, le vampire affiche une apparence théâtrale que certains, en particulier les admirateurs de vampires, aimeraient émuler ne serait-ce qu'un seul jour. Pour les simples mortels, l'appât de l'immortalité est enivrant et constitue peut-être la meilleure raison pour vouloir devenir *le vampyre**. Dans ce chapitre, vous découvrirez les hauts et les bas de ce que serait la vie dans la peau du vampire idéal, ainsi qu'une liste fort utile qui vous permettra d'identifier les vampires que vous rencontrerez. Commençons par étudier les périls de la vie éternelle.

---
* En français dans le texte.

# LES INCONVÉNIENTS DE L'IMMORTALITÉ

Si on vous offrait le choix de vivre éternellement, mais qu'en échange, vous deviez devenir une créature de la nuit assoiffée de sang, le feriez-vous? Quand on est dans un état d'esprit équilibré, cette question initie une réflexion sérieuse sur le pour et le contre de l'immortalité. Oui, vous pourriez parcourir la planète, décennie après décennie, siècle après siècle, en observant l'évolution de l'humanité qui se poursuivrait sous vos yeux surnaturels aiguisés. Vous pourriez voyager de par le monde, vous lancer dans les arts, avoir un style de vie somptueux, utiliser les pouvoirs surhumains qui vous seraient donnés et en abuser aussi probablement. Alors, où sont les inconvénients?

Comme dans toute dépendance, on tend à toucher le fond. Se peut-il que trop de bonnes choses finissent par saturer? Absolument. Peu importe l'âge vénérable que vous atteindriez en tant que vampire, vous auriez à combattre le sentiment de solitude qui viendrait avec votre immortalité, jumelé au fait que vous devez vivre en sachant que la race humaine — dont vous avez déjà fait partie — vous sert de nourriture. Cela dit, voudriez-vous faire partie des non-morts ou choisiriez-vous de vivre votre vie jusqu'à son terme, quel qu'il soit? Étudions ce que vous affronteriez.

## La solitude est difficile à vivre

La littérature comme le cinéma insistent sur l'aspect solitaire de la vie des créatures vampiriques, jouant en général sur le fait que des siècles de chasse et de vie dans l'ombre mènent inexorablement à une certaine forme d'aliénation. Comme c'est le cas chez certains vampires, les immortels d'Anne Rice ont la capacité de disparaître durant des siècles, en s'enfonçant dans un repos prolongé dont ils se réveilleront pour réaffirmer leur immortalité. Dans les films *Underworld*, les vampires les plus vieux franchissent le temps «à saute-mouton»; chacun dirige un siècle à la fois, tandis que les autres dorment dans un état momifié jusqu'à ce qu'on les réanime par transfusion sanguine. Ces processus inventifs présentent une logique solide, car non seulement les vampires sortent revitalisés de leur sieste prolongée, mais une fois acclimatés à l'ère où ils se réveillent, ils sont en mesure de fonctionner, dans la plupart des cas, avec peu de dommages psychologiques.

La solitude peut peser lourd sur la psyché du vampire qui décide de la jouer solo, ou en compagnie de quelques apprentis seulement. Prenons l'exemple de Miriam Blaylock, protagoniste du roman de Whitley Strieber, *Les prédateurs*, publié en 1981. Miriam vient de l'Ancienne-Égypte, elle a des milliers d'années. Durant ces millénaires, elle a eu de nombreux amants, mais ils ne sont pas immortels, comme elle le leur promet lorsqu'elle les transforme. Ils ont une date de péremption. Ils ne vivent que quelques siècles avant que la nature ne prenne sa revanche et qu'ils se mettent à vieillir rapidement, sans mourir. Ils doivent endurer une mort vivante, enfermés dans un cercueil par Miriam, pleinement conscients, mais incapables de fonctionner. Comme elle est prétendument extraterrestre, Miriam, la créature vampirique, choisit simplement de prendre un nouvel amant et de poursuivre sa route. Sous la surface, pourtant, grondent la conscience et la peur que ce n'est qu'une question de temps avant qu'elle ne perde son amoureux actuel et le pleure l'éternité durant. Tout un dilemme, même pour un buveur de sang.

L'essentiel est que la plupart des vampires succomberont à un moment ou à un autre à la dépression ou à la folie en prenant conscience qu'en tant qu'espèce prédatrice non-vivante, ils sont seuls au monde. Par contre, cela ne signifie pas qu'il n'existe pas une foule de monstres sanguinaires qui n'ont aucun remords ou scrupule à semer le chaos chez les humains. Il est certain que ces monstres sont la norme dans la littérature de fiction, au cinéma, et surtout dans la tradition populaire, mais il n'en demeure pas moins qu'en dépit du degré d'agressivité d'un vampire, le soi-disant don obscur de l'immortalité est plus souvent un maléfice qui se manifeste de maintes façons, par la violence, la folie, la dépression, la psychose ou la vengeance sanguinaire. Tous ces facteurs doivent être pesés par ceux qui envisagent d'adopter le style de vie vampirique.

## Agir ou mourir

Voici un autre point à considérer. Pour conserver son état, le vampire n'a pas le choix de ses moyens de survie. Tuer pour survivre ou être tué pour qu'un autre survive. L'équation repose sur un facteur essentiel : le sang (voir chapitre 8). Dans la tradition populaire, la littérature de fiction et le cinéma, la majorité des vampires se nourrissent de sang humain, alors qu'un certain nombre de vampires récalcitrants choisissent le sang animal ou un substitut sanguin. D'autres, comme Blade (voir chapitres 15 et 19), emploient des produits injectables pour contrôler leur soif et éviter de tuer simplement pour manger. Ouais, c'est super. Mais c'est un film.

Il faut aussi réfléchir à ceci. Dans la série télévisée *Le justicier des ténèbres*, Nicholas de Brabant, autrement connu comme Nick Knight, détective aux affaires criminelles, boit du sang animal en réparation pour toutes les vies qu'il a prises durant huit siècles (voir chapitre 18). Ce qui ne veut pas dire qu'il ne succombe pas à l'occasion à ses pulsions vampiriques, car c'est le cas. Ce problème tourmente même le plus pur des vampires récalcitrants. Ils désirent ardemment redevenir humains et être délivrés de cette folie qui leur commande de traquer et de tuer des êtres humains. Entre-temps, ils n'ont, bien entendu, d'autre choix que d'essayer de se procurer du sang par tous les moyens, que ce soit celui d'un rat, d'un toxicomane, d'une héritière ou, dans certains cas, d'un autre vampire ou d'une créature surnaturelle comme un loup-garou. Par conséquent, si vous envisagez d'adopter le vampirisme, n'oubliez pas que le joyeux petit pique-nique qu'est l'immortalité se déroule avec des torrents de fourmis rouges déterminées à revendiquer le mérite de votre trépas.

FOLKLORE FANTASTIQUE

> Pour ceux qui font partie d'une couvée ou d'un groupe de vampires, le facteur de solitude ne sera peut-être pas aussi angoissant, bien entendu en fonction de la hiérarchie sociale du cadre collectif, et selon qu'ils sont financièrement à l'aise et en sécurité, ou simplement lâchés en liberté dans les rues.

## LES CONTES DE LA CRYPTE

Voyons les choses en face. Les vampires sont des créatures pleines de ressources, qu'il s'agisse de piéger leur proie, créer une couvée ou s'intégrer à la société, tout en la vidant subrepticement de son sang. Nous avons abordé, au chapitre 8, les origines du cercueil du vampire et le cérémonial entourant le fait de reposer sur la terre natale. Si vous souhaitez toujours adopter le style de vie du vampire, nous allons maintenant aborder en détail la méthode à appliquer pour dénicher un foyer digne d'un non-mort et le rendre sécuritaire.

## Trouver à se loger

Imaginons un instant que vous êtes un vampire. Hier soir, l'un des satanés descendants de Van Helsing a trouvé votre tanière et y a mis le feu. Vous avez réussi à sauver votre cadavre, mais vous avez besoin d'un nouvel endroit pour vous terrer. Que faire ? Eh bien, la façon la plus logique et la plus efficace pour trouver un nouveau domicile consiste à mordre — littéralement — la main qui vous nourrit et à vous emparer de sa résidence. C'est une pratique fréquente chez les vampires de la littérature et du cinéma, et une façon plutôt ingénieuse d'acquérir non seulement un foyer sécuritaire, mais aussi de bâtir sa fortune. Si la chose est faite correctement, bien entendu. Il est évident que vous attirerez l'attention si vous faites un combiné avec Paris Hilton et le sushi du samedi soir pour déménager ensuite dans son appartement. Non, le mieux consiste à traquer un multimilliardaire qui vit en reclus ; après vous être approprié sa fortune grâce à l'hypnose, vous vous faites passer pour un membre de la famille et faites croître vos actifs à partir de là.

Le syndrome de *la Nuit des morts-vivants* ne fera jamais partie de la liste des Centers for Disease Control, mais il n'en reste pas moins que c'est une affliction. N'oubliez pas que les revenants folkloriques sont des cadavres réanimés, hideusement laids, puants et déchiquetés. Ils ne ressemblent *en rien* à Christopher Lee, Kate Beckinsale, ou George Hamilton. Selon la manière dont vous aurez été créé, vous aurez plutôt de bonnes chances de ressembler à Freddy Krueger après que Michael Meyers l'ait passé à tabac.

La majorité des vampires modèlent leur style de vie sur un certain nombre d'éléments mentionnés dans le roman de Stoker, que ce soit la capacité de se transformer en brouillard ou en certains animaux, d'arborer des canines pointues ou de longs ongles, ou de vivre dans un lieu éloigné de tout. La littérature de fiction et le cinéma présentent d'autres styles de vie, résultat de l'amalgame des esprits créatifs qui se servent des idées originales de Stoker, tout en orientant les vampires dans une toute nouvelle direction. Dans le feuilleton gothique *Dark Shadows*, par exemple, Barnabus Collins se cache dans le sous-sol de la résidence Collinwood (voir chapire 18). Dans la comédie *Love at First Bite* (1979), George Hamilton s'installe dans une chambre d'hôtel à New York après avoir été chassé de son château roumain. Par ailleurs, dans la version de 2007 du film *Je suis une légende*, les individus affectés par la peste vampirique ont la lumière du soleil en aversion, mais n'ont aucun intérêt pour les endroits luxueux : ils préfèrent attendre le crépuscule dans des édifices sombres, froids et humides.

### Plan de fuite

Voici encore matière à réflexion. Les vampires les plus prospères ont toujours un plan de fuite et disposent d'un moyen détourné qui leur permet d'éviter les attaques ou la capture. Comme nous l'avons vu au chapitre 7, des mesures de sécurité haut de gamme sont absolument essentielles en matière de conditions de logement. Cette nécessité s'applique aussi à la capacité d'adaptation ; pour le vampire qui ne supporte pas le soleil, cela signifie trouver le lieu le plus sombre et le plus proche pour s'y terrer. Dans ce cas de figure, la vigilance et l'agilité sont essentielles à la survie. Si vous ne restez pas conscient de l'imminence de l'aube, vous pourriez finir dans une toilette extérieure portable au beau milieu de nulle part. Et personne — vivant ou non-mort — ne souhaite finir ainsi.

# RÉGIME SURNATUREL

Voici un point important dans votre décision de devenir une menace démoniaque. Étant donné le concept « le sang est la vie », le régime le plus évident pour un vampire est, bien entendu, le sang. Il peut s'agir du sang d'êtres humains, d'animaux, de substitut sanguin ou d'une gamme de mixtures étranges ayant un rapport avec le sang. À moins que vous ne soyez un vampire récalcitrant enclin à dévaliser les banques de sang, l'approvisionnement en sang exigera d'ordinaire que vous preniez une vie. Au vu des groupes sanguins existants, le régime alimentaire du vampire traditionnel est très prévisible et passablement ennuyeux sur le plan de la variété. Cela signifie plus de Big Mac, plus d'Oreo, plus de mochachino de chez Starbuck. Quant aux vampires de la tradition populaire, leur régime alimentaire va du sang à la chair d'êtres humains vivants et morts, en passant par un large assortiment d'organes humains, de placentas, de membranes, et d'autres cochonneries comme les entrailles. Si vous voulez vraiment devenir un vampire pur et dur, sachez que vous devrez suivre le courant.

**FOLKLORE FANTASTIQUE**

De nos jours, plusieurs vampires de la littérature et du cinéma choisissent de vivre dans des quartiers spartiates et de changer constamment de lieu de résidence, ou d'entreprendre une existence somptueuse dans un château ou une résidence privée. Dans le cas de la couvée d'*Underworld*, il s'agit d'une vaste demeure, et comme ce sont des buveurs de sang particulièrement ferrés dans les affaires, ils possèdent Ziodex, une société qui fabrique du sang cloné. Qui dit qu'un vampire ne peut pas s'enrichir grâce au prix du sang ?

## Quel frisson !

Pour un vampire, le deuxième élément essentiel de son approvisionnement est la forme de son repas. Par sa nature, le régime alimentaire du vampire déclenche en effet une poussée d'adrénaline génératrice d'énergie et d'excitation sexuelle, entre autres. Comme pour toutes les toxicomanies, ce frisson crée une dépendance, et selon votre type, la fréquence de vos « repas » variera. Certains vampires ont besoin de se nourrir toutes les nuits, alors que d'autres, comme les monstres de Whitley Strieber, ne « mangent » qu'un jour sur sept. Les vampires qui ne s'alimentent pas s'étiolent, comme les humains privés de combustible adéquat. Par conséquent, comment trouverez-vous à vous sustenter comme vampire ? Planifierez-vous vos repas comme Jenny Craig ? Aurez-vous des épisodes boulimiques de malbouffe sanguine ? Est-ce que l'hémoglobine à faible indice glucidique existe ?

### Tendre son piège

Comme autant d'entrées en matière lamentables dans un bouge miteux, les vampires doivent généralement tendre leur piège afin de capturer leur repas. Cela signifie qu'à un moment donné, vous devrez traquer vos proies. Bien entendu, comme certains monstres ont des pouvoirs hypnotiques, la planification semble accessoire, à moins qu'on aime simplement jouer à perpétuité le rôle de démon pervers. Traditionnellement, les vampires ont tendance à faire une fixation sur une seule conjointe ou un seul bel étalon du genre Brad Pitt ; ils traquent leur proie sans merci jusqu'à ce qu'ils puissent l'afficher à leur bras comme un trophée. En général, comme dans la majorité des films du genre, cette personne cause la perte du vampire, car il doit lutter pour ce qu'il croit de bon droit être son bien et risque de devenir complètement fou en cherchant à atteindre son but.

Pour votre gouverne, sachez que la traque est très présente dans la tradition populaire sur les vampires ; beaucoup de créatures tourmentent ainsi les vivants et les morts. Certains, comme le *rakhsasa* indien, entrent dans le corps des vivants afin de les rendre fous. Le *pisaca* indien a la détestable manie d'entrer dans les corps humains et de se nourrir de leurs organes. Quant à l'*empusa*, démon vampirique informe de la Grèce, il pénètre dans le corps pour en ingérer le sang et en dévorer la chair. Le vampire plus moderne a renoncé à ces pratiques horribles, et suit plutôt des tendances plus animales, combinées aux penchants des déviants sociaux. Il attend. Il observe. Puis, il frappe.

## Un choix de sang-froid

Bon. Maintenant que vous savez ce que vous aurez à affronter en devenant vampire, il est temps de passer en revue les facteurs essentiels à votre processus de prise de décision : la liste des avantages et des inconvénients qu'il vous faut reconnaître et accepter avant de laisser un séduisant accro de la jugulaire faire de vous son (ou sa) *bloody mary*.

#### Les inconvénients :

✝ **Les brunchs :** impossible d'y échapper. Les brunchs mimosa avec les copains deviendront chose du passé. Toute rencontre autour de la nourriture exigera que vous inventiez une excuse — vous avez entamé un jeûne permanent, ou vous avez déjà mangé au travail… dans une banque de sang.

✞ **Les animaux de compagnie :** à part les chauves-souris et les loups, les animaux de compagnie ne sont pas recommandés. Si, pour une raison ou une autre, vous êtes incapable d'enfoncer vos canines dans le cou d'un pauvre humain sans méfiance, toutou pourrait bien finir en hors-d'œuvre. Et la PETA n'aimera pas.

✞ **Les bikinis :** à moins que vous ne soyez capable de sortir le jour, votre minuscule bikini griffé moisira dans votre chiffonnier pour l'éternité. Vous devrez aussi dire adieu aux salons de bronzage, au surf et à votre condo à temps partagé à Hawaï.

✞ **La cuisine italienne :** malheureusement, la plupart des vampires détestent l'ail, ce qui signifie que vous devrez dire *arrivederci* à la lasagne, à la pizza, aux pâtes carbonara et à la bolognaise, ainsi qu'à tous les plats qui contiennent cette rose puante tant redoutée. Prenez la chose du bon côté : vous économiserez sur le rince-bouche.

✞ **Les cercueils :** si vous devenez le type de vampire relégué à ce genre de quartier confiné, vous feriez mieux de vous guérir de votre claustrophobie — et vite. Si vous êtes du genre capable de vivre une existence à demi-humaine, ne vous en faites pas : vous pourrez garder votre lit ajustable.

✞ **La vanité :** si vous êtes du genre à rester des heures devant le miroir, comme un paon qui se prépare à s'accoupler durant six mois, oubliez l'idée de devenir vampire. La dernière fois que vous verrez votre reflet d'être humain sera la dernière fois que vous vous verrez, *à jamais*. Par conséquent, avant qu'on vous intronise dans le monde des non-morts, assurez-vous que vous ne portez pas un survêtement et des pantoufles lapin roses.

✞ **La famille :** à moins que toute votre famille ne se compose de vampires, préparez-vous à couper les ponts avec papa et maman, vos frères et sœurs, votre famille proche et étendue, votre oncle Joe préféré, les réunions, les anniversaires, les Fêtes et pratiquement toutes les personnes que vous connaissez et toutes les traditions que vous aimez. On déconseille l'envoi de cartes de Noël, puisque les ennemis immortels que vous vous ferez inévitablement n'aimeraient rien de mieux que de jouer au père Fouettard et de sucer le sang de vos proches jusqu'à la dernière goutte.

### Les avantages :

✝ **Les aéroports :** si vous êtes un vampire volant, vos déplacements ne vous coûteront presque rien, vous ne perdrez pas des heures devant le guichet de sûreté aéroportuaire, et vous ne serez pas non plus obligé de débourser sept dollars pour un oreiller et une couverture si vous volez sur JetBlue. Néanmoins, vous aimerez peut-être voyager sur Virgin Air.

✝ **Les lunettes noires :** comme vous les porterez probablement tout le temps et que vous pourriez être très riche, les lunettes griffées — Gucci et Chanel, par exemple — deviendront vos meilleures amies. La même chose s'applique aux chaussures et à toutes les griffes que vous adorez. Notez cependant qu'il est déconseillé de réanimer Coco Chanel.

✝ **Le surf dans l'Internet :** le fait que vous êtes immortel signifie que vous aurez peut-être le temps de visiter tous les sites de la toile. Peut-être. Vous aurez peut-être aussi le temps de lire *Guerre et Paix* du début à la fin.

✝ **Le vieillissement :** les immortels ne vieillissent pas d'une seconde à partir du jour de leur renaissance. Par conséquent, l'emploi de crèmes antirides et hydratantes griffées, de même que le recours à la chirurgie esthétique et à n'importe quel produit contenant des antioxydants, de l'argeriline ou de la toxine botulique deviendront accessoires.

✝ **La politique :** il deviendra absolument inutile de prendre parti ou de s'intéresser à quelque question politique que ce soit. Pour endosser un candidat ou, au contraire, en discréditer un autre, vous hypnotiserez simplement l'individu et le ferez œuvrer à vos fins maléfiques.

✝ **Assurance maladie :** économies substantielles pour tous les vampires, étant donné que votre pouvoir d'autoguérison éliminera tickets modérateurs et recours aux offices fédéraux de la santé publique. Quant aux soins dentaires, vous les obtiendrez facilement en ayant recours à un peu d'hypnose.

Avec tous ces renseignements essentiels en main, le choix de devenir un ténébrion maléfique est entre vos mains. Faites un choix éclairé et sachez que, peu importe votre décision, l'immortalité, comme toutes les tentations épiques, vous donnera peut-être plus que des aigreurs. Cela dit, nous allons maintenant changer de sujet et vous suggérer quelques conseils en ce qui a trait à la détection des vampires.

# VOTRE VOISIN EST-IL UN NOSFERATU ?

Vous êtes assis dans votre salle de séjour et vous regardez par la fenêtre la grande maison de l'autre côté de la rue. L'immense terrain est mal entretenu et envahi par la végétation, les fenêtres sont obstruées avec du papier noir et une clôture de barbelés entoure la propriété. Vous ne voyez jamais rien ni personne, sauf un peu de fumée sortant de la cheminée de temps à autre. Mais à tout bout de champ, vous croyez apercevoir du coin de l'œil une ombre sur le terrain. Est-ce le chat du voisin ? Ou votre voisin serait-il un nosferatu ?

### Comment détecter un vampire

Étant donné leur talent pour se fondre dans la société, les vampires sont parfois difficiles à identifier. Selon la plupart des spécialistes, leur point commun est la pâleur de leur peau qui peut être blanche, grisâtre, verdâtre ou translucide. Bien sûr, comment fait-on de nos jours pour distinguer un vampire d'un admirateur de Marilyn Manson ? Si vous êtes déterminé à procéder, vous devez détecter plusieurs éléments :

- ✟ **La couleur de sa peau :** comme nous l'avons mentionné plus haut, votre voisin est-il blanc comme un linge ? A-t-il une apparence fantomatique ? S'il brûle par accident en flambant un mets, se régénère-t-il immédiatement ? Des lèvres très rouges sont aussi un point qu'il convient d'observer, car elles pourraient indiquer un repas récent.
- ✟ **L'aversion envers l'ail :** voilà qui devrait exclure la possibilité de rencontrer un vampire dans un restaurant Pizza Hut ou Olive Garden un jour. Le monstre pourra aussi réagir à l'aconit, l'argent, l'aubépine, et tout ce qui ressemble à un objet long et pointu.

✟ **Une antipathie ou une aversion envers les objets sacrés comme, entre autres, les croix, les crucifix, les hosties, les passages de la Bible et l'eau bénite :** touchée par un objet religieux, la peau du vampire pourra brûler. Soyez prudent toutefois, étant donné que beaucoup de buveurs de sang contemporains n'ont absolument aucun problème avec les saintes icônes.

✟ **Contrairement aux êtres humains, le vampire est froid au toucher :** sans un cœur battant pour faire circuler le sang chaud dans son organisme, le vampire est littéralement et figurativement un être de sang froid.

✟ **L'absence de miroir dans sa maison ou sur sa personne, et l'absence de reflet dans le miroir :** si le visage souriant de votre voisin exagérément sympathique n'apparaît pas sur les photos de groupe que vous avez prises lors de votre dernier barbecue, ce n'est probablement *pas* la faute de Kodak.

✟ **La couleur noire. Le vampire qui se respecte s'habille entièrement de noir. Mais attention :** plusieurs portent tout de même certaines parures, souvent de couleur rouge, blanche ou argenté, de façon à maintenir un certain décorum sur le plan de la mode, mais aussi pour égarer les chasseurs. Les vampires portent parfois des lunettes noires en pleine nuit ou des vêtements qui étaient à la mode à la fin du XII$^e$ siècle.

✟ **Pas d'ombre ou une ombre qui se déplace indépendamment du vampire :** si votre voisin danse la conga et que son ombre est assise dans le fauteuil inclinable et regarde le football à la télé, vous avez un problème.

✟ **Des canines anormales :** nous ne parlons pas ici de labradors mutants. Les canines d'un vampire peuvent s'allonger s'il est stimulé, mais dans leur position dormante, elles semblent parfois juste un peu trop longues ou trop pointues. Par contre, si votre voisin réussit à ouvrir une boîte de flageolets sans ouvre-boîtes… vous avez des raisons d'avoir peur.

✟ **Votre voisin se lève au crépuscule et reste debout jusqu'à l'aube, en prétextant qu'il est un « oiseau de nuit » :** pour mettre cette affirmation à l'épreuve, invitez-le à se joindre à vous pour le brunch du dimanche au restaurant du coin.

✝ **Il sent la terre fraîchement retournée ; en fait, l'odeur se compare à la puanteur d'une eau de cologne bon marché :** si votre voisin n'est ni botaniste, ni fossoyeur de profession, vous êtes peut-être en présence d'un vampire.

✝ **Une apparence immuable :** les vampires sont des créatures d'habitude et d'obsession, ce qui fait qu'ils conservent parfois la même apparence sur le plan vestimentaire, mais surtout sur le plan physique. Ils gardent éternellement la même apparence physique, jusqu'à la plus petite ride. Si vous ne voyez pas de taches de vieillesse, restez sur vos gardes. Votre sang pourrait être en danger.

## BOHÉMIENS, VAMPIRES, ET OCÉANS

En voguant au sein de cet océan de tradition populaire, de légendes, de littérature de fiction et de films, nous avons appris qu'il y a toujours plus à apprendre de l'étude des vampires. Bien que nous n'ayons certainement pas raconté tout ce qu'il y avait à raconter sur ces immortels et ultimes mauvais garçons et filles, nous espérons que ce qui a été tiré de sous la cape vous incitera à explorer le genre davantage. En tant que recherchistes et chroniqueurs, nous sommes semblables aux autres bohémiens littéraires de l'histoire qui ont alternativement chassé les ténébrions ou conclu des alliances avec eux. Au sens métaphorique, bien sûr. Comme sortie appropriée dans le brouillard éternel des ténèbres, laissons Abraham Van Helsing, du roman *Dracula*, nous quitter sur ces dernières paroles immortelles :

« Nous sommes tous fous, d'une manière ou d'une autre ; et, dans la mesure où vous faites preuve de discrétion quand vous soignez vos fous, vous vous conduisez de même avec les fous de Dieu : tous les autres hommes. Vous ne dites pas à vos malades pourquoi vous les soignez de telle ou de telle façon ; vous ne leur dites pas ce que vous pensez. Dans le cas qui nous occupe, ce que vous savez vous le garderez pour vous, jusqu'à ce que votre conviction soit plus solide. »

# BIBLIOGRAPHIE D'OUVRAGES NON ROMANESQUES

*Nota bene : consultez les chapitres 3 et 13 pour des suggestions dans le domaine de la littérature de fiction.*

ASHLEY, Leonard, R. N. *The Complete Book of Vampires*, New York, Barricade Books, 1998.

BARBER, Paul. *Vampires, Burial and Death, Folklore and Reality*, New Haven (CT), Yale University Press, 1988.

BELFORD, Barbara. *Bram Stoker and the Man Who Was Dracula*, Cambridge (MA), Da Capo Press, 2002.

BUNSON, Matthew. *The Vampire Encyclopedia*, New York, Gramercy, 2001.

COPPER, Basil. *The Vampire in Legend and Fact*, New York, Citadel, 1998.

CURRAN, Bob. *Encyclopedia of the Undead : A Field Guide to the Creatures That Cannot Rest in Peace*, Franklin Lakes (NY), New Page Books, 2006.

DRESSER, Norine. *American Vampires*, W.W. Norton & Company, 1989.

EVERSON, William K. *Classics of Horror Film*, New Jersey, Citadel Press, 1986.

GUILEY, Rosemary Ellen. *The Complete Vampire Companion : Legend and Lore of the Living Dead*, New York, Macmillan, 1994.

GUILEY, Rosemary Ellen. *The Encyclopedia of Vampires, Werewolves, and Other Monsters*, New York, Checkmark Books, 2005.

HARDY, Paul. *The Overlook Film Encyclopedia of Horror*, New York, Overlook Press, 1998.

HAWORTH-MADEN, Clare. *Dracula : Everything you Always Wanted to Know About the Man, the Myth, and the Movies*, New York, Crescent Books, 1992.

MASCETTI, Manuela Dunn. *Le livre des vampires*, Paris, Solar, 1993.

MCCARTY, John. *The Modern Horror Film*, New York, Carol Publishing, 1990.Index

MCCLELLAND, Bruce. *Slayers and Their Vampires*, University of Michigan Press, 2006.

MCNALLY, Raymond. *Dracula Was a Woman : In Search of the Blood Countess of Transylvania*, New York, McGraw-Hill, 1987.

MCNALLY, Raymond et Radu FLORESCU. *Dracula : Prince of Many Faces*, Boston (MA), Little, Brown, and Company, 1989.

MCNALLY, Raymond et Radu FLORESCU. *The Essentiel Dracula*, Berkley (MI), Mayflower Books, 1979.

MCNALLY, Raymond, et Radu FLORESCU. *À la recherche de Dracula : l'histoire, la légende, le mythe*, Paris, Robert Laffont, 1973.

MELTON, J. Gordon. *The Vampire Book — The Encyclopedia of the Undead*, Canton (MI), Visible Ink Press, 1999.

MILLER, Elizabeth. *A Dracula Handbook*, Xlibris Corp., 2005.

MILLER, Elizabeth. *Dracula : Sense and Nonsense*, Parkstone Press, 2000.

PATTISON, Barrie. *The Seal of Dracula*, New York, Crown Publishing, 1979.

MILLER, Elizabeth. *A Dracula Handbook*, Xlibris Corp., 2005.

RAMSLAND, Katherine. *Piercing the Darkness : Undercover with Vampires in America Today*, Harper Collins, 1998.

RAMSLAND, Katherine. *Prism of the Night : A Biography of Anne Rice*, Dutton, 1991.

RAMSLAND, Katherine. *The Vampire Companion : The Official Guide to Anne Rice's The Vampire Chronicles*, Ballantine Books, 1993.

RAMSLAND, Katherine, Ph. D. *The Science of Vampires*, New York, Berkley Boulevard Books, 1992.

SCHECHTER, Harold et David EVERITT. *The A to Z Encyclopedia of Serial Killers*, Pocket Books, 1996.

SUMMERS, Montague. *The Vampire in Europe*, University Books, 1961.

WEISS, Andrea. *Vampires and Violets*, New York, Penguin Books, 1993.

WRIGHT, Dudley. *The Book of Vampires*, New York, Dorset Press, 1987.

# İпDEX

## A

*Afrit*, 27
Agron, Salvatore, 166
Allatius, Leo, 145
*Alp*, 19–20
*Angel*, 189, 281
*Anita Blake :* (Hamilton), 184

## B

*Baobban sith*, 20–21
Barber, Paul, 155
Bathóry, Erzébet, 150–153
*Bhutas*, 25
Blomberg, professeur Ernst, 138–139
*Buffy contre les vampires*, 187, 189, 225, 261, 262, 278, 280–281

## C

Calmet, Dom Augustin, 145
*Camazotz*, 21
*Carmilla* (Le Fanu), 33–37, 134–135
*Chupacabras*, 22
*Cihuateteo*, 22
Cimetière de Highgate, 142–144
Comte Orlock, 100, 102, 127, 198–199, 208, 219, 232, 264
Cushing, Peter, 202, 204, 205, 211–212

## D

*Dark* (Feehan), 184–185
Davanzati, Guiseppe, 145
Davidson, Mary Janice, 186
De Morève, Vicomte, 165
De Rais, Gilles, 165
Dracula, Films de, 3, 51–52, 99, 199–201.
*Dracula* (Stoker), 3–4, 43–53.
Dracula, Vlad, 55–69, 73–78, 108
Dumollard, Martin, 166

## E

Ekimmu, 27

## F

Farrant, David, 143–144
Feehan, Christine, 184–185
*Femmes des bois*, 20
Fernandez, Florencio Roque, 167
Florescu, Radu, 75, 76, 145–146
Folklore vampirique, 3, 7–28
*Frankenstein* (Shelley), 30–33

## G

*Gwrach y rhibyn*, 21

## H

Haarmann, Fritz, le vampire de Hanovre, 170–173
*Hag* des Gallois, 21

Haigh, John George, le vampire de Londres, 167–170
Hamilton, Laurell K., 184
Hammer Films, 202–206, 211
Harker, Jonathan, 46–47, 92–93, 102, 124
Harris, Charlaine, 185–186
Hartmann, Franz, 145
*Hatu-dhana* (Yatu-dhana), 24
Hesselius, Dr, 134
*History of English Affairs* (Newburgh), 148–150
Holmwood, Arthur, 50
Hypnose, 91–93

## K

*Kappa*, 23
King, Stephen, 181, 277
Kostova, Elizabeth, 182–183
Kürten, Peter, 173–174

## L

Lamia, la princesse, 11
Lampir de Bosnie, 15
Lee, Christopher, 3, 210–211
Le Fanu, J. Sheridan, 33–37, 134–135
*Les chroniques des vampires* (Rice), 179, 216, 260, 287
*Les prédateurs* (Strieber), 182, 297

*L'Historienne et Dracula*
(Kostova), 182–183
*Loogaroo*, 27
Lugosi, Bela, 3, 209–210

## M

Manchester, Sean, 143–144
Massie, Timothy, 186
McNally, Raymond, 75, 76, 145–146
Meyer, Stephenie, 187–188
Miller, Elizabeth, 78, 146
More, Henry, 153–155
Morris, Quincey P., 47, 49–50
Murray, Mina, 47–48, 93, 99–100,
106–107
Mythologie grecque, 10–13

## N

*Nelapsi*, 13–14
Newburgh, William de, 148–150
*Nosferatu*, Film, 52, 99, 127,
196–199

## O

*Obayifo*, 27
Oldman, Gary, 212–214, 259

## P

Paole, Arnod, 85, 157–159
*Penanggala*, 23–24
*Phi*, 27
Plogojowitz, Peter, 155–157
Polidori, John, 30–32, 123

## R

*Rakshasas*, 24
Renfield, R. M., 50–51, 88, 93–94
Rice, Anne, 3, 85, 101, 109, 178–
179, 260–261
Riva, James, 167

Rudiger, Joshua, 167
Ruthven, Lord, 31, 32
Rymer, James Malcolm, 32–33,
100

## S

*Salem* (King), 181, 277
Sang, 88–91, 297–298, 300–302
Séries télévisées
*Angel*, 189, 281
*Buffy contre les vampires*,
187, 189, 225, 261, 262, 278,
280–281
*Comte Mordicus*, 283
*Dark Shadows*, 273–275
*Dracula*, 276–277
*Le justicier des ténèbres*, 278–
280, 298
*Salem*, 277
*Sesame Street*, 282
*The Groovy Goolies*, 283–284
*The Munsters*, 272–273
*The Night Stalker*, 276
*True Blood*, 282
*Vampyre*, 278
Seward, Docteur Jack, 49
Shelley, Mary, 30–33
*Shtriga* albanienne, 18
Spielsdorf, général, 134–135
Stoker, Bram, 3–4, 37–41, 51–53.
Strieber, Whitley, 182, 297
*Strigoi*, 17–18
Summers, Montague, 145

## †

*The Vampyre* (Polidori), 30–32,
123
*Tlahuelpuchi*, 22
Transylvanie, 17, 80–81
*Twilight* (Meyer), 187–188

## U

*Upir*, 13–14
*Uppyr russe*, 15

## V

Vacher, Joseph, 166–167
Vampire bulgare, 14
*Vampire, Burials, and Death*
(Barber), 155
Vampire de Croglin Grange,
159–161
Vampire(s)
Absence de reflet, 123–124
Acteurs jouant le rôle, 209–219
Armes contre, 119–123
Avantages, 304
Bandes dessinées, 293–294
Capture, 141–142
Cercueils, 101–105
Chasseurs de, 132–138
Comédies, 224–227
Comme figure romantique,
183
Corps astral et, 288–289
Création, 84–85
Crocs, 99–100
Dans l'Internet, 291–292
Définition, 3
Démon et, 5
De salon, 3, 123
Destruction, 124–129
Détection, 305–307
Donneurs, 291
Féminin, 219–224
Inconvénients, 302–304
Instincts animaux, 110–112
Jeunes adultes, 190
Jeux vidéo et, 293
Mode, 109–110
Musique, 292

Ongles, 100–101
Peur des, 86
Pouvoirs surhumains, 105–108
Protection contre, 117–119
Responsable des épidémies, 86–88
Revenants, 8–9, 32
Sexualité, 286–288
Solitude, 296–297
Tanière, 93–95, 298–300
Trousse de chasse, 138–141
Vampirisme psychique, 289–290
Vampires allemands, 18–20
Vampires byroniques, 31–32
Vampires de *blutsauger*, 19
Vampires de l'Extrême-Orient, 23
Vampires de Medvegje, 85, 136, 157
Vampires du Royaume-Uni, 20–21
Vampires européens, 9
Vampires, Films de
   De 1896 à 1969, 230–247
   De 1970 à aujourd'hui, 250–270
   Horreur, 202–205
   Muets, 195–196, 231–235
Vampires indiens, 24–25
Vampires latino-américains, 21–24
Vampires *nachtzeherer*, le «dévoreur de nuit», 18–19
Vampires roumaines, 16–18
Vampires slaves, 13–15
Van Helsing, Abraham, 4, 44–45, 93, 122, 132–134
*Varney the Vampyre* (Rymer), 32–33, 100

*Vetalas*, 25, 101
Von Sternberg-Ungren, baron Roman, 166
*Vrykolakas*, 12–13, 13–14, 112–113, 239–240

**W**
Westenra, Lucy, 48–49, 99–100

**Y**
Yarbro, Chelsea Quinn, 179–181

## Aussi disponibles,
# DE LA MÊME SÉRIE :

Tout sur la numérologie

Tout sur la mijoteuse

Tout sur le sudoku en 15 minutes

Tout sur le tarot

tout sur le vin

Tout sur les anges

Tout sur les dragons — Pour enfants

Tout sur les rêves

Tout sur les vacances familiales à Las Vegas

AdA
éditions

www.AdA-inc.com
info@AdA-inc.com

PROTÉGEONS NOS FORÊTS L'impression de cet ouvrage a permis de sauvegarder l'équivalent de 102 arbres de 15 à 20 cm de diamètre et de 12 m de hauteur.